W0403027

Die Autorin

Geburt

Lisl Urban kommt am 4. August 1914 in Gablonz zur Welt.
Ihre Vorfahren großmütterlicherseits, die traditionsreichen Familien Rößler und Pfeiffer, waren die Mitbegründer der Modeschmuckmetropole Gablonz an der Neiße.
Der Vater entstammt einer bäuerlichen Familie des Riesengebirges.

Kindheit und Jugend

Die Freiheit für Fantasie und Spiel der böhmischen Wälder bestimmen ihre Kindheit ebenso wie die Scheidung der Eltern und Kriegsangst. Der Vater verweigert ihr den Wunsch, das Realgymnasium zu besuchen.
Als Ersatz erhält sie eine Ausbildung als Bibliothekarin und besucht als Gastschülerin die kunstgewerbliche Staatsfachschule in Gablonz.

1935

in Prag erlebt sie, wie die Faschisten „ihre" Bücher, „ihre" Malerei, ihre Freundschaft mit Tschechen und Juden zerstören.
Ihren eigenen Mann, der sich zunehmend als Faschist präsentiert, verliert sie.

1943

zieht sie nach der Geburt einer Tochter zurück in die Heimatstadt und arbeitet dort als Modeschmuckdesignerin im väterlichen Betrieb.
Nach einigen Irrwegen in der Nachkriegszeit erreicht sie

1948

die Aussiedlung zu ihrer Mutter und ihrem Stiefvater in die damalige Sowjetzone.

1945–1954

Studium und Ausbildung in Halle, Tangermünde und Erfurt mit dem Berufsziel Lehrerin und Kunsterzieherin.

Nach der Ausbildung

wirkt sie als Lehrerin an der Erweiterten Oberschule mit Internat im traditionsreichen Wickersdorf in Thüringen.

Die Autorin lebt heute in Brandenburg und Thüringen.

Sommer 1939: Die 16-jährige Lisbet Urban (2. von links) mit einer Wandergruppe der bürgerlichen Grenzlandjugend auf dem Schwarzbrunn-Kamm nahe Gablonz

Lisl Urban

Ein ganz gewöhnliches Leben

Erstes Buch

Dingsda-Verlag

*Mein Dank geht an alle Freunde,
die mich bei der Herausgabe dieses Buches mit Rat und Tat
unterstützt haben.*

Inhalt

TEIL I

Kindheit und Jugend der Li

Die Jahre von 1914 bis 1933

LIS KINDHEIT, LIS JUGEND – es sind meine frühen Jahre … Denk ich an sie zurück, überströmen mich Bilder, erlebe ich nochmals all diese Vielfalt, empfinde wieder den Überschwang meiner Gefühle in all seinen Phasen, studiere Vergangenes, versuche zu klären:

Was war ich?

* * *

ICH BLÄTTERE IM BUCH MEINES LEBENS. Die Schwelle zur Neunzig habe ich überschritten. Bilder fügen sich, Bilder aus Erlebtem, aus Vernommenem, werden zu einem bunten Film …

Vierter August 1914: Der Deutsche Reichstag beschließt die Kriegskredite, das Deutsche Reich marschiert an der Seite seines Bundesgenossen Österreich, fordert mit ihm Sühne für den ermordeten Thronfolger und seine Frau. „Tod den Serben! Gott schütze unser Österreich! Deutschland, Deutschland über alles! Heil Dir im Siegerkranz!" – So hallt und schallt es in all den deutschen Landen, und so auch in Gablonz an der Neiße, dieser berühmten Metropole unechter Schmuckwaren im Norden Böhmens, es dringt auf den Hügel am Stadtrand, dringt durch Türen, Fenster, dringt an das Bett einer Gebärenden.

„Ruhe, Ruhe möchte ich, Ruhe! Krieg? Sterben werde ich! Diese Schmerzen, diese Schmerzen …"

Die Hebamme zittert, wo ist der Arzt? Endlich Pferdegetrappel! Er kommt, holt das Kind aus dem Mutterleib, zieht es an seinen Füßen heraus und prügelt es in das Leben. „Es schreit, hurra, es schreit! Es ist ein Mädchen!"

Aus dem Nebenraum eilen die wartenden Angehörigen der Wöchnerin herbei. Die junge Großmutter, Entsetzen versucht sie zu verbergen: „Dieser hässliche dürre Wurm, das soll mein Enkel sein? Vier Kinder habe ich geboren, ich weiß, wie eines aussieht! Das ist kein Mensch, das ist eine Missgeburt! Herrgott, nimm dieses Dingelchen zu dir, nimm es gleich in dein Reich, erspar uns und ihm dies Leid!"

Die beiden jungen Tanten staunen und tuscheln, aber die Mutter lächelt, lächelt unter Schmerzen, nimmt das Bündel an sich, drückt es an ihr Herz. „Lieber Gott, ich danke dir!"

Aber wo sind die männlichen Angehörigen der Familie? Wo der Kindesvater, wo der junge Onkel, wo der neue Großvater? Was treiben diese?

Elisabeths Ehemann, der Vater des Kindes, er tut bereits seine Pflicht für Kaiser und Vaterland. Er tut sie mehr der Familie zuliebe, in die er eingeheiratet hat, als aus seinem Herzen. Das klopft mehr lebensreformerisch, lebenserhaltend. Er ist Vegetarier, gründete für seine Mitbürger ein modernes Sonnenbad, ist Mitbegründer und Vorsitzender des Naturheilvereins, fährt nach Kärnten und schafft dort weitere Vereine dieser neuen Lebensweise.

Auch ein Jünger von Rudolf Steiner ist er, ist Theosoph. Aber all seine Philosophie, all sein Tun hat eine Grenze: das Geld! Das bewahrt und mehrt er nach seinem Gutdünken; da gibt es keine anderen Einflüsse!

Nur sein Geld machte es ihm möglich, in diese angesehene Familie einzuheiraten. Zu Ehren dieser Familie meldet er sich jetzt auch freiwillig, um als Sanitäter diese heldenhaften Krieger zu betreuen, beteuert aber verzagt den Verwandten gegenüber, wie gern er auch als Soldat an der Front seine Pflicht erfüllt hätte, dass er aber wegen eines in seiner Jugend überstandenen Lungenleidens wohl niemals tauglich sein werde.

Ebenfalls freiwillig gemeldet hat sich sein Schwager, Elisabeths geliebter Bruder Rudolf, dieser begabte junge Kaufmann und künftige Erbe des gut florierenden väterlichen Exportunternehmens … Soldat will er jetzt sein, dem Vaterland dienen, getreu seinem Wahlspruch: Die Treue über alles, selbst wenn sie mit dem Tode besiegelt müsste sein!

„Mich trifft keine Kugel! Mutterle, Schwester, weint nicht, im Herbst ist der Krieg zu Ende, der Serbe geschlagen. Ich komm dann mit dem Tapferkeitskreuz vom Kaiser wieder nach Haus! Weint nicht, weint doch nicht …"

Und der neue Großvater, der Vater von Elisabeth und Rudolf? Er hütet sein Geschäft, ersetzt zwei seiner Angestellten, die sich gleich seinem Sohn freiwillig für Kampf und Sieg, für den Dienst am Vaterland meldeten. Unermüdlich tätig muss auch der Großvater sein, unermüdlich tätig für Kampf und Sieg …

So wächst das Kind vorerst ohne männliche Hüter heran, und es ist seiner Mutter so, als müsse sie nun alle Verantwortung allein übernehmen. Schützend zieht sie das Neugeborene an sich, drückt es, küsst es, schmiegt es enger und enger an sich, als wolle sie ihm die Liebe der Fehlenden ersetzen. Ihr Kind ist es, ihr eigen Kind, das sie an ihre Brust jetzt presst. Dabei ist ihr, als sammle sie sich selbst in den ersten Tropfen der Milch, ströme ein in diese mit all ihren Wünschen, mit all ihrem Hoffen, mit all ihrer Gegenwart und Vergangenheit.

* * *

ELISABETH, mütterlicherseits stammt sie aus dem Bürgeradel dieser stolzen Stadt. Ihre Vorfahren kamen vor Hunderten von Jahren mit den ersten deutschen Siedlern in jene schwarzen Wälder, die sie rodeten und urbar machten. Es ist das Land im Norden Böhmens, das Land der jungen Elbe, der jungen Iser und der Neiße. An ihr, an den Hängen des Isergebirges, legten sie die Grundsteine für die später weltbekannte Schmuckwarenmetropole Gablonz an der Neiße. Diesem Land – ihrem Land! – blieben sie treu in guten und in bösen Tagen. Sie schworen ihrem angenommenen protestantischen Glauben wieder ab, um in der Heimat zu bleiben, um ihre Heimat zu behüten und zu bewahren. Sie überstanden hier den Dreißigjährigen Krieg, sie wurden hier reich, sie wurden geachtet, als Marktrichter, als Bürgermeister, als Handelsleute. Zu den Urvätern der Schmuckwarenindustrie zählen sie. Urahne Franz-Anton Rößler ersann das maschinelle Ausstanzen von Schmuckformen, die Estamperie. Erfinder, Erzeuger, Unternehmer waren sie.

Pfeiffer, Rößler – gute alte Namen! Elisabeth trug deren Pflichtbewusstsein in sich, aber auch eine unbestimmte, ungewollte Sehnsucht nach Unbekanntem, nicht Vorgegebenem. Hatte sie etwas von der väterlichen Seite, von der neuen großväterlichen, mitbekommen? Hatte sie etwas vom Großvater Hempel geerbt, der unter Missachtung von Anstand und Regeln zeitweilig seine ehrenhafte und geachtete Ehefrau und seine Kinder verließ, um eine Kellnerin aufzusuchen, die einige Häuser weiter in einem Gasthof Bier und Wein ausschenkte? Trug sie dessen lockeres Blut in sich? Denn nicht immer ging Elisabeth die vorgeschriebenen Wege …

Noch sehr jung, träumte sie von einer großen Liebe, träumte sie gemeinsam mit einem jungen Dichter, der als Schreiberling der heimischen Tageszeitung ihrem Onkel diente. Doch bald, sehr bald wurde es zerrissen, das so zarte Band eines verschwiegenen Glücks, wurde zerrissen durch Elisabeths Angehörige. Nicht genehm schien ihnen dieser Jüngling, nicht genehm … Die Eltern ärmlich, der Vater krank, lungenkrank …

„Ich werde dich immer suchen!“, sagte sie ihm beim Abschied.

Später, einige Jahre später, wirbt Franz um sie, er, der schon etwas ältere hochgewachsene schlanke Mann. Er kam zwar auch aus ärmlichen Kreisen, kam aus einer anderen Gegend, aber hatte sich ein beträchtliches Vermögen und einen beachtlichen Besitz in der nordböhmischen Industriestadt geschaffen und war somit geachtet und genehm. Beim Eislauf begann es, auf dem kultivierten Eis des sommerlichen Schwimmbads am Rande der Stadt. Kühn und elegant die Schleifen, welche die graziöse Elisabeth mit ihren Schlittschuhen zog. Gekonnt der Paarlauf der beiden, liebevoll schien der große Blonde die kleine Zierliche mit den langen dunklen Haaren zu behüten, die sie verschlungen zu einer komplizierten Frisur trug, ähnlich der der so verehrten und von einem Attentäter ermordeten Kaiserin.

„Ein gut aussehendes Paar!“ Nicht nur die flanierenden Zuschauer meinten dies, sondern auch die Eltern und die Verwandten Elisabeths, und sie begutachteten auch all die anderen Werte und stimmten so für ein Eheglück dieser beiden.

Zwanzig Jahre war Elisabeth bereits geworden, und sie wollte nun eine Erfüllung ihres Jungmädchentraums. Ja, auch sie wollte den Franz. Vier Jahre suchte sie nach seiner Liebe, vier Jahre versuchte sie, diese mit der ihren zu erwecken, um eine Liebe zu besitzen, wie sie sich eine solche vorstellte. Und ein Kind kommt, jenes so kleine und kümmerliche Wesen – und Elisabeth flüchtet sich in dieses Kind, bangt tags und nachts, und wenn es sich rührt, legt sie es an ihre Brust, an ihre noch so mädchenhafte Brust. Trinken soll es, sie austrinken, damit es groß werde, damit es stark werde, trinken, trinken …

„Was für ein strammer Säugling!“, meint jetzt die stolze Großmutter, „was für ein properes Kind!“

Und der geliebte Bruder Rudi weicht während seines ersten Urlaubs im frühen Herbst kaum von der Seite seiner geliebten Schwester. Ein Wunder scheint er zu schauen, ein Wunder, das er nur zu bestaunen vermag. „Schwester, du bist die Madonna von Raffael, nein, diese andere bist du, diese von Leonardo, diese mit dem dunklen Haar, die gegen das helle Fenster sitzt – und das mollige Kind auf ihrem Schoß, es ist wie das deine, ist genau so ein Dickerle, genau so eines wie dein Kind!“

Und das Kind, es versucht zu lächeln, versucht sein erstes Kinderlächeln und patscht nach den glitzernden goldenen Uniformknöpfen an der Jacke des jungen Soldaten. Und er, er nimmt beide in seine Arme, liebkost und küsst sie. „Schwester, Lieserle, ich komme wieder! Bald bin ich wieder bei euch, bald, sehr bald …“

Nach einigen Wochen, als die Nachtfröste kommen und die ersten Flocken fallen, überbringt der Offiziersdiener den Eltern die Nachricht vom Heldentod ihres Sohnes. Etwas später wird ihnen sehr feierlich das vom Kaiser an den Toten verliehene „Kreuz für Tapferkeit vor dem Feinde“ überreicht. Bei der Bestattung in der heimatlichen Erde singt der Sängerbund „Liederkranz“ das Lied „Ich hatt’ einen Kameraden“ und anschließend mit der trauernden Menschenmenge „Gott erhalte Franz, den Kaiser, unsern guten Kaiser Franz!“

* * *

So ist das Kind hineingeboren in einen Krieg und wächst mit diesem Krieg vier Jahre lang. Geboren im Krieg, getauft im Krieg. Bereits zwei Jahre zählt das Kind bei dieser Namensgebung. Den Namen einer Heiligen erhält es, einer solchen Heiligen, die zu ihrer Zeit viel Leid erfuhr: Elisabeth, die von der Wartburg vertriebene Landgräfin von Thüringen, Elisabeth, die selbstlose Pflegerin der Siechenden und Elenden. Elisabeth – welch klangvoller Name! Die Mutter des Kindes führte ihn bereits, und etwas verkürzt soll er nun ihrem Kinde weitergegeben werden. Lisbet – so lautet seine verjüngte Form, etwas gefiltert wohl auch durch den Protestantismus, dem auch der Vater Franz angehört. Protestantismus ist für ihn ähnlich zeitgemäß wie die lebensreformerischen Bestrebungen und die Theosophie Rudolf Steiners. Protestantisch wurde auch bereits seine Ehe besiegelt, denn tolerant war man ja geworden, hat man doch auch bereits ein Vorbild in den beiden Verwandten, die Vater und Sohn namens Haasis ehelichten, jene so wohlhabend gewordenen Besitzer dieser neuen Fabriken. Vor nicht allzu langer Zeit kamen ihre Väter aus Preußen und etablierten sich hier vorzüglich. Sie wurden die Förderer ihrer protestantischen Glaubensfreunde, ließen für sie Schule und Kirche bauen.

Eine Haustaufe ist für den feierlichen Akt vorgesehen, eine intime Vornehmheit, die sich in gewissen Kreisen einzubürgern beginnt. „Ja, für so eine Haustaufe bin ich auch, das ist etwas Neues in unserer Religion und würdig für solch Geschehen!", meint der erfolgreiche Schmuckwarenerzeuger und stolze Vater, der inzwischen im Spital seines Wohnortes seinen Sanitätsdienst tut. Nie trug er ein Gewehr, nie hörte er eine Kugel pfeifen, aber wiederum, so wiederholt er, bedrücke es ihn nach wie vor, jetzt in diesen harten Zeiten fern der Front zu sein. Andererseits aber sei es wohltuend, sich in der Nähe von Frau und Kind zu wissen, und liebevoll lächelnd geleitet er die Verwandten in den Raum, der für die heilige Handlung vorgesehen ist. Es ist das so genannte Kleine Zimmer im ersten Stock der Villa, jenes Zimmer, in dem das Kind auch seinen ersten Schrei getan. Die Schmalseite des Raumes krönt ein Kruzifix aus dunkel getöntem Holz mit der aus Elfenbein geschnitzten Figur des Erlösers, vor diesem stehen eine schwere Silberschale und ein figurenverzierter Silberkrug. Durch die Fenster und die Balkontür des Kleinen Zimmers strömt gleißendes Sonnenlicht herein. Blumen in all ihrer hochsommerlichen Glut schmücken den Raum, überfluten Ernst und Feierlichkeit. In der Mitte dann die Stühle für die Paten und die anderen Verwandten.

Die Paten rücken sich zurecht, falten und glätten ihre Kleidung zur nötigen Würde. So auch die Großtante Clara, einst die schönste und begehrteste Schwester der Großmutter, jetzt Witwe nach dem Fabrikanten Preissler, der ihr nicht nur die herrliche Villa mit Park, die Häuser, in denen seine Angestellten und Arbeiter wohnen, sondern auch die große Feintuchfabrik mit den riesenhaften Aufträgen für Uniformen hinterlassen hatte. Gefasst, sehr aufrecht, sich ihrer Stellung absolut bewusst, sitzt sie da. Starr die Spitzen auf der schweren schwarzen Seide ihres Gewandes, sparsam der angetane Schmuck. Nur einzelne Brillanten funkeln auf filigranem Goldgespinst. Neben ihr die Schwägerin Hilda, eine mollige Fünfzigjahrige, in ihrer frisch gewaschenen und gebügelten Schwesterntracht. Ist sie doch seit Kriegsbeginn ehrenhalber als Pflegerin des Roten Kreuzes im heimischen Spital tätig, tut in dieser Kleidung ihre Pflicht für Kaiser und Vaterland und hilft mit ihrem heiteren mütterlichen Gemüt gar manchen Schmerz zu lindern, gar manche Träne zu trocknen, weiß aber auch, was Sterben, Tod und Krieg bedeutet. Gleich allen hier klammert sie sich aber an den Sieg, betet jeden Abend mit Inbrunst dafür: „Herr, lass Gerechtigkeit walten!“ Gerecht findet sie diesen Krieg, und auch er wollte doch immer Gerechtigkeit, er, der ehrwürdige Kaiser. Warm und lang hatte er ihre Hand gedrückt, als er vor einiger Zeit das Spital besuchte und sie vor ihm den Hofknicks machte. Geliebt hat er alle seine Untertanen, die Polen, die Tschechen, die Ungarn, die ..., die ... – aber weiter resümiert sie nicht, denn jetzt muss sie ihre Schwägerin Clara sanft mit dem Ellbogen anstoßen: „Schau doch, die kleine Li, wie hübsch sie aussieht, und wie sie schon zappelt! Losgehen sollt's, man kann doch so ein kleines Herzel nicht so lange warten lassen!“

Dora und Edith, die beiden Tanten der Kleinen, diese beiden jungen und so frischen Persönchen in den dunkelblauen Matrosenkleidern, sie werden ebenfalls nervös, blättern in den zu überreichenden Patenbriefen, zupfen an ihren Frisuren, probieren Zehengewackel in den neuen weißen Leinenschuhen, denn sie zittern doch etwas vor den kommenden Aufgaben. Beide sollen die Kleine zum Taufakt geleiten, Dora als Patin, Edith als weitere Namensgeberin für das Kind: Edith – wie gut das klingt!

Es ist so weit. Großvater setzt sich an das Klavier, das neben die Eingangstür gerückt wurde. Er beginnt zu spielen. Musiker wollte er einst werden, aber das väterliche Unternehmen brauchte ihn, den Ältesten, den Gewissenhaften. „Nun danket alle Gott“ – feierlich getragen klingt es, doch dann spielt er nur sich selbst, spielt seine Weisen von der Liebe, vom Tod und von der Hoffnung, spielt für den toten Sohn, spielt für das junge Enkelkind.

Nun schreitet der Kirchenpräsident der evangelischen Gemeinde, ein eleganter, gepflegter, leider mit einer etwas unwürdigen Tochter behafteter Geistlicher, zwischen den Wartenden zum Kruzifix. Hinter ihm der Täufling, geführt von seiner Mutter und Tante Dora. Wunderhübsch sieht sie aus, diese frische, gesunde Zweijährige! Von Sonne gebräunt das Gesicht, die Hände, die bloßen Arme, die wohlgeformten Beine, und man meint, unter dem weißen spitzengerüschten Sommerkleidchen das ganze sonnendurchflutete Körperchen zu fühlen. Die Kleine hüpft mehr als dass sie geht und zerrt die Hände der sie Führenden. Sie bewegt, erregt etwas! Die Handlung einer christlichen Taufe – eingehend erläutert wurde sie ihr. Dieses Wissen, loswerden möchte sie es nun, handeln möchte sie, etwas tun, etwas Bestimmtes tun. Spannungsvoll sind die immer runder werdenden Kinderaugen auf das Weitere gerichtet – und siehe, der Pfarrer, er nimmt das Silberkännchen in die Hand, und da weiß sie, was jetzt beginnen soll, und weiß auch, dass sie jetzt handeln muss, etwas Einmaliges schützen und beschützen muss. Es ist diese wunderbare weiße Haarschleife, die sie erstmalig in ihr noch etwas schütteres Blondhaar gewunden bekam. Sie reißt ihre Hände los, wirft sie hoch, stampft mit dem Fuß und brüllt, brüllt: „Nicht auf die Masch, nicht auf die Masch!“ Ein Schmunzeln entwirrt Feierliches, entwirrt Heiliges, steigert sich zu einem befreienden Lachen – und eine Anekdote ward geboren ...

Sichtlich für Ungewöhnliches empfänglich und mit einer eigenen Heiterkeit begnadet, eifert der Geistliche einer raschen Beendigung der Zeremonie zu, verkürzt die vorzüglich vorbereitete Ansprache, appelliert knapp an Menschlichkeit und Menschenwürde, mahnt kurz und präzise die Paten an künftige Pflichten gegenüber ihrem Patenkinde und träufelt diesem äußerst vorsichtig einige Tropfen vom geweihten Wasser auf das blonde Haar, vorher aber die Kleine noch beruhigend, dass er ihre wunderbare Schleife schonen werde.

„Im Namen des Vaters, des Sohnes und des Heiligen Geistes taufe ich dich auf den Namen Lisbet Edith Urban!"

Nachdenklich und noch versunken in die Feierstunde schlendern die Gäste in den nebenan liegenden Raum. Gediegener Wohlstand empfängt sie: Breite goldbraune, jetzt zur Seite gezogene Vorhänge aus samtenem Gewebe umrahmen die sehr hohen Fenster und eine Balkontür. Ein dicker Teppich, gemustert in ähnlichen Farbtönen, bedeckt zum Teil den polierten Parkettfußboden. Bilder, in massive Gold- oder Silberrahmen gefasst, schmücken die in hellem bräunlichen Ocker getönten Wände – zwei Kunstdrucke nach van Dyck, in dämmernden Herbstfarben eine Jagdszene und ein hell-frisches Porträt einer unbekümmerten jungen Schönen. Die Kredenz umrahmen Ölbilder, die Urgroßmutter Antonia einst schuf, kleine heitere Stillleben sind es, reife, lockende Früchte, zierliche Blumengebinde in verschnörkelten Vasen, goldgelbe Küken im üppigen Gras. Dann noch ein sehr großes Bild nach Müller-Kurzwelly, ein vom Abendsonnenschein umstrahltes einsames Dorf am Meer, und etwas versteckt in der dunklen Ecke neben der Eingangstür ein Hochzeitsgeschenk: in dezenten Blautönen ein sich küssendes Paar. Die Möbel aus dunkler Eiche – sie sind schwer und solide und scheinen für Generationen geschaffen, die einzelnen Stücke mit Schwanenmotiven verziert und mit Schmuckkanten versehen. Um das Kanapee gruppieren sich schmale angebaute Bücherschränke, in denen die in dunkles Leder gebundenen und mit Goldschnitt versehenen Werke von Goethe, Schiller und Shakespeare stehen, hinter zierenden gläsernen Scheiben stets sichtbar für die Besucher. Für Interessenten einer modernen Lebensweise befinden sich aufklärende Schriften in dem mit Holz verkleideten Teil der häuslichen Bibliothek. Der große Tisch im Mittelraum ist auf seine volle Breite ausgezogen und mit einer weißen, in sich gemusterten und mit kunstvollem Monogramm verzierten Decke und ebensolchen in silbernen Ringen steckenden Servietten versehen. Kostbar das Service für das Festmahl. Meißen blühender, zartblauer Mohn auf schimmerndem Weiß. Köstlich auch die mit eingeschliffenen Tropfen versehenen Gläser für den Wein, für den Champagner, für den Cognac, kapriziös die Kirschzweige in den pompösen chinesischen Bodenvasen!

Das Kind ist inzwischen entschlüpft, hat sich in die Küche verzogen, in der neben dem Kindermädchen Angela die ebenfalls tschechische Marie, ein

Dienstmädchen der Großeltern, Vorbereitungen für das festliche Mahl trifft. Innig liebt die Kleine diese beiden und lauscht ihnen interessiert, wenn sie sich in ihrer Muttersprache unterhalten, um dann so manchen Brocken auch in den eigenen Sprachschatz zu übernehmen.

Im großen Balkonzimmer haben nun die Gäste Platz genommen und bemühen sich um Fröhlichkeit, bemühen sich, für eine Weile das auszuschalten, was sie bedrückt. Und dicht drängen sie sich jetzt zusammen, ziehen die Stühle näher, schmiegen sich noch enger aneinander, als suchten sie Schutz in einer Bürgerlichkeit, die sich aufzulösen droht, suchen nach Hoffnung für einen Sieg – für einen Sieg, der auch gleichsam der ihre wäre.

Am oberen Tischende, mit dem Blick durch die Balkontür auf die entfernten hohen Bergrücken, die jetzt im Schattenspiel der etwas späten nachmittäglichen Sonne noch weiter, noch unerreichbarer erscheinen, thront als Matrone die Urgroßmutter Antonia. Diese silberhaarige alte Dame ist selbstbewusst, ist unbeugsam, ist eine Persönlichkeit. Jetzt strafft sie sich, setzt sich in Positur und versucht, etwas von ihrer Zuversicht ihren Angehörigen zu geben: „Es ist gut, dass die Preußen uns helfen, dass sie mit uns kämpfen. Es sind tapfere Soldaten, und zuverlässig sind die! Und wenn ihr es auch schon oft gehört habt, ich muss es immer wieder erzählen, muss von dem preußischen Hauptmann erzählen. Damals, Großmutter Hermine war gerade geboren – Gott, wie die Zeit vergeht, achtzehnsechsundsechzig damals im Krieg war's, da kamen auch die Preußen in unsere Stadt. Damals führten ja die Deutschen Krieg gegen unser Österreich! Ja, so was gab es auch! Der Hauptmann, er wurde nun in unser Haus einquartiert. Angst hatte ich schon, bange wurde mir sehr. Mein Mann, der Anton, er war weit weg, war auf Geschäftsreisen irgendwo in Italien. Ich war allein mit den Kindern, und das Minerle war doch eben erst aus dem Ei geschlüpft. Aber gerade dieses klitzekleine Dingerle, das Minerle, das gefiel dem Hauptmann. Mit dem Kinderwagen fuhr er es aus! Jeden Tag fuhr er mit ihm ins Freie! Stellt euch vor, ein Hauptmann in Uniform mit einem Kinderwagen! Bis zu unseren Wiesen bei Grünwald fuhr er. Aber einmal, da bliesen die Trompeten Alarm! Ganz schlecht wurde mir, ganz weich in den Knien – kein Hauptmann, kein Kinderwagen, kein Minerle zu sehen, nichts, nichts ...

Die Soldaten, sie marschierten schon vorbei, vorbei an unserem Haus und um die Ecke – und da kam er angehetzt, schwitzte und keuchte wie ein gejagter Hirsch, gab mir das Kind und rannte weiter, rannte um die Ecke zu seinen Soldaten, die dann aber auch bei dem Gefecht bei Seidenschwanz siegten. So sind die Preußen, verlässlich und kühn! Sie lassen keinen im Stich, siegen werden wir mit ihnen, ganz bestimmt siegen, glaubt es mir!"

Während ihrer letzten Worte schleicht sich ihr Schwiegersohn, der Gatte Hermines und Großvater der kleinen Li, in das Taufzimmer, setzt sich an das Klavier, spielt und intoniert zeitweilig mit seinem vollen, klaren Bariton einige Lieder aus den Freiheitskriegen: „Morgenrot, Morgenrot, leuchtest mir zum frühen Tod ...", „Vater, ich rufe dich, brüllend umwölbt mich der Dampf der Geschütze ...", „Lützows wilde verwegene Jagd" – um dann überzugehen in die Klangfülle Haydns, in die Nationalhymne ... Gleichsam erlösend und befreiend die Heldenhymne, und alle summen sie mit, summen sie weltentrückt, die Augen geschlossen, die Oberkörper leicht wiegend, leise mit der Handkante auf Tisch und Knie den Takt klopfend: „Gott erhalte, Gott beschütze unsern Kaiser, unser Reich!"

In den Gläsern perlt bereits der Champagner. Angela hat ihn inzwischen eingeschenkt, eingeschenkt mit einem vagen, nicht zu deutenden Lächeln. Nun stoßen die Anwesenden an auf den Sieg, auf den Kaiser, auf die Helden, auf den toten Rudi, stoßen an mit dem Heldenvater und der Heldenmutter, die in sich gekehrt vor sich hintrauert. Trotz anfänglicher Abwehr spricht Elisabeth dann doch jenes Gedicht, das sie für den gefallenen Bruder reimte. Es sind sehr innige und bildhafte Verse, die an den frühen Rilke gemahnen, dessen Gedichte sie in ihrem Nachtschränkchen aufbewahrt, neben denen von Storm, Möricke und Heine. Sehr leise spricht sie, und manchmal scheint es, als ob die Stimme ihr versagen wolle, und dies besonders bei den Zeilen: „Nie kehrest du mir wieder ..." Es dauert dann auch eine Zeit, bis die Gespräche sich neu beleben.

Franz, in der Uniform des Sanitätsfeldwebels, widmet sich eifrig der Rotkreuzschwester Hilda und beginnt ein Gespräch über die psychische Betreuung frisch Amputierter und die Möglichkeiten einer vegetarischen Lebensweise auch in den Krankenhäusern. Die Patentante Clara redet leicht erregt über zahlreiche neue Heeresaufträge, und dass immer mehr Frauen an den Maschinen angelernt werden, um sie zu bedienen, da mehr und mehr Männer zum Kriegsdienst eingezogen würden. Ihr und Hermines Bruder Alfred, der ein Kriegsgefangenenlager serbischer Offiziere beaufsichtigt, erzählt, dass er von diesen das Teppichknüpfen lerne und bereits für Weihnachten einen Bettvorleger fertig stellen wolle, der sehr leuchtend und orientalisch aussehen solle, mit einem dunklen Rot als Hauptfarbe und daneben ein tiefes Blau und vielleicht auch etwas Gelb und Grün.

Weiter meint er, dass die Gefangenen doch manches Mal noch Hunger hätten und dass er trachte, so es ihm möglich sei, ihnen zu helfen, und etwas leiser werdend fügt er noch bei: „Es sind ja auch Menschen, und mancher würde wohl auch lieber bei seinen Eltern und bei Frau und Kind sein!" Von denen, die ihm zuhören, widerspricht ihm keiner, ist Alfred doch auch das männliche Oberhaupt der hier anwesenden Verwandtschaft, ein Würden träger dieses Stücks Bürgeradel. Der evangelische Kirchenpräsident unterhält sich inzwischen lebhaft und oft lächelnd mit den beiden jungen Tanten. Er erzählt ihnen Scherze aus seiner Jugend- und Studentenzeit und freut sich sichtlich über ihre jugendliche Unbekümmertheit. Unverbindlich ladt er sie zu einem seiner berühmten Gottesdienste ein und versucht, ihnen auch einige Verhaltensweisen für ihren künftigen Lebensweg zu offerieren.

Die kleine Li, inzwischen aus der Küche gekommen, verzieht sich unter den großen schweren Tisch, um dort im Halbdunkel ihre besinnlichen Minuten abzutun, sich irgendwelche Fantasiegebilde zu schaffen, um mit diesen zu tändeln, eine andere Welt zu genießen …

Nun kriecht sie hervor, zwängt sich zur Großmutter und spürt deren endloses Weh. Die Kleine schmiegt sich an sie, greift nach ihrer langen Kette mit den vielen schwarzen Perlen, berührt eine nach der anderen, als reihe sie sie auf. Das Kind – der Großmutter möchte es helfen, in Großmutters Hand krallt es seine Finger, zieht die Hand und die Großmutter hoch, zieht sie bis zum Serviertisch mit all dem vorbereiteten so köstlichen Gebäck, schiebt ihr das Kostbarste, die mit Königsberger Marzipan reich verzierte Schokoladentorte zu: „Nimm, da, nimm!"

Zum Sinnbild wird dem Kinde diese Torte, zum Symbol für etwas Gutes, für etwas Helfendes, für etwas Heilendes – und so für den Frieden. Als sie bald etwas besser sprechen kann, sagt sie jedem, den sie mag: „Wenn Frieden wird, back ich dir eine Schokoladentorte!"

* * *

NUN IST DER FRIEDEN DA, währt bereits zwölf Monate, aber die Schokolade ist noch immer rar, wie so manch anderes, denn verloren wurde der Krieg – entgegen aller Hoffnung und Zuversicht verloren! Für den Sieg, für weitere neuere Waffen zeichneten die Großeltern und die Verwandten Kriegsanleihe um Kriegsanleihe, opferten aus den gepflegten Haushalten die Gegenstände aus Messing und Edelmetall. „Gold gab ich für Eisen", so stand es dann auf der Bescheinigung. Vertan, nun alles vertan – keine Monarchie mehr, kein Kaiser, keine Kaiserin, zerstückelt das Donaureich. Vertan ist Böhmen, vertan Mähren, und ebenso die Slowakei, die Karpato-Ukraine! Diese Lande nun in einem eigenen Reich, in einem tschechoslowakischen Reich, in einer Republik mit einem tschechischen Präsidenten und tschechischen Ministern. Auch das deutsche Sudetenland ist tschechoslowakisch, hat eine tschechische Staatssprache und tschechische Beamte bekommen. Vergeblich wollen die dreieinhalb Millionen Sudetendeutschen ihr Land zu Eigen haben, vergeblich ihre Rufe nach Gerechtigkeit. Nun ward alles zu Asche, aber weiter und weiter glimmend …

Doch forsch gibt man sich nach außen, genießt, was da ist, pfeift, tanzt und singt, singt die neuesten Schlager, singt: „Überall herrscht große Kohlennot, selbst im Himmel ärgert man sich tot …"

Auch jener stattliche Herr, der an diesem frühen Nachmittag im November 1919 den Bartelberg hochsteigt, trällert es leise vor sich hin. Franz wartet bereits auf ihn, öffnet ihm ehrerbietig die Haustür und geleitet den Gast in sein Haus. Nach einer längeren Weile kommen beide wieder heraus, und der Besucher verabschiedet sich mit einer leichten Verbeugung: „Sagen Sie Ihrer werten Frau Gemahlin meine beste Empfehlung! Eine Verbindung mit ihr wäre mir sehr angenehm!"

Franz nickt wohlwollend und eilt zurück in seinen Betrieb, in seine Schmuckwarenerzeugung, die nach wie vor in dieser Stadt Gürtlerei genannt wird. Gürtler – Messingschlosser – ursprünglich ja, aber schon längst nicht mehr in diesem Sinn. Diese Gürtler hier, sie entwerfen Schmuck entsprechend den Bedürfnissen der Menschen in all den Breiten der Erde. Kostbar aussehend dieser Schmuck, aber billig im Preise, erwerbbar für jeden! Sprechen die Musterstücke an, so vervielfältigt sie eine Schar von Heimarbeitern zu hunderten, tausenden Dutzend, zu hunderten, tausenden Grosse.

Dreihundert oder noch mehr Gürtlereien gibt es in dieser Stadt – Manufakturen, Kleinbetriebe, Familienbetriebe, und reich, oft sehr reich deren Besitzer. Jeder Betrieb hat seine Spezialität. Vorbild für Franz sind die farbenfreudigen Länder Südamerikas. Ihre leuchtende Blütenpracht verwandelt er in glutende, glitzernde, gläserne Rubine, Amethyste, Topase und Smaragde, die er in unechtes, filigranes Silber und Gold fasst. Jedes Ohrgehänge, jede Brosche, jeder Hals- und Armschmuck eine wahre Pracht, ein Überschwang von Freude und Lebenslust. Mit ihm an den langgestreckten Tischen sitzen seine Frau und drei oder vier seiner engsten Mitarbeiter, die er sich vorzugsweise aus seiner Verwandtschaft vom Vorland des Riesengebirges holt. Verlässlich sind seine Verwandten, sind dazu erzogen worden, leisten ihm solide Arbeit, und Franz meint, dass er auch für sie Gutes tue, da sie bei ihm allerlei lernen könnten. Aber auch Elisabeth, sie, die Hausfrau, die junge Mutter, auch sie arbeitet mit. Erfüllt ist sie von Idealen einer ehelichen Gemeinschaft, alles mit ihrem Gatten zu teilen, teilzuhaben an Glück und Bedrängnis. Auch sie lebt lebensreformerisch, erzieht so ihr Kind. Rudolf Steiner? Bei seinem Namen allerdings verzieht sie etwas spöttisch ihren Mund.

So arbeitet Elisabeth nun in der Werkstatt, und das Kind wächst dort auf, denn auch Angela, das Kindermädchen, wird mehr und mehr in diese Arbeit einbezogen, da sie gleich Elisabeth reichlich Geschick für das Entwerfen und Ausführen komplizierter Schmuckstücke zeigt.

Arbeit, reichliche Arbeit gibt es für alle. Das Geschäft blüht wieder, blüht doppelt nach Jahren des Krieges … Schmuck, Schmuck – billiger Schmuck! Die Menschen gieren danach, sich schmücken, ja, schmücken! Die Kunden aus dem Ausland kommen und kaufen. Unberührt von all dem kriecht Li auf dem Fußboden, sucht nach verlorenen Perlen und Glitzersteinen, um sich eigene Formen zu legen, kramt heimlich im Verbotenen, um auf manchen Lieferschein ihre Wünsche zu kritzeln, oder sie spielt in dieser großen, mit Sägespänen gefüllten Kiste, deren weiche, aber doch etwas spröde Masse zur Endpolitur der Schmuckstücke dient.

* * *

Leben und Sterben – schon in früher Kindheit wird Li damit konfrontiert. Hier sitzt sie nun mit ihrem kleinen goldgelben Bären, dessen zerrupftes Fell an Füßen, Ohren und Nase von ihren Zärtlichkeitsbeweisen zeugt. Tod spielt sie mit ihm – Tod … Sie spielt es, weiß aber nicht, was das ist, was dieses Wort bedeutet, dieses Wort, das sie so oft hört, bereits hörte, als sie zu hören begann. Auch Onkel Rudi ist tot, aber sie kann ihn in die Hand nehmen gleich ihrem Teddy, ihn küssen, streicheln gleich ihm. In vielen Bildern ist er da. Sie liebt ihn, liebt ihn beinahe so wie den kleinen goldgelben Bären.

Auch die Urgroßmutter Antonia ist tot. Aber immer, wenn Li sie sehen will, sieht sie sie vor sich, sieht sie im weichen Sessel vor dem Fenster sitzen, und auch ihr Spitzenhäubchen und ihr Spitzentuch hat sie umgetan. Und Li sieht sich zu ihren Füßen hocken, sieht sich mit ihr am Fenster stehen, um auf die vorbeischreitende Prozession Blumen zu streuen, sieht diesen erschrockenen Mann, dem die Blüten auf seinen Hut fallen – alles ist da, ist greifbar nah.

Nun steht sie mit Angela vor dem Haus der Urgroßmutter, viele Menschen sind da, sie drängeln. Ängstlich klammert Li sich an Angela. „Jetzt bringen sie die Großmama!“ Li glaubt, jetzt trügen sie die Urgroßmutter auf ihrem grünen, samtweichen Lehnsessel sitzend vorbei. Nichts sieht Li, nur, dass die fremden Menschen weggehen. „Wann kommt die Großmama?“

„Die Großmama ist jetzt schon im Himmel beim lieben Gott, beim Onkel Rudi und bei den Engeln!“

Li blickt hoch, sucht den Himmel ab. Nichts, nichts, nicht einmal die dröhnenden Flugzeuge der letzten Kriegstage … Auf dem Friedhof sollen die Toten ruhen, hört Li von Mama. Manches Mal geht sie mit Angela und Marie dorthin und sieht nur Steinplatten und Erdhügel. Viele sind mit Blumen geschmückt, einige verödet und leer. Leid tun der Li diese Toten, Blüten zupft sie aus üppigen Gebinden, leuchtende Blüten – und bringt sie auf verlassene Gräber, gibt sie einsamen Toten. Marie nickt dazu: „Ich habe das auch so gemacht, als ich klein war!“

Am Allerseelentag geht Li mit Mama zu Rudis Grab. Li freut sich über all den frommen Zauber. Hunderte Lichter brennen, jedes Grab gleicht einem Zweig vom Weihnachtsbaum.

„Wie schön ist das, wie schön!“ Laut klatscht sie in die Hände und hüpft um die leuchtenden Gräber. Aber wehmutsvoll scheinen die Lieder, die ein Männerchor singt. Die Kleine fasst nach der Hand der Mutter. Mit ihr steht sie dann vor der Familiengruft, die ein Kranz aus Lorbeer und weißen Rosen schmückt. Die Mutter wischt mit ihrem Taschentuch über die in Gold geprägte Schrift am Grabstein, als sähe sie noch Staub vom vergangenen Sommer, streichelt zart das eingravierte Tapferkeitskreuz. Die Kleine fragt: „Liegt er hier unten, der Rudi? Liegt er hier unter dem Stein?“ Die Kleine – sie fordert: „Grab ihn mir aus! Grab ihn mir aus! Ich will ihn sehen, ja, ich will, ich will …“

Das Kind sammelt nun vertrocknete Regenwürmer, zertretene Raupen und Schnecken, baut ihnen Gräber unter Papas Ziersträuchern, schmückt sie mit Gänseblumen und Glitzersteinen.

Nach einer Weile untersucht Li die Gräber, sucht die Toten. Findet sie einen Wurm, nimmt sie ihn in die Hand und wendet ihn hin und her. Greifen möchte sie den Tod, mit der Hand oder dem Fuß spüren, so, wie kürzlich das Meer, das sie sich schuf. In der Küche, auf die steinernen Fliesen goss sie Wasser, Kanne um Kanne schüttete sie darauf, tappte in der Nässe mit ihren Füßen und jubelte: „Das Meer, ich stehe im Meer!" Nun versucht sie Tote zu malen, malt Menschen und Tiere mit Flügeln, lässt sie gemeinsam im Himmel schweben, malt auch ihr liebstes Tier, ihre Schildkröte, als Tote.

Oft spielt sie mit den Nachbarskindern in dem nahen Wald, stromert so auch mit Fritzl und Fredi im etwas weiter entfernten Dickicht. An einem starken Ast eines Fichtenbaums sehen sie einen Mann hängen. Die drei sehen es, die drei spüren es, sie wissen es: Das ist der Tod, das ist ein Toter! Stumm stehen sie, staunen und schauen. Sie nehmen alles genau wahr: den Strick um Hals und Ast, die schlaff hängenden Arme und Beine, die kleine Tabakspfeife in der Anzugstasche. Seltsam friedlich scheint das Gesicht, so, als ob es leicht lächele. Kein Grauen überfällt die Kinder. Sie stehen und warten, bis andere Leute kommen. Still gehen sie dann weg, sie bewahren ihr Geheimnis, keinem, nicht einmal den anderen Freunden, nicht den Eltern erzählen sie von dieser Begegnung mit dem Tod.

* * *

LI WEISS NUN UM DES RÄTSELS LÖSUNG, sucht nicht mehr nach totem Gewürm, malt ihre Schildkröte nicht mehr als schwebendes Wesen. Andere Bilder bewegen sie nun; in den Kindergarten geht sie jetzt, geht gemeinsam mit Fritzl und Fredi. Welch eine bunte Welt bietet sich da an: Singen, Spielen, Tanzen und Handarbeiten aller Art. Zeigen kann man hier sein Können, kann sich großtun mit seiner Geschicklichkeit beim Ballwerfen und Fangen, beim Klettern, Springen, Hüpfen und bei den gestickten Bildern auf hartem weißen Karton. Diese gelbe Birne und dieser rote Apfel samt dem grünen Blatt! Li lacht vor Freude: „Guckt doch mal! Mein Bild, das ist das schönste!"

Aber nun diese Flechtarbeiten – dieses vorgeschnittene Blatt, diese vorgeschnittenen Streifen, diese klobige Nadel! Nichts scheint in Lis pummelige Hände zu passen. Sie müht und müht sich. Weinen möchte sie jetzt, aber sie beißt sich auf die Lippen – und die Nachbarin schaut ihr zu und lacht, lacht sie aus. Es ist die Rosa mit den Sommersprossen und den dünnen hellblonden Zöpfen, diese hässliche Rosa – und die lacht weiter, diese blöde Gans! Verdreschen möchte sie jetzt die Rosa, verdreschen … Oder einsperren? Einsperren in ein Kämmerchen, so, wie es Li ergeht, wenn sie unartig ist. Ja, einsperren!

Es ist Pause. Li beobachtet die Rosa. Ja, sie geht in das Klosett, ja, der Schlüssel, er steckt! Li schließt ab, reißt den Schlüssel an sich, bewahrt ihn wie eine Trophäe schützend in ihrer Schürzentasche. Und Rosa, sie brüllt, brüllt schrecklich, brüllt die Aufsicht herbei. Diese Frau tadelt Li, tadelt mit scharfen Worten. Aber Li schweigt, fühlt nur das Unrecht, das Rosa ihr angetan hat. Rosa – Li mag Rosa nicht mehr, mag auch diese Farbe nicht mehr, gleich böse scheint ihr beides. Rosa wird für sie zum Synonym für Unangenehmes, für Schmerzendes. Kommt sie mit Mama in die Nähe des Hauses in der Langengasse, dessen Zierfries mit gläsernen Halbkugeln aus mattem Rosa versehen ist, ruft sie: „Mama, gib mir deine Hand, jetzt kommt die böse Farbe! Sie tut weh! Ich mache die Augen zu!"

Auch der Kindergarten – nicht mehr die pure Lust ist er, aber Fritzl und Fredi aus dem Nachbarhaus trifft sie dort. Die beiden liebt sie sehr. Immer möchte sie mit ihnen zusammen sein. Wie interessant sind ihre gemeinsamen Heimwege, welch tolle Abenteuer sie stets dabei erleben! „Wie geh'n wir heute? Zu den verwilderten Gärten mit den Kirschbäumen oder in die Kirche?" Verführend meist der Weg zur St. Anna, zu dem altehrwürdigen Barockbau mit seinem geheimnisvollen Inneren, diesem Halbdunkel mit dem ewigen Licht, den hohen bunten Altären, der Strenge der Beichtstühle und dem feierlichen Duft des verströmenden Weihrauchs. „Ja, ja – zum Heiligen Geist, zum Heiligen Geist!" Und kühn marschieren die drei dorthin, tippen in die Schalen mit dem geweihten Wasser, malen sich gegenseitig die Kreuzeszeichen und bespritzen die Arme und Beine. „Guck doch, wie weit ich spritze! Guckt doch, wie das flimmert! Du, das ist der Heilige Geist. Ob der jetzt kommt?" Aber es erscheint kein Heiliger Geist und auch kein frommer Kirchengänger oder diensttuender Priester. Und so spielen die Kinder weiter, spielen unbehindert weiter, manchmal zwar etwas zögernd, aber dann immer gelöster, immer vertraulicher, genießen mit all ihren Sinnen den Zauber eines Kircheninneren, erobern neue Aus- und Weitblicke. Sie klettern auf hochlehnige Kirchenstühle, verstecken sich neben, hinter und in den geheimnisumwobenen Beichtstühlen, hüpfen von den Rampen der Altäre, auf denen noch vereinzelt die Kerzenstümpfe von Bittenden stehen. Doch bringen auch sie den Heiligen ihre Liebe, schenken ihnen blühende Zweige, die sie heimlich in fremden Gärten pflücken, um sie ihnen zu Füßen zu legen. Sie knien daneben, tippen sich gegenseitig die Kreuzeszeichen und beten ihr Kindergebet: „Ich bin klein, mein Herz ist rein, soll niemand drin wohnen als Jesus allein." Und freundlich, wie stets, ist das Lächeln dieser Frommen. So währen die himmlischen Freuden eine gute Weile, aber einmal erscheint doch die priesterliche Macht und vertreibt die drei aus ihrem heimlichen Paradies.

Verloren ist das Paradies, doch andere Abenteuer locken auf dem Heimweg – die Abenteuer des Schienenstrangs! Das ist was, ist etwas für wahre Helden! Es geht nicht nur um den Wettlauf mit dem Tode, um das hastende

Überqueren der Geleise vor der heranrollenden Gefahr, sondern es geht um die Eroberung einer gesamten Eisenbahnstrecke, um die Erkundung dieses streng verbotenen Pfades, den der Bahnwärter beherrscht. Erregend bereits die Vorbereitungen: Zuerst nach allen Seiten geblickt, dann neben die Geleise gehockt, hingelegt, das Ohr an das Eisen gepresst und gelauscht ... Ja, Ruhe ist, kein Dröhnen eines herannahenden Zuges, und hineingehüpft in das Abenteuer! Und weitergehüpft von Holzschwelle zu Holzschwelle, und dabei geäugt nach dem Feind, nach dem Bahnwärter! Und jetzt die Schlucht, und links und rechts die sich türmenden Felsen! „Ja, wagen, wagen ... Wenn der Bahnwärter uns erwischt, wirft er uns ins finstere Loch, zu den Ratten und Mäusen!"

Aber heil kommen sie heraus aus der gefürchteten Enge. „Gerettet, gerettet!" Gleich gejagten Kaninchen hasten sie zum nächsten Wiesenhang, verkriechen sich im vereinzelten dichten Gebüsch und rufen: „Dummer Bahnwärter, such mich, fang mich! Dummer Bahnwärter, dummer Bahnwärter!"

Diese Heimwege vom Kindergarten – auch sie bleiben das Geheimnis der drei, das sie bindet gleich einer Verschwörung zu einem Zusammenstehen, zu einer Freundschaft, die erst der nächste Krieg beenden wird. Doch viel Zeit ist noch bis dahin, viel Zeit. Für diese wachsen auch die anderen Jungen vom Bartelberg heran. Der Unger-Rudi, der Seidl-Ernst, der Nowak-Karli, Nachbars Maxl und der Tschechenjunge Oskar. Noch lachen sie gemeinsam, toben, prügeln und finden sich wieder, wollen vom Krieg nichts wissen.

Es ist nicht mehr wie zur Zeit ihrer Väter, die, als sie klein waren, kleine Helme aufsetzten, kleine hölzerne Gewehre trugen und sangen: „Wer will unter die Soldaten, der muss haben ein Gewehr, das muss er mit Pulver laden und mit einer Kugel schwer ..." Nein, so spielen sie jetzt nicht, das haben ihnen die Mütter und Väter gründlichst vergällt. Sie toben anders, toben als Räuber und Gendarm, finden sich in Schmirgels Räuberbande, die vor hundert Jahren in der Gegend hauste und von der jener Schmirgelfels bei Brandl als Denkmal steht. Welch ein Spiel, welche Siege der heldenhaften Räuber! Der nahe Wald, die Kulisse auch dafür, wie für all das andere Treiben! Er ist Himmel, ist Hölle, Meer und Wüste, Traum und Wirklichkeit! Hier bauen sie ihre Hütten, ihre Schlösser, sind Räuber, Könige, Zirkusreiter, brüllende Tiger und Löwen, Teufel und Engel ... Der Wald gehört ihnen, der Wald ist ihre Freiheit!

* * *

LIS ELTERN stimmen all dem zu, merkt doch Elisabeth, was sie selbst in ihrer behüteten Kindheit vermissen musste, was ihr vorenthalten wurde. Und Franz? Wieder lebendig wird ihm seine Kinderzeit, von der er meint, dass sie ihm die Kraft gab, sein Leben zu meistern: Mut, Selbstbehauptung! Als Vierzehnjähriger musste er wie seine anderen Brüder hinaus in die Welt, um dort sein Glück zu suchen. Mehr Ringen als Suchen war es, aber die Meisterwürde erreichte er, Schmuckwarenerzeuger ist er, besitzt einen fundamentierten Betrieb, eine aparte Frau aus angesehener Familie und ein Kind, ein kleines blondes Mädchen! Wie liebt er es – noch nie hat er etwas so lieben können, noch nie!

Und Li liebt ihn genauso. Ihr Vater – was ist er doch für ein Held! Er ist größer und stattlicher als die anderen Väter und bärenstark. Er würde alle Jungen vom Bartelberg besiegen und alle hundert Teufel und alle Schlangen, die es gibt. Wie gut ist er stets zu ihr, wie oft holt er sie aus dem Schuhkämmerchen, wenn Mama sie wegen einer Untat dort einsperrte, herzt und küsst sie: „Engerle, mein Engerle!“ Er hebt sie hoch, setzt sie auf seine breiten Schultern und singt ihr vor, was sie hören möchte, vom Blaublümelein bis zu „Vilja, o Vilja, du Waldmägdelein“, und all die anderen Operettenschlager, ist er doch ein eifriger Besucher des heimischen Stadttheaters und besonderer Liebhaber der leichten Muse. Stolz und vornehm sitzt er bei jeder Premiere im eleganten Smoking oder gar im Frack in der Loge, neben ihm seine graziöse und so aparte Frau, und gar mancher Theaterbesucher flüstert: „Welch gut aussehendes Paar, dieser reife große Mann und diese rassige, zierliche Frau!“

Die Mutter – für Li ist sie etwas Wunderbares, ist für sie ein Wunder, ist etwas Unantastbares, etwas, was man lieben muss. Sie ist eine Fürstin mit großen dunklen Augen und langem schwarzen Haar, das im Licht etwas rötlich schimmert. Keine so lauten Küsse gibt sie dem Kinde, keine so lauten wie Franz, aber sie nimmt es mit in die Buchhandlung, wenn sie ihre Bücher kauft, lässt es teilhaben an Geheimnissen, am Geheimnisvollen dieser hohen Räume, deren Regale vollgestopft mit Büchern sind. Wie faszinierend auch die Gespräche der Mutter mit dem Buchhändler, aus denen Li jene verschworene Gemeinschaft verspürt, die sie auch mit Fritz und Fredi verbindet, diese Gemeinsamkeit eines Abenteuers. Ebenso wohlig ist es für sie, wenn sie in dem kleinen Zimmer, in dieser seinerzeitigen Taufkapelle, dabei sein darf, wenn der Professor mit Elisabeth kluge Gespräche führt. Der Professor, es ist derjenige Herr, der Franz an jenem trüben Novembernachmittag um eine Verbindung zu Elisabeth bat. Auf seinem Schoß sitzt nun Li. Liebevoll zieht er sie hoch zu sich, und während er jetzt so vertieft Elisabeths Erzählungen lauscht, zuckt und krabbelt es in ihr und sie beugt sich herab und untersucht, da ihm die Beinkleidung während des Sitzens etwas hochgerutscht ist, seine entblößten Beine. „So viele Haare an Männerbeinen!“, murmelt Li für sich, und sie versucht die sieben Griffe an ihnen zu üben. Leicht und vorsichtig tut sie es, denn sie möchte nicht diese Atmosphäre stören, die sie im Beisammensein mit Mama so mag, will weiter jenen Hauch von Wissen und leichter Wehmut atmen, den sie aus manchem Klavierspiel, aus manchem ihrer Lieder kennt. „Es kam die Stunde, da zwei Herzen sich fanden, o vergiss, dass ich dich so geliebt …“ Mama singt es dem scheidenden

Bruder ihrer Freundin, und Li spürt den Schmerz der Mutter. Die Mutter, sie fährt zu dem Bruder der Freundin, fährt zu dem Mann ihrer Liebe, kommt aber bald zurück, reißt das Kind an sich, hält es fest und küsst es immer wieder …

Viel Liebe trägt Elisabeth in sich, durch das Kind erfüllte Liebe – aber auch viel unerfülltes Sehnen …

Die Mutter, der Vater – mit gleicher Innigkeit liebt Li beide, sie sind für sie eins, sind ihr eine Einheit in ihrer Liebe. Mit beiden geht sie in den Zirkus, ins Theater, zu den Großeltern, zu den Verwandten – und da ist alles gut, ist das Glück! Aber dann kommen diese Nächte, diese bösen Nächte, das Erschrecken, das Erwachen im Dunklen, dieses Erwachen im Schmerz. Ein eigenartiges Wehetun ist es – nicht wie von aufgeschlagenen Armen und Beinen, nicht wie von den Prügeleien mit den Jungen, auch nicht wie das des dröhnenden Donners beim Gewitter, der Lis Ohr zerreißen möchte und vor dem sie sich unter Decken und Kissen verkriecht. Nein, anders ist es, ganz anders.

Dieses Leid, es sind jene nächtlichen Gespräche der Eltern, sind jene Worte, jene Sätze, deren Sinn das Kind nicht versteht, die aber ihr Herz zerfleischen wollen. Sehr heimlich, sehr leise all dies – zu dem Kind aber dringt es, dringt durch Türen und Wände. Das Kind will etwas dagegen tun, muss etwas dagegen tun – dieses Unheil … Aufhalten! Aufhalten! Li steigt aus dem Bett, schleicht sich zu den Eltern und fleht: „Seid doch wieder gut zueinander! Seid doch wieder gut! Ich habe euch doch so lieb! Papa, Mama, seid doch wieder gut miteinander!“

Bald naht das Osterfest, und dann noch ein knappes halbes Jahr, und Li ist Schulkind. Ein gesundes, hübsches Mädchen ist sie. Im vergangenen Sommer, es war eine Werbefahrt der Lebensreformer für den Naturheilverein, prangte sie als goldgelber Schmetterling auf einem mit Blumen geschmückten Pferdewagen, prangte als Ergebnis einer gesunden und vegetarischen Lebensweise, prangte gleich einer Reklame für ein fortschrittliches und vernünftiges Elternpaar …

Die Eltern – mehr und mehr versucht das Kind sie zu ergründen. Besonders die Mutter tut es ihr an, diese geliebte wunderbare Frau. Aufmerksam verfolgt das Kind ihr Tun, ihre Gespräche, auch jene mit den Freundinnen, die öfters ins Haus kommen. Sie spitzt die Ohren, möchte hören, um zu wissen, um zu ergründen: „Was will Mama?“ Sie entnimmt dem Erlauschten, dass sie zu einer Hellseherin geht, einer berühmten Frau, die einsam auf einem anderen Berg, dem Bramberg, wohnt und die sieht und weiß, was alles noch geschehen kann. Zu Elisabeth sagt sie: „Die Liebe, auf die Sie warten, die brauchen Sie nicht zu suchen, die kommt zu Ihnen ins Haus!“ Elisabeth und ihre Freundinnen ratseln: „Ist es der Professor?“ Nochmals wird die weise Frau aufgesucht und nochmals wird sie befragt, und Elisabeth, sie nimmt diese Antwort mit: „Die Liebe, sie kommt zu Ihnen in Ihr Haus! Sie kommt aus dem Osten, sie ist auf dem Weg zu Ihnen!" Und auch der Professor, er macht ihr den Weg frei. Einen Kuss, einen sehr langen, drückt er auf Elisabeths Hand, zärtlich streicht er Li übers Haar, schenkt ihr noch einen Bleistift mit silberner Hülle, den sie stets so sehr bewunderte … Und der andere Mann kommt, wird wieder von Franz in das Haus eingeführt. Franz – ein Zimmer, das kleine Zimmer wolle er nur vermieten, wolle bei einer eventuellen Trennung von Elisabeth nicht allein in der großen Wohnung sein …

Ja, eine Trennung, beide Eltern spielten mit diesem Gedanken während ihrer nächtlichen Gespräche …

* * *

DER NEUE MANN – ist es der Dichter von damals? Nein, dessen Name steht bereits eingemeißelt und vergoldet in dem Ehrenmal für die Gefallenen des großen Krieges. Aber ebenso jung, ebenso unberührt wie jener scheint dieser Überlebende des Schreckens, dieser k. u. k. Leutnant, der bereits Anfang Dezember 1914 – es war die Zeit, da Elisabeths Bruder Rudolf in Serbien fiel – in russische Kriegsgefangenschaft und nach Sibirien kam. Sechs Jahre blieb er dort, sechs harte Jahre, die er überlebte. Nun sucht er nach einem neuen Anfang, steht vor einer neuen Tür, klopft an eine neue Tür – und eine Tür tut sich ihm auf: Elisabeth, Elisabeth, die Heilige, die Helfende, Elisabeth, die Frau! Seinen Fuß klemmt Ernst zwischen Tür und Schwelle. Offen bleiben soll diese Tür, nicht zufallen! Offen bleiben, offen bleiben!

Ernst und Elisabeth – eine Romanze beginnt. Der Mann gleicht einem Jüngling, hager, voll Hunger seine Augen, voll Hunger sein Herz. Nichts hat er gelernt, nur das Soldatsein. Kaum fertig damit, musste er es ausüben. Kadettenschule adieu, und hinein in den Kampf. Der junge Alpenjäger, dessen Uniform das Edelweiß ziert, reitet durch die Ebenen Polens, durch die Ebenen Russlands. Und gleich ihm reiten auch andere Gebirgsjäger durch die weiten Ebenen, durch den Wahnsinn des Krieges in die Gefangenschaft. Und immer ist dieser hohe Himmel über ihnen, als ob es keine Berge mehr gäbe – immer dieser hohe Himmel in Polen, in Russland, in Sibirien. Sechs Jahre Gefangenschaft in Sibirien, sechs lange Jahre. Für Ernst, den Sprachbegabten, dann endlich eine Stelle als Dolmetscher bei der Tschechischen Legion, bei jener Armee, in der sich jene Tschechen fanden, die einst für Kaiser und Österreich in den Krieg ziehen mussten. Mit ihnen kehrt Ernst 1920 in die Heimat zurück. Die Heimat? Er findet sie nicht mehr. Die Mutter ist noch da, aber sie scheint ihm sehr alt und müde, doch noch älter fühlt er sich selbst, sterbensalt, sterbensreif – ohne Hoffnung, ohne Ziel … „Warum traf mich keine Kugel? Warum nehme ich jetzt nicht meine Pistole? Warum? Warum?" Ein Freund verhilft ihm zu einer Stelle als Volontär in einer Spedition in einer fernen Stadt.

„Aus dem Osten kommt er, aus dem Osten …“, sinniert Elisabeth und weiß es doch bereits, dass es dieser Mann ist, dem sie gehören wird, den sie lieben wird, immer inniger und fester lieben, lieben ein ganzes, gutes Leben lang …

Franz willigt in die Trennung ein. Unvergleichlich vornehm tut er es. Mit einer gewissen Wehmut erkennt er bei diesen Liebenden Gefühle, die ihm wohl immer verschlossen bleiben werden. Nur Li, Li sollte man ihm lassen. „Li, Li, bleib doch, Li, bleib doch bei mir!“

„Engerle, mein Engerle!“, ruft er leise, als sie in den Schlitten steigt, in dem sie mit Mama wegfährt, weg in ein neues Unbekanntes. „Engerle, Engerle!“ Und das Kind dreht sich um und winkt ihm zu, fröhlich lächelnd winkt es ihm zu.

* * *

FRÜHZEITIG IST IN DIESEM JAHR DER WINTER GEKOMMEN. Die Eisblumen blühen bereits an den Fenstern des Treppenhauses. Warm eingehüllt gleitet Li den Berg hinab, überquert im Schlitten Bahngeleise und landet vor dem Haus der Großeltern, wo sie seit kurzem wohnt. Eine neue Welt – wie wird Li sich in sie einfügen, wie wird sie alles annehmen? Bang sind die Fragen ihrer Angehörigen …

Das neue Heim ist in einem Dreistockhaus in der Stadtmitte gegenüber dem Rathaus. Im Parterre hat Großvater sein Import- und Exportunternehmen, neben ihm, getrennt durch den Hausflur, arbeitet ein Regenschirm- und Sonnenschirmhersteller. Im ersten Stock wohnen die Großeltern und die Mutter des Großvaters, im zweiten Stock der Schirmemacher mit seiner Familie, dazu eine ältere Dame mit einer hübschen jungen Enkelin. Im Dachgeschoss sind Trockenböden für die Wäsche und zahlreiche ausgebaute Kammern für das Dienstpersonal oder auch für Dinge, die man nicht mehr nutzt, aber aufheben möchte. In den Kellergewölben Lagerstätten für Kartoffeln, Gemüse, Obst, Eingewecktes und Wein sowie eine große Waschküche. Die Toiletten sind jeweils am Halbstock, denn das Haus ist alt. Großvaters Vater ließ es für sein Unternehmen bauen, als 1860 der Marktflecken zur Stadt wurde und die heimische Industrie wuchs und ferne Märkte eroberte. Hinter dem Haus ist ein geräumiger Hof mit zwei großen Kastanien, zwischen denen eine dicke Stange für zu klopfende Teppiche angebracht ist. An der Längsseite des Hauses reihen sich hölzerne Schuppen für das Brennmaterial der Bewohner. Das Gelände wird linksseits durch ein gepflegtes Ziergärtchen mit einem niedlichen Pavillon abgeschlossen.

Im Dachgeschoss sind zwei unbewohnte Kammern. In die ziehen nun Elisabeth und Li mit dem neuen Mann. Ernst hat den gleichen Zunamen wie Elisabeths ruhmreiche Vorfahren. Er heißt Rösler, nur, dass er sich nicht mit „ß“, sondern mit einem bescheidenen „s“ schreibt und aus entfernteren Gegenden der Elbe stammt, von dort, wo sie breit und dienstbar wird und an ihren Ufern Fabriken stehen. Ernsts Vorfahren waren Bauern in der Gegend um Tetschen, sein Vater Lehrer. Ein schwerer Entschluss war es für Elisabeths Eltern, die drei in das Haus aufzunehmen, schwer lastet auf ihnen die Trennung Elisabeths vom Franz. Fußtritte sind es in ihre Anschauungen von Sitte und Moral, Fußtritte in ihr Herz! Brutal vernichten sie einen seit Generationen bewährten Lebensstil – und wie gut war man damit stets gefahren! Seiner Religion blieb man treu, trat reinen Gewissens seinem Gott gegenüber, und der Besitz vermehrte sich. Wohlerwogen waren diese Eheschließungen, die auch den Wohlstand festigten. Ein unzufriedenes Nebeneinander – nie hörte man davon, und bestätigte doch ein stets vorhandener Kindersegen das gegebene Eheglück … So wälzen Elisabeths Eltern diese mannigfachen Probleme in Tages- und Nachtstunden, am Frühstückstisch und unter Daunendecken, und denken schließlich an ihre Heirat, die sie seinerzeit ertrotzten, sie aus der gehobenen Schicht, er aus einer zugewanderten, wenn auch wohlhabend gewordenen Schicht, die aber moralisch nicht ganz einwandfrei durch einen sündhaften Vater, der fallweise eine Kellnerin aufsucht. Harte Zeiten waren das – und beide lächeln, sind jetzt nur Mutterle und Vaterle, und beide meinen, dass sie Tochter und Enkelkind ein Bett zum Schlafen und einen Ofen zum Wärmen bieten müssen.

Und der neue Mann? Dieser neue Mann war doch Offizier, ein k. u. k. Offizier, ein Ehrenmann! Finanziell diese Bindung zu unterstützen? Nein, das nie, das wäre Unmoral!

Die beiden Dachkammern sind geräumig, bieten Platz für alle drei. Das kostbare Mobiliar, das einstige Heiratsgut, es ist noch bei Franz untergestellt, und so findet sich Raum für das Notwendigste, für dieses und jenes, getreu dem Willkommen, das Angela und Marie dem jungen Glück bieten: „Raum ist in der kleinsten Hütte für ein glücklich liebend Paar!“ In rotem Kreuzstich auf hellgelben Stramin gestickt, gefasst in einen dunkelbraunen Holzrahmen, prangt es nun feierlich über der Eingangstür gegenüber Lis Winkel unter der Dachschräge. Hier hat sie ihren Spielkram, ein Bett und auch ein großes Fenster. Es ist ein wunderbares Fenster: Gegenüber sieht man die gewaltige Rathausuhr, hinunterschauend die Straßenbahn und den Marktplatz mit seinem Getümmel, und in der Ferne den Wald und die Berge – und auch den Bartelberg.

Noch vermisst Li ihn nicht, vermisst auch nicht ihren geliebten Papa, denn oft und oft steigt Franz die Treppen hoch, um sein Engerle zu sehen. Jederzeit darf er kommen, jederzeit. So sagen ihm Elisabeth und Ernst. „Engerle, mein Engerle!“, und das Kind sitzt auf Papas Schoß und liebkost ihn, lässt sich die neuen Operettenschlager vorsingen, führt ihn zu dem wunderbaren Fenster und blickt mit ihm auf das Marktgetümmel, die Uhr und den Bartelberg. Elisabeth bietet ihm eine Tasse Tee und teilt das Abendbrot ein, damit auch er eine Scheibe Brot erhalte. Rar sind die Lebensmittel geworden. Für einigen Nachschub sorgen Angela und Marie aus ihren Heimatdörfern. Sehr schlimm steht es im benachbarten Deutschland. Inflation wütet, Hunger wütet, abgemagert die Kinder, die diese Stadt nun aufnimmt. Eine Siebenjährige aus Sachsen füttern Lis Großeltern nun mit. Li findet aber wenig Beziehung zu ihr, denn dieses Mädchen spielt lieber mit denen, die aus gleichem Lande kamen, den gleichen Hunger haben …

Li vermisst noch nichts, spürt auch nicht die Härte im neuen Leben – jene Einschränkungen, jene verbrämte Armut.

Ernst bekommt als Volontär, denn zum blutjungen Anfänger ist er in jener internationalen Spedition geworden, nur ein Taschengeld, Elisabeth fertigt in Heimarbeit Schmuck für den Betrieb ihres ehemaligen Gatten, hilft bei ihren Eltern und scheut keinerlei Arbeit, um ihre Liebe finanziell zu stützen. Tapfer und stark ist sie geworden und verteidigt so auch ihr Glück. Souverän stellt sie sich der Verwandtschaft, zerstreut die Saga einer wilden Ehe, spricht von der Echtheit ihrer Beziehung, wirbt um die Anerkennung ihres Geliebten, erzählt von seiner unendlichen Güte, seinem Wissen, seinen Mühen.

Die sie umgebende Not – keiner soll sie erkennen, keiner sie sehen. Elisabeth, diese Stolze, diese Edle, sie verhüllt sie, versteckt sie im modischen Glamour, in eigenwilliger Eleganz von Anzügen, Mänteln und duftigem Sommergerüsch. An der alten Nähmaschine, an der sie einst als junges Mädchen Weißnähen übte, sitzt sie und zaubert für sich und die Ihren aus Abgelegtem Neues. „Diese Friedensstoffe – welch gute Qualität noch, welche Haltbarkeit über all die Zeiten! Großmutter Antonias Radmantel – wie fühlsam ist er, wie ist er weich! Welch warme Jacke der noch abgibt!"

Aber so manche Stunde heißt es auch die Zähne zusammenzubeißen: Wie gern wäre sie bei dem kürzlichen Geschäftsbesuch des Freundes ihres Geliebten dabei gewesen, wie gern wäre sie jenem Manne begegnet, der so wundersam ihr Schicksal gelenkt hatte. War er es doch, der Ernst seinerzeit diese Anstellung in ihrer Heimatstadt vermittelt hatte. Kranksein muss sie nun vorgeben – Kranksein! Keine Schuhe hat sie für die Straße, ihre einzigen sind beim Schuster zur Reparatur …

Wie versöhnend dann stets die gemeinsamen Abende – diese Feierstunde zu dritt. Wie anheimelnd schon das Licht- und Schattenspiel von der Petroleumlampe an den Wänden des Dachgestühls, wie angenehm die Wärme vom kleinen Kanonenofen, wie wohltuend herb der Duft der brennenden Holzscheite. Um den Tisch, in der Mitte des Raumes, gruppiert die kleine Familie. Elisabeth kittet noch einige brillante Similisteine in Talmigold, um die anstehende Lieferung fertig zu bekommen. Ernst unterweist Li in dem von ihm so geliebten königlichen Spiel. Die hölzernen Schachfiguren hatte er einst mit einem klobigen Messer geschnitzt, um Zeiten und Weiten zu überdauern.

Zeiten und Weiten … Gespannt lauscht Li seinen Erzählungen. Abenteuer über Abenteuer spürt sie darin. Sibirien – begehrlich wird es ihr mehr und mehr, die Menschen dort und die Roten und die Weißen. Ähnlich scheint es ihr, wie einst jene wilden Spiele im Wald mit Fritzl, Fredi und der gesamten Schmirgelschen Räuberbande. Wladiwostok, Jenissej, Baikal – welch herrliches Gelände dafür! Immer wieder will sie alles hören, immer wieder die bunten Bilder jener Weiten in den rot gebundenen Alben schauen. Immer wieder! Und darin lebt für sie auch Elsa Brändström, der Engel Sibiriens, dieses für sie schier unlösbare Rätsel: ein Engel, der auf Erden wandelt, Gefangene besucht und krank Gewordene pflegt.

Um Engel weiß sie einigermaßen Bescheid, kennt sie aus der Kirche und aus manchen Büchern, auch aus den Poesiealben der beiden jungen Tanten, und sie malt sie auch für sich mit viel Einfühlung, mit flatterndem Haar und mächtigen, mit kleinen Rundbögen verzierten Flügeln, winkelt ihre Knie an, und sie schweben bis zum obersten Rand des Zeichenblattes. Aber ein Engel, der auf Erden wandelt und Schritt für Schritt tut? Auch Ernst, den Li liebevoll Ati nennt, auch seine Antworten lassen sie unbefriedigt, wenn er meint: „Es gibt auch Engel, die auf Erden geboren werden, um Menschen zu helfen, um Menschen zu retten, und auch Mama ist so ein Engel!" Mama auch ein Engel, ein Engel ohne Flügel? Li hegt Zweifel, Zweifel wie auch über so manch lieb gewordenes Bild vom Christkindl, vom Nikolaus, von den heiligen drei Königen. Was ist wahr, was ist Märchen? Und wie ist es mit den Toten? In den Himmel sollen sie kommen, Engel sollen sie dort werden? Aber nicht alle, nur die Guten! Und die Bösen? Die kommen in die Hölle? Die werden alle Teufel? Die Halbguten, die Halbbösen, wie ist es mit denen? Das Kind möchte es wissen, aber es scheut sich, seine Lieben zu fragen, scheut sich, ein Band zwischen ihnen und sich zu zerreißen, sind sie es doch, die ihr diese Legenden erzählen. Und so malt sie ihre eigene Meinung über Elsa Brändström, zeigt sie groß und machtvoll, aber mit zierlichen Flügeln, stellt sie in den sibirischen Wald, und um sie sind viele kleine Menschen und auch Bären und Wölfe. Ein Erdenengel sei sie, sagt Li. Einen solchen sieht sie auch in Angela. Angela klingt wie Engel, ist das tschechische Wort für Engel, meint die Kleine. Sie fragt Marie, was Engel auf Tschechisch heiße. Anděl, sagt ihr diese. Ja, Anděl ist Engel auf Tschechisch! Angela ist ein Engel! „Engerle, liebes Engerle!" – Li überlegt: Ist sie für Papa auch ein Engel?

* * *

NEBEN JENEN ÜBERLEGUNGEN und Erwägungen erobert Li weiter ihre konkrete Umwelt. Am anziehendsten in der Nähe ist stets das großväterliche Unternehmen, das Exportgeschäft Rudolf Hempel. Die Firma umfasst vier Räume. Der Haupteingang führt zum Kontor. Hier melden sich die Kunden und Lieferanten. Hinter einem langen Tisch sind hohe Regale mit hundert oder mehr Fächern, in denen die Musterkollektionen für die verschiedenen Länder und Wünsche lagern. Eine Tür führt unmittelbar in den Packraum.

Auf samtenen Grund oder glatten Karton wird hier der Schmuck gesteckt oder genäht, in Pakete oder Kisten verpackt und versandfertig gemacht.

Aber nicht nur Broschen, Ohrgehänge, Kolliers, Fingerringe, Arm-, Fuß- und Haarschmuck, sondern auch Bangles, diese Armreifen aus farbigem Glas, die Inder bei religiösen Anlässen im Ganges opfern, oder auch Kaurimuscheln, dieses Zahlungsmittel im Sudan, das aber dort nur noch ungenügend in der Natur zu finden ist, wird durch die hiesige Industrie produziert. Voll Zauber ist dieser Raum!

Nebenan im Zimmer wacht das Auge und das Gewissen des Unternehmens. Großvater und sein Buchhalter stehen hier an hohen Pulten, denken, kalkulieren, schreiben. An der Wand zwischen beiden der imponierend große Telefonapparat in Schwarz und Silber. Ein weiteres Musterregal, Tische mit Schreibmaschine sowie Kopierpresse, einige Drehstühle und ein gewichtiger Panzerschrank vervollständigen das Mobiliar. Anschließend und so anheimelnd gemütlich das Konferenzzimmer mit seinen etwas veralteten Möbeln: den bequemen Sesseln und dem breiten, mit dunkelrotem Samt überzogenen Sofa. Manch wichtiges Geschäft wurde und wird hier abgeschlossen, manch Kaffee, manch Glas Wein mit den Kunden hier getrunken. Groß, gleichsam alles überschauend, das Ölbild mit dem Porträt des gefallenen Sohnes. So atmen diese Räume Altes und Neues, Biederkeit und Weltoffenheit. Großvater ist ein dem Fortschritt aufgeschlossener Mensch, ein ob seiner Ehrlichkeit und Hilfsbereitschaft geachteter Bürger. Doch in der letzten Zeit scheinen ihn Sorgen zu bedrücken, und die nicht nur wegen des Fauxpas Elisabeths. Bürgschaft hat er geleistet, Bürgschaft, um einen Freund zu retten. Zu spät kam die Hilfe, mit in die Konkursmasse geriet Großvaters Geld.

Konkurs – ein hartes Wort, das nun auch vor Großvater steht. Für einige ist dies ein Poker, um aus ihm gleich dem Vogel Phönix aufzuerstehen, für Großvater nie, dann eher den Revolver! Was nun tun? Das private Vermögen nahezu aufgebraucht. Dora, die sich kürzlich vermählt, konnte beinahe noch standesgemäß ausgestattet werden – aber wie nun weiter? Reicht der Rest überhaupt noch für ein Heiratsgut der jüngsten Tochter? Und so verkauft auch die Großmutter ihren goldenen Schmuck mit den Türkisen.

Die Familie, die Freunde, sie suchen einen Ausweg. Konkurs – ein garstiges Wort, ein böses Lied … Auch Li schnappt dieses Wort auf und spricht es nach. Oft, wie seinerzeit in der Werkstatt des Vaters, sitzt sie jetzt in einem der Geschäftsräume, macht Handgriffe für die Packer oder zeichnet ihre Welt, ihre Wünsche, ihre Fantasien: das Haus, die Bäume, ein Mädchen, das einen großen Hund führt, die Engel, Sibirien … Aber jetzt zeichnet sie Lotosblüten, Papyrusstauden, seltsame Schriftzeichen, kantige Menschen mit Perücken, deren Körper meist in der Vorderansicht, der Kopf aber stets seitlich zu sehen ist. Li entwirft Muster, entwirft gemeinsam mit dem Mustermacher Motive für Armbänder, Halsbänder, Broschen, Gürtel und Ohrgehänge. Li zeichnet für Großvater, für sein Geschäft, zeichnet, damit viel Geld hereinkommen möge und nicht dieses böse Lied vom Konkurs!

Ja, ein großes Geschäft kündigt sich an, ein Schmuckrausch, inspiriert durch die Entdeckung des Grabes von Tutanchamun! Tante Dora und Onkel Josi, die Jungvermählten, sie weilten in Ägypten, um die Verbindungen mit der dortigen Vertretung aufzufrischen. Zurückgekehrt brachten sie viel, viel Erquickliches mit, und besonders diese Kunde vom Fund des Pharaonengrabes. Diese unwahrscheinlichen Schätze, diese Ornamente, dieser Schmuck! Schmuck eines Königs – Modeschmuck? Lotus und Papyrus, seltsame Menschen, seltsame Zeichen ... Ein Schlager kann das werden, eine Sensation! Und es wird ein Verkaufsschlager, und einige profitieren davon. Großvater streicht in seinem Terminkalender „Hypothek" und „Konkurs" und trägt dafür ein: „Tutanchamun – Halsschmuck, Fußschmuck, Ohrgehänge, Broschen, Armreifen, Fingerringe".

Und Li sitzt in einer Ecke und träumt sich weiter in die Grabkammer eines toten Herrschers, zeichnet und zeichnet ... Es ist ihr beliebtes Auseinandersetzen mit neuen Dingen, ist eine ihrer Sprachen. Das meint auch der Professor, der hin und wieder vorbeikommt. Gar gern guckt er dabei auf ihre Zeichnungen und streicht ihr, wie einst, zärtlich über ihren blonden Scheitel. Auch der Gast aus jenem fernen Land mit dem so fremden Namen Moisse Arditi und seinem so dunklen Haar und Bart freut sich darüber und lächelt so, dass seine weißen Zähne blitzen. Neugierig betrachtet Li diesen Fremden und lauscht gespannt seinen holprigen Worten und den Gesprächen über ihn. Was erfährt sie da alles! Keinen Schweinebraten dürfe er essen, aber er koste ihn doch, keinen Wein dürfe er trinken, aber er probiere ihn doch, und das erste Mal habe er hier diese weiße Welt erlebt, das erste Mal Schneeflocken gefangen, in der Hand gehalten und gespürt und gesehen, wie aus ihnen Wasser wird. Und die Tante Edith wolle er mitnehmen, mitnehmen in seine Welt. Aber dort müsse sie stets einen Schleier tragen ...

* * *

LI IST SEHR NEUGIERIG und möchte alles wissen. Auch die Marie und die Angela müssen ihr viele Fragen beantworten, und immer wieder fragt sie auch nach Prag. Ein großes altes Ölbild vom Hradschin hängt über dem kleinen Ledersofa im ehemaligen Kinderzimmer der Tanten. Das Bild prägt sich ein in ihr Herz, dieses Schloss mit 365 Zimmern, und die Könige, und der heilige Wenzel, und der heilige Nepomuk! Li möchte nach Prag! Aber vorerst fährt Angela dorthin, fährt zu ihrer kranken Schwester, um sie zu pflegen. Elisabeth, sie bekam seinerzeit Angela von ihrer Mutter in ihre Ehe mit, damit sie eine Stütze habe. Zur Hüterin des Kindes wurde sie dort und besonders in jenen Tagen, da Elisabeth dem Freund nach dem Süden folgte. Ein weißes Schürzchen nähte damals Angela für Li, ein Schürzchen mit einer großen weiten Tasche, die sie mit einem Gänschen und einem Hütejungen in blauem Kreuzstich verzierte. „Angela, Engel, immer werde ich an dich denken, jeden Abend für dich beten!"

Angela ist weggefahren, aber Marie bleibt. Sie ist älter als Angela, wurde es gemeinsam mit der Familie. Als Rudi im Krieg fiel, bekam sie ihre ersten weißen Haare, die weiteren, als sie um Elisabeths unglückliche Ehe wusste. Eigenwillig ihre Beziehungen zur Familie! Die Herrschaften – sie waren es, als sie ihren Dienst begann, und sie sind es geblieben: „Die gnädige Frau, der gnädige Herr, sie lassen bitten ..." Jetzt hin und wieder, selten zwar, mit einem leichten ironischen Lächeln verbunden. Aber die Kinder, als seien es ihre eigenen, so liebt sie diese, so teilt sie deren Freud, deren Leid. Rudi, Liese, Dorchen, Edithchen, meine Herzelchen, meine Hühnerchen! Und diese Liebe bleibt, wächst mit den Jahren und greift auch nach Li. Sie sitzt nun bei ihr auf den breiten Stufen im ehemaligen Kinderzimmer. Es ist Sonntagnachmittag, und alle anderen sind ausgeflogen. Wunderbar ist es, allein mit Marie zu sein! Erst lässt sich Li von ihr verwöhnen: „Lichen, willst Du mehr Brot auf die Butter, oder mehr Butter aufs Brot? Was möchtest du trinken – Himbeersaft oder Heidelbeersaft?" Und dabei erzählt Marie von Rudi und Lise, von Dora und Edithchen und auch von ihrem tschechischen Dorf, von ihrem Elternhaus, von ihrer Jugend, vom Garbenbinden im Sommer und den Kartoffelfeuern im Herbst, den Kühen und Schweinen im Stall, den Hühnern im Hof und von ihrem jüngeren Bruder, der Baumeister ist und sich neben dem alten Haus seiner Eltern ein neues, sehr modernes errichtet.

Li lauscht und sieht Bilder einer anderen Gegend, die nur früchtereich und sonnig scheint, blättert dann mit Marie in all den verstaubten Pichler-Kalendern für Haus und Familie und sieht in ihnen Kaiser und Könige, die es nicht mehr gibt. Dann nimmt Marie auf den Stufen unter dem Fenster mit dem Hofblick Platz und löst ihre Haare. Li flechtet sie zu neuer Pracht, steckt sie zu fantastischen Frisuren, übt für ein neues Ziel: Friseuse. Ja, dies möchte sie einmal sein, nicht mehr Seiltänzerin im Zirkus wie in vergangenen Tagen.

Vor Tante Doras Hochzeitsfeier sah sie die Haarkünstler, die mit Brennschere und Ondulierеisen Mama und Großmama Haarwellen und Locken formten und zu zauberhaften Gebilden zusammensteckten. Friseuse sein, Köpfe verändern – welch herrliches Spiel! Und Marie ist geduldig, sitzt stundenlang, sitzt so lang, wie Li es möchte ...

Nach wie vor geht sie auch mit Marie auf den Friedhof, um Rudis Grab zu säubern. Sie geht gern mit ihr dorthin, denn Marie weiß manches zu erzählen, sowohl über die Toten, die dort ruhen, als auch über die Lebenden der gesamten Großfamilie. Sie lässt auch weiterhin Li gewähren, mit fremden Blumen einsame Gräber zu schmücken. Manches Mal legt sie ihre harten Hände sorgfältig auf Lis Scheitel, rezitiert Heinrich Heine, spricht feierlich: „Mir ist's, als ob die Hände aufs Haupt ich dir legen sollt' und beten, dass Gott dich erhalte, so rein, so schön, so hold!“ Wohlig wird es Li dabei, wohlig wie einem Kätzchen, das sich in ein Federkissen schmiegt.

Einverstanden scheint Li zu sein mit all dem Bunten, das die neue Welt ihr bietet, und auch ihre Angehörigen meinen, das Kind habe die Umstellung gut überstanden und sei zufrieden auf seine Weise ... Was ist Zufriedenheit? Wie lang dauert Sattsein an? Wie lang währt das Neue bei einem Kinde?

Und es kommen jene Tage für Li, die voll Trauer sind. Da steht sie vor der Haustür, hofft, dass sie jemand beachte. Sie steht und schaut um sich, sieht zu der Uhr auf dem hohen Rathausturm, schaut den vorbeifahrenden Straßenbahnwagen nach und den vorbeieilenden Menschen. Aber keiner bemerkt das kleine Mädchen vor dieser großen Tür. Allein ist es in dem Getümmel, und es möchte doch, dass einer es anspräche, dass einer auch den Plüschhund – er ist ein Spitz – in ihrem Arm betrachte, dass er glaube, dies sei ein lebendiger Hund. Fragen solle er sie: „Woher hast du solch ein hübsches Hündchen? Darf ich es streicheln, darf ich ihm auch ein Stückchen Schokolade geben?“ Aber all die Menschen, alle eilen sie vorbei. Keiner sieht das kleine Mädchen. Einsam und traurig ist ihm. Einsam und traurig – und es sehnt sich nach Gewesenem, nach der Jungenbande, nach dem Wald, nach dem Bartelberg. Es eilt durch die Straßen, überquert die Geleise, rennt den Berg hoch: „Ich komme, ich komme – Fritzl, Fredi, ich bin da! Und jetzt erst mal in den Wald, und dort verstecken wir uns, dort suchen wir uns. Ja, ja, ich komme wieder, bald komme ich wieder, gleich nach der Hochzeit bin ich wieder hier!“

* * *

GROSSE TAGE FÜR DIE FAMILIE bahnen sich an, Elisabeths offizielle Trennungszeit ist überstanden – aber nun? Was wird die heilige Kirche zu einem neuen Zusammenleben mit einem neuen Mann sagen? Wird sie das genehmigen? Elisabeth rüstet sich, begibt sich in die altersgraue, verwinkelte Pfarrei gegenüber der barocken St.-Anna-Kirche, zu jenem ehrwürdigen Bau, den ihre Vorfahren mit schufen, in dem Elisabeth gleich ihnen die Segnungen des Glaubens empfing und in deren Hallen einige Jahre später sich ihr Kind mit Freunden unbekümmert austobte.

Vor Hochwürden steht nun Elisabeth, gibt sich etwas in Demut und trägt ihr Anliegen vor. Der würdige Mann, sinnend wiegt er sein Haupt, fragend blickt er durchs Fenster zur St. Anna, so, als wolle er sich dort Rat für seine Antwort holen. Endlich – er atmet tief und spricht: „Die katholische Kirche anerkennt keinerlei Scheidung. Glauben Sie mir, in aller Achtung vor Ihrer Familie und in Anerkennung aller Wohltaten Ihrer Familie für unsere heilige Kirche, ich kann nichts tun!“

Elisabeth runzelt ihre Stirn, beißt sich auf die Lippen, überlegt. „Aber ich war das erste Mal evangelisch getraut!" Und himmlischer Jubel scheint sie zu umgeben – der Dechant strahlt über sein rundes, gutmütiges Gesicht, legt wohlwollend seine rechte Hand auf Elisabeths Schulter. „Da waren Sie ja nach unserem eigentlichen kirchlichen Sinne nie verheiratet gewesen!"

Die kirchliche Zeremonie wurde gleich nach der standesamtlichen im frühen Sommer des Jahres 1922 vollzogen und somit alles getan, um den Traditionen der Familie und ihres Glaubens gerecht zu werden. Gleich einer Gloriole umgibt es nun diese beiden. Sie sind jetzt nicht nur gesellschaftsfähig sondern auch besonders geachtet, gilt es doch in diesen Kreisen noch als äußerst ehrenhaft, sich einen Gatten zu wählen, der für Österreichs Glanz und Ehre sein Leben einsetzte und jetzt dafür vor einem Nichts steht. Einer Legende gleich scheinen oft diese Männer, die meist aus fernen Gegenden in die Industriestadt kamen, um hier einen neuen Lebensanfang zu finden. Einige Cousinen Elisabeths, ein gutes halbes Dutzend, hatten sich ebenfalls mit solch einem Mann verbunden – eine Geschiedene war allerdings nicht dabei, sittenrein und unbefleckt taten jene diesen Schritt. Es sind Frauen, deren Blütenknospenzeit verknüpft ist mit dem Kaiserwalzer, mit „Wien, Wien, nur du allein" und mit „Gott erhalte …", also jener Aura, die sie auch bei jenen Männern spüren, dieses Stück ihres unbeschwerten Tanzstundenerlebens, das sie hinüberretten möchten über die Zeiten …

Wien bleibt Wien – dieser Zauber, ja, er hält sich weiter. Jener Glanz vom Gestrigen – manche Operette belebt er, in manchem Lied feiert er fröhliche Urständ. Auch Lis junge Tante Edith und ihre Freundinnen singen noch vom Prater, vom Platzerl in der Lobau, vom Garterl in Biebhardsthal, von all den Küssen, dem Wein, der Liebe und den Tränen. Sie singen aber auch „Schöner Gigolo, armer Gigolo, denk nicht an vergangne Zeiten, wo du als Husar, goldbetresst sogar, konntest durch die Straßen reiten …", singen jedoch am liebsten: „Ich hab das Fräulein Helen baden sehn …" und „Wenn die Elisabeth nicht so schöne Beine hätt' …" Das ist der neue Rhythmus, das ist ihr Rhythmus, das ist ihre neue Welt. Sie singen nicht nur im neuen Takt, sie tanzen ihn, üben diese neuen Schritte beim American Foxtrot, beim Shimmy, beim Onestep, beim Boston. Sie selbst sind das Neue, diese jungenhaft Schlanken ohne Busen, ohne Gesäß, kurz und kürzer ihre Haare, ihre Röcke, bewusst und bewusster ihr eigenes Ich.

Dieses Neue – auch Li stapelt es in sich. Begeistert beobachtet sie das Treiben, schmuggelt sich an den Kränzchennachmittagen ein, verkriecht sich still in eine Ecke, um bleiben zu dürfen. Begeistert erzählt und singt sie es dann dem Papa. Er nimmt alles freudig hin, alles, was von seinem Engerle kommt.

Mama und Ati gegenüber ist sie etwas vorsichtiger, denn sie ahnt, dass ihnen weder das Fräulein Helen noch diese Elisabeth gefallen würden, auch nicht das Beingeschlenker. So beißt sie sich auf die Zunge und erzählt es lieber nicht, so gerne sie doch sonst losplappert. Aber Belehrungen sind ihr stets etwas unangenehm.

* * *

Li geht nun bereits das dritte Jahr in die Schule. Sie besucht die evangelische Schule, es ist eine moderne Einrichtung mit Koedukation, jene Schule, die seinerzeit ihr Großonkel für seine Glaubensgenossen erbauen ließ. Ein kurzer Text über die Schulgründung und das Porträt des Schulgründers sind auf einer Tafel in der Eingangshalle eingraviert. Stolz ist Li auf diesen Verwandten, und sie möchte, dass er genügend gewürdigt werde, dass auch für sie etwas von seinem Ruhm abfalle: „Seht, was für ein Onkel, und was für eine Nichte!"

Li ringt um Anerkennung. Sie ist ehrgeizig, scheint aber für manch andere nur eine dieser kleinen grauen Mäuse zu sein, nach denen man kaum schaut. Und was alles möchte sie doch ihrer Umgebung sagen, nicht nur über Sibirien und Ägypten, sondern auch über andere Länder, denn sie studiert aufmerksam mit Ati den neu erstandenen Atlas und hört seine erläuternden Erzählungen, weiß auch einiges über Pflanzen und Steine, die sie sammelt, und über Mamas Bücher. Sie kennt das Telefon und das Lied von der süßen Klingelfee, die diese aus der Ferne kommenden Gespräche vermittelt, kennt diese Klingelfee sogar persönlich, denn Fräulein Josefine, Fräulein Peperl gerufen, wohnt jetzt beim Papa in dem kleinen Zimmer. Li mag Fräulein Peperl und auch ihren Freund, der mit den gleichen dunklen Augen wie sie schaut und ein jüdischer Kaufmann ist. Auch mit dem neuen Geheimnisvollen, dem Radio, ist Li vertraut. Stülpte ihr doch Onkel Josi kürzlich etwas über die Ohren, und sie hörte daraus Musik. „Hörst du es, hörst du es? Das kommt von weit her, das kommt aus Wien!" Wie gern würde sie das alles erzählen. Warum fragt mich keiner? Warum beachtet mich keiner?

Einmal aber hat sie in der zweiten Klasse eine Sternenstunde. Der neue junge Lehrer ruft sie nach dem Unterricht zu sich. Li schluckt und fürchtet, sie müsse nachsitzen. Aber nein, er gibt ihr ein neues großes blaues Heft, und dahinein soll sie ihren Aufsatz über den Frühling abschreiben, über all diese kleinen Blumen mit ihren verschiedenen Gesichtern und all diesen Vögeln mit ihren verschiedenen Liedern. Mit roten Wangen und Ohren sitzt sie nun und bemüht sich, die Buchstaben säuberlich zu setzen.

Protektion – im dritten Schuljahr ist dieses neue Wort da. Weder Li noch die anderen wissen damit etwas anzufangen, doch das Gewisper bleibt: „Der hat Protektion!" – Li hat keine …

Ihren Namen ruft die junge Lehrerin. Li, ein kleines Mädchen mit strengem Scheitel und zwei fest geflochtenen und hochgesteckten Zöpfchen, in einem karierten Kleidchen, an dem die Ärmel mit einem breiten dunkelblauen Saum angestückelt sind, trippelt vor zum Pult des Lehrers. Dort liegt ihr Schreibheft. „Wieder geschmiert, wieder geschmiert!" Laut skandiert es diese hübsche rotblonde Frau. „Die Hände her!“ Und sie schlägt mit dem langen Zeigestock auf die Finger des Kindes, schlägt und schlägt ... Eisern ist die Stille in der Klasse, eisern still ist es auch in Li. Sie möchte nur weg, für immer und ewig weg von hier ...

Nach einiger Zeit spricht die Lehrerin sie an: „Ach, das ist dein Vater, der diesen Betrieb am Bartelberg hat. Ich wusste das nicht!“ Li stellt den Vater zur Rede. „Ja“, antwortet er, „kürzlich lernte ich sie im Kulturverband kennen. Kommst du mit ihr nicht klar? Soll ich für sie eine Torte beim Konditor bestellen?“ Die Kleine stampft mit den Füßen und brüllt: „Pfui, diese Gans, diese blöde Gans, pfui, pfui!“ und spuckt auf den Fußboden der Küche, auf den sie vor einem Jahrfünft Wasser schüttete, um das Meer zu erspüren ...

Keiner erfährt ihre jetzige Schmach. Nur weg möchte sie von dieser Schule, nur weg ...

Sie geht bereits in eine andere Schule, als sie hört, dass Gert, ein Junge, mit dem sie vordem die Schulbank teilte, nicht mehr lebe, dass er sich aufgehängt habe wie jener Mann, jener Tote, den sie einst mit Fritz und Fredi im Wald fand. So sieht sie ihn aber nie – sie sieht immer nur diesen blonden schüchternen Jungen, schweigend und lächelnd sieht sie ihn. Warum ist er tot? Warum?

* * *

Li wohnt nun nicht mehr in der Rathausgasse. Greifbar nah sind ihr jetzt die Berge, wenn sie durch das Fenster aus der Dachschräge blickt, greifbar nah auch die Wälder. Ein kleines Haus bauten sich Elisabeth und Ernst am Rande der Stadt. Mühevoll und mit geliehenem Geld erbauten sie es. Aber ein eigenes Häuschen zwischen zartgrünen Frühlingsbäumen – wie jauchzt da das Herz! Und das notwendige Mobiliar? Es findet sich in manchem Speicher. Sogar das Klavier ist wieder da! Das Klavier vom Bartelberg! Gemeinsam kann das glückliche Paar nun musizieren, Elisabeth am Klavier, Ati mit der Geige. Gemeinsam jubeln sie ihr Lied an die Freude.

Doch Elisabeth wird weiter mühsame Heimarbeit machen müssen und brillante gläserne Steine in unechtes Gold und Silber fassen, auch weiter aus Angetragenem neue Modelle stückeln ...

Etwas traurig wird der Abschied von dem Haus in der Rathausgasse, aber die beiden Bodenkammern mussten geräumt werden, denn das Haus wurde verkauft. Urgroßmutter Karoline, die Besitzerin, ist tot. Sie war Großvaters Mutter, eine gütige, aber mit ihren Gedanken schon etwas verwirrte Frau, die neben ihm im ersten Stock wohnte. Oft saß Li am späten Nachmittag bei ihr und las ihr aus einem alten, mit einem roten Einband versehenen Buch Märchen und Sagen vor, bis das Dienstmädchen Martha mit ihrem so lustigen und dicken Freund Fritz, einem Kellner von dem nebenan liegenden Gasthaus „Zur Post“, erschien, und beide dann die Uralte in ihr Bett trugen.

Großvater wollte den elterlichen Besitz übernehmen, aber auch ein wendiger Modeschneider war interessiert an diesem hervorragenden Platz in der Stadtmitte. Er gab mehr an Geld, als Großvater seinen Miterben bieten konnte. Dieses Geld verlockte die bereits reich verheirateten Schwestern, und so musste Großvater seine Geschäftsräume im Parterre auflösen. Er holte seine Möbel nun in die Zimmer der verstorbenen Mutter und richtete dort sein Exportunternehmen ein. Auch der Hof, der so lebendige Hof mit seinem Vogelgezwitscher, dem rankenden wilden Wein, den blühenden Winden an den Holzwänden der Kohlenschuppen, alles musste weichen, sogar die beiden prächtigen Kastanienbäume. Großvater und Großmutter hatten sie an ihrem Hochzeitstage gepflanzt, ihre Kinder und die Verwandten spielten unter ihnen ihre Zauberwelten, und auch Li baute hier an ihren Fantasien mit Wasser, Erde und Schaufel. Und sie kommt wieder hierher, um an ihnen weiterzubauen, doch nun steht sie in einem Chaos.

Ihre Bäume, ihre hohen Bäume! Oft saß sie unbemerkt auf dem Fensterbrett des dritten Stocks, baumelte mit ihren Beinen und versuchte mit den Füßen die Blätter, die Äste zu streifen. Die Bäume – ein Stück ihres Lebens! Dieses Kreischen der Säge, das Ächzen der Äste, welch ein Schmerz! Li möchte schreien, aber ihre Stimme versagt. Stumm steht sie, beißt in ihre Hände, beißt sich fest, beißt, um einen Halt zu finden. Sie stolpert zur hölzernen Wasserpumpe, lehnt sich an und sieht dem Sterben der Bäume zu. Etwas zwingt sie zuzusehen, zwingt, alles durchzustehen. Keine Tränen, kein Laut, nur der Schmerz! Fester lehnt sie sich an die Wasserpumpe, setzt sich auf das metallene Wasserrohr. Jetzt spürt sie Halt, spürt auch wieder ihre Stimme. „Mörder, ihr Mörder!“, brüllt sie. Die beiden Männer lachen und sägen weiter …

* * *

NUN IST LI WEG VON ALL DEM, aber das Sterben der Bäume wird sie nie vergessen, so viel Neues sie auch erlebt. Li geht jetzt in die zweiklassige Mädchenschule im Vorort Bad Schlag. Ein wunderbarer Lehrer unterrichtet dort. Oft bringt er seine Geige mit, spielt, dass es in den Herzen jubelt. Viel singt er mit ihnen, auch die Mär von den beiden Königskindern, deren Liebe und Leid. Er spricht mit ihnen über die Liebe, auch über jene, die Eltern und Kinder miteinander verbindet. Viel Güte ist in diesem Lehrer, der Hans Podweski heißt, vieles, was er den Mädchen mitgeben möchte.

Er zeigt ihnen auch Kunst, bringt ihnen Kunstdrucke mit, lässt sie darin lesen, lässt sie in Gesichtern lesen, die Dürer, Rembrandt und Käthe Kollwitz zeichneten und malten. Li liebt diesen Lehrer, erstmalig liebt sie einen Lehrer! Aus Liebe zu ihm möchte sie bis zu ihrem vierzehnten Lebensjahr diese Schule besuchen. „Nein!“, sagen die Eltern, „Li bekommt die übliche Bildung, Li besucht die Bürgerschule!“

Die nahe liegende Prießnitzschule ist neues Ziel für Li. Prießnitz, ein vertrauter Name für sie. Papa fährt jedes Jahr nach Lindewiese zur Prießnitzkur und kommt als Neugeborener wieder. Dieser Name – immerhin ein gutes Vorzeichen. Es ist eine neue Schule, eine moderne Schule, nur für Mädchen geplant. Neue Fächer werden hier gelehrt: Physik, Chemie, aber auch Kochen und Hauswirtschaft und zwei Fremdsprachen. Französisch ist freiwilliges Fach, Tschechisch ist Pflicht, und Li empfindet wohltuend den einst verfemten Begriff „Protektion“, denn der unterrichtende Fachlehrer ist der Sangesbruder vom Großvater. Er schließt seine Ohren, wenn Li während der Vokabeln stolpert. Er ist einer der wenigen Männer, die an dieser Schule unterrichten, meist sind es Frauen, unverheiratete Frauen.

Die Direktorin ist eine leidenschaftliche Naturwissenschaftlerin, die Deutschlehrerin eine kostbare Perle, eine ältere Grauhaarige mit einem kühnen Kurzhaarschnitt und einer klangvollen Stimme. Sie rezitiert Goethe, und die Schülerinnen fühlen den Nebelglanz und spüren die Stille eines Waldes. Zum Lesen verleitet sie – alles möchte Li nun lesen, alles wissen, was die Bücher sagen. In Mamas Schrank blättert sie in den Klassikern, den Gedichtbänden, den Romanen, stöbert weiter und findet das etwas versteckte dicke, blau eingebundene Doktorbuch. Äußerst interessant sind ihr darin die Faltblätter mit der wachsenden Frucht im mütterlichen Leibe.

Und Papas Nichte, die jetzt mit ihm in der Gürtlerei arbeitet, leiht ihr das bunte Allerlei der Courths-Mahler. Schrecklich spannend, diese Dinge! Heimlich, in der Nacht, verborgen unter der Bettdecke, versehen mit einer Taschenlampe, liest Li von der Liebe Weh, von der Liebe Lust, denkt hin und wieder: „Was würde die Lehrerin, was würde Mama sagen?“ Und liest begeistert weiter …

Wie verwendbar doch manches für das nächste Theaterspiel! Das Theaterspiel – ebenso spannend ist es wie die Bücher, zu einem weiteren wunderbaren Lebensinhalt der Dreizehnjährigen soll es werden. Stückeschreiber, Regisseur ist sie, einen Schauspieler benötigt sie noch. Gertrud oder Else mimen da mit. Am liebsten spielt sie mit Else. Die weiß einiges vom Theaterleben, erzählt einiges davon, denn ihre Eltern sind bekannte Laienspieler und buchen rauschende Erfolge bei Aufführungen in der sommerlichen Waldbühne auf dem Proschwitzer Kamm. Else umwogt auch so etwas Geheimnisvolles, etwas, nach dem Li sich nicht zu fragen getraut, um nicht als unwissende kleine Naive dazustehen. Einen Prozess führen ihre Eltern gegen den Hausbesitzer, der das Mädchen in den Keller lockte. Else ist hübsch und blond, etwas üppig in ihrer Figur. Um ihre Reize weiß sie und wahlt stets die weibliche Rolle, um sich im Tüllgerüsch oder Brautschleier aus abgelegten Vorhängen zu zeigen, prangt auch gern eingehüllt in das golddurchwirkte Paradetischtuch als edle Fürstin. Auch Gertrud spielt gern die Dame, und so bleiben für Li die in Kleidung weniger ergiebigen männlichen Rollen. Mit der Macht der Sprache und dem Studium der Courths-Mahler versucht sie solche zu meistern, ist Gatte, Verführer, Treuer und Treuloser in einer Person.

„Im Traum küsse ich deine Engelsfüße, die nie über den lastervollen

Boden einer Spielhölle schritten! Aus weißen Lilien und frisch erblühenden Rosen möchte ich dir den Altar meiner Liebe errichten! Erhöre mich! Ewig will ich dein Diener sein!"

Papas Zimmer sind für die Spiele die geeignete Umgebung. Keine Kontrollen, keine peinlichen Fragen der Mama. Betrachtet Mama doch Lis Umgang mit einer sehr geschärften Brille, denn sie möchte ihr Kind vor allen Erscheinungen, die zu einer Frühreife führen könnten, bewahren. Papa aber freut sich, wenn es Li und ihren Freundinnen in seiner vornehm eingerichteten Wohnung gefällt.

So geht das Spiel weiter, und immer ist das Ende gut und alles gut. Das Paar findet sich, der Rivale ist geläutert und geht ins Kloster. Die Spielenden sind glücklich und gelöst, denn sie konnten manch heimlichen Gedanken, manch heimlichen Wunsch mit einbringen, etwas von ihren Sehnsüchten aussprechen, von ihrem Traum einer Liebe in rosaroten Morgenwölkchen ...

Die Rätsel der Liebe machen Li zuweilen schwer zu schaffen. „Über so etwas spricht man nicht!" Aber sie möchte so gern darüber sprechen, sie möchte fragen, aber Scheu und Scham halten sie zurück. „Ist es so wie bei den Hunden? Pfui, wie eklig! Anders, ganz anders muss es bei den Menschen sein! Mama und Ati, diese beiden Wunderbaren, nie würden sie so etwas tun, nie!"

In dieser Zeit schreibt Großvater ihr ins Poesiealbum: „Wer mit dem Leben spielt, kommt nie zurecht, wer sich nicht selbst befiehlt, bleibt immer Knecht!" Und Ernst fügt hinzu: „Tue recht, scheue niemand!" Auf die vorangegangene und noch leer gelassene Seite soll Lis Konfirmationsspruch kommen ...

* * *

NUN IST ES SO WEIT: Vierzehn Jahre vollenden sich für Li im kommenden Sommer, zwölf Jahre sind seit ihrer so denkwürdigen Taufe vergangen, zwölf Jahre mit all ihrem Leid, mit all ihrer Freud. In der evangelischen Kirche, diesem neugotischen Bau, den gleich der Schule Lis Großonkel Richard Haasis finanzierte, steht sie nun als eine der Nachfahren, steht Rede und Antwort auf Glaubensfragen. Dann soll ihre Freundin Gertrud sprechen, aber die schluchzt und schluchzt. Der Pfarrer versucht zu trösten und erfährt ihr Leid: Studieren wolle sie, im Lyzeum, im Gymnasium aufgenommen werden, doch ihre Mutter habe kein Geld dafür. Das Geschick des Mädchens rüttelt an fromme Herzen, erweicht sie, und sie werden freigiebig. Feierlich und froh verkündet der Geistliche am Ende der Zeremonie, dass sich ein Mäzen für das Mädchen gefunden habe.

Li beißt sich mit den Zähnen auf die Lippen, beißt, dass es schmerzt: „Warum für die Freundin dieses Glück, warum nur für Gertrud? So arm sind die auch nicht! Ein Gasthaus haben sie, ein schönes altes Gasthaus!"

Auch Li möchte diesen Bildungsweg, sie bittet Papa, ihn ihr zu ermöglichen, aber immer erhält sie die gleiche Antwort: „Das ist nicht üblich bei uns, schade um das Geld! Du bist eine Frau, du wirst heiraten! Ein Pensionat besuchten deine Verwandten, Deine Mutter in Lausanne, Dora in Zittau, Edith in Arnau. Darüber ließe es sich reden. Arnau wäre mir sympathisch, ich sah es mir an, als Edith dort war. Die Ursulinerinnen gefielen mir, und Mater Salesia ist imponierend. Was für eine kluge Frau, diese Nonne!"

„Ich in ein Kloster? Stickereien machen, Muster in hölzerne Teller und Bilderrahmen schnitzen, französisch parlieren, die Nackten in den Kunstgeschichtsbüchern mit Papier zukleben müssen, keine Courths-Mahler lesen dürfen, keine jungen Männer anblinkern – nein, nein, nein! Ich bin kein Backfisch von anno dazumal! Nein, nein, nein!"

In Li bebt wieder alles, böse schaut sie drein, böse auch auf den liebenswürdigen Fotografen, der ein Gruppenbild der nun Halberwachsenen knipst. In ihrem Konfirmandenspruch sucht sie Trost, liest ihn, buchstabiert ihn. „Selig seid ihr, wenn euch die Menschen verachten und schmähen um der Gerechtigkeit willen, denn euer ist das Himmelreich!" Er bringt keine Lösung. Zerknüllen möchte sie das Blatt, das nur Mahnung scheint. Alles hinnehmen und warten, warten?

Warten – bis wann, bis ans Ende? An welches denn? Ans Lebensende? Aber ich will leben, denkt Li, leben, und nicht warten! Was wollte der Pfarrer mit diesem Spruch? Ist es seine Rache, dass sie so oft den Unterricht geschwänzt? Zu salbungsvoll ist ihr alles dort! Auch die, die dort sitzen und tun, als ob sie zuhörten. Und Martin Luther, er ist ihr einfach zu dick, ja, zu dick!

Für das anschließende Familienfest öffnet das kleine Haus seine Pforte. Was hat Elisabeth doch alles vorbereitet – allein diese Süßigkeiten! Sie gleichen der Meisterschau eines Konditors. Gebäck mit rosaroter, schilfgrüner und milchigweißer Buttercreme prangt neben der traditionellen Linzer und Sachertorte. Kaffee- und Schokoladenduft begrüßen die Erscheinenden. Alles ist bestens vorbereitet, erinnert an die Tauffeierlichkeiten vor zwölf Jahren, nur ist die Umgebung etwas gedrängter, intimer. Das Kanapee ist da wie einst, durch die Glasscheiben der angebauten Bücherschränkchen winken die würdevollen Ledereinbände der Klassiker, der große eichene Tisch steht wieder in der Zimmermitte und ist auf seine gesamte Breite ausgezogen. Gedeckt ist er mit dem in sich gemusterten Damast, auf diesem gruppiert das kostbare Meißner Porzellan mit den zartblauen Mohnblüten und die meisterhaft geschliffenen Gläser mit den Tautropfen, daneben die sorgfältig gefalteten Servietten in breiten massiven Silberringen mit Monogramm.

Die Feiernden – auch beinahe wie damals … Urgroßmutter Antonia, die fehlt. Nimmt Ernst ihren Platz ein, füllt er ihn für sie, diese Resolute? Vorerst ist er mit Großvater im Nebenraum und musiziert mit ihm, er auf der Geige, Großvater auf dem Klavier. Grieg spielen sie, Grieg und Mendelssohn … Die anderen gruppieren sich bereits um den Esstisch. Älter sind alle geworden, einige auch geplagter. Patin Clara hat die Fabrik und die Häuser der Arbeiter und Angestellten verloren und auch ihren Sohn. Ihn, den Studenten, raffte in Prag der Typhus dahin, die Fabrik und die Häuser raffte die Bank, jene Kreditanstalt der Deutschen, die einst die Kriegsaufträge finanzierte. Doch vornehm wie einst Claras Haltung, so auch das Knistern der dunklen Seide ihrer Robe, das vereinzelte Aufblitzen der Brillanten im filigranen Goldgezier. Schwägerin Hilda sitzt wiederum neben ihr und unterhält sich wieder vorzugsweise mit Lis Vater Franz, aber diesmal mehr über geschäftliche und finanzielle Probleme, möchte sie doch ihren beträchtlichen Besitz erhalten, und wenn es mit einigen Einbußen sei. Franz scheint ihr da der geeignete Ratgeber, denn sein Betrieb blüht, und sein Ruf wächst sichtbar und hörbar.

„Ohrringelkönig" – so nennt ihn bereits der Volksmund. Claras Bruder Alfred platziert sich zwischen die Jugend, zwischen Edith und Elisabeth. Die dritte Schwester, Dora, die Patin Lis, ist wiederum mit ihrem Gatten Josi auf einer Geschäftsreise. Onkel Alfred hat jetzt Zeit für all seine Liebhabereien, fürs Bücherlesen, für Literaturkritiken, fürs Knüpfen orientalischer Teppiche. Seinen Exportbetrieb übereignete er einem jüngeren Partner, da sein Sohn eine technisch-wissenschaftliche Laufbahn einschlägt, die viel für die Zukunft verspricht. Alfred liebt die Jugend, Alfred liebt die Zukunft – darum erscheint ihm Edith besonders anziehend. Sie ist dieser neue, noch etwas ungewohnte Typ: schlank, sportlich perfekt, sei es im Tennis, Skilauf oder Tanz, eine selbstbestimmende Frau. Sie wählt sich auch eigenmächtig ihren künftigen Gatten, findet ihn im Geschäftsbereich ihres Vaters. Ein frisch-fröhlicher, kecker Junge aus Berlin ist es. Bald wird sie ihn heiraten und mit ihm in der Hauptstadt des deutschen Nachbarlandes wohnen.

Die älteste Schwester und Mutter der Konfirmandin entfaltet all ihren Charme als Gastgeberin. Nicht nur vorzügliche Speisen und Getränke bietet sie den Erschienenen, sondern auch all die Weisheiten, die die Gestirne offenbaren. Astrologie ist wieder modern, wird begehrt. Und auch Franz, Lis Vater und ehemaliger Gatte Elisabeths, frönt dieser Leidenschaft. Er studiert Bücher und fertigt für sich, für Li, für all seine Angestellten und Freunde Horoskope nach neuesten wissenschaftlichen Erkenntnissen. Heiter ironisch aber jene Voraussagen, die Lis Mutter den Erschienenen bietet. Sie, diese so Zierliche mit dunklem Haar und dunklen Augen, sie, die im Tierkreis des Löwen Geborene, sichert sich denn auch stets einen wohlwollenden Abgang: „Und der kleine Löwe schwanzelt, damit er nicht wird abgekanzelt."

Die Großmutter, wie immer in Trauerkleidung, rückt ihren Stuhl aus der schwirrenden Runde und sinnt leicht lächelnd vor sich hin, wie sie das künftige Hochzeitsfest ihrer Lieblingstochter Edith gestalten könne. Träumerisch reiht sie dabei die dunklen Perlen ihrer langen Kette, als rolle sie etwas aus ihrem gehabten Leben auf. Zart und besinnlich klingt aus dem Nebenraum das Zusammenspiel von Geige und Klavier, untermalt die Gespräche und lässt schließlich die Herzen im Walzertakt hüpfen: „Wiener Blut, tamtera, tamtera …"

Aber wo ist eigentlich die zu Feiernde, wo ist die Konfirmandin? Sie sitzt in der Küche. Ähnlich wie zu ihrer Taufe sitzt sie dort, sitzt zwischen Angela und Marie. Bitteren Wermuttee schluckt sie dabei, denn zu viel des Süßen bot der Gabentisch. Angela und Marie – als Freunde, als Helfende, als Gäste weilen sie hier.

„Angela, dass du aus Prag zu mir gekommen bist, wie freue ich mich! Und diese Geschenke! Dein Foto, ich stell es neben mein Bett, und dieses schöne Buch, dieses Buch über Prag! Was ist das für eine Stadt! Ja, eine goldene! Ich besuche dich, ich komme zu dir! Angela, liebe Angela, immer werde ich dich lieben – immer!"

* * *

WIE IST DAS NUN MIT LI? Ist sie noch Kind, oder ist sie bereits erwachsen? Beides scheint sie wohl noch zu sein, Kind und ein verspieltes Weiblein. Aber die Welt – sie öffnet sich weiter, und eine verlockende Zeit beginnt: Li darf das Theater besuchen, und auch jene Vorstellungen, die für Erwachsene inszeniert. Das Theater ist ein an den Klassizismus gemahnender Prachtbau und strotzt im Inneren in barocker Zier. Elisabeths Familie hat es mit gesponsert, und der Besuch ist somit auch Tradition.

Mancher Schauspieler wird sogar als gesellschaftsfähig angesehen und eingeladen, aber die Auswahl sorgfältig geprüft, eingedenk jener Operettendiva, in die sich Großpapas Neffe seinerzeit verliebte. Echten Schmuck wollte sie von dem Jungen, Brillanten und Gold, nicht das Talmi aus dem väterlichen Betrieb. Ihre ganze Liebe versprach sie ihm dafür. Um dieser Liebe willen stahl der Junge das Geld aus der väterlichen Kasse. Die Eltern versahen den Jungen mit einer Schiffskarte und schickten ihn nach Amerika. Nie mehr wurde etwas von ihm gesehen oder gehört. Das Geschick des Jungen – auch Li weiß um dieses warnende Beispiel, aber wenig Abbruch tut es ihrer neuen Schwärmerei …

Das Theater ist in das Erziehungsprogramm mit eingearbeitet. Sein Besuch gehört für alle Generationen zum guten Ton. Als Einstieg für die Jugend sind „Der Evangelimann", die Oper von Kienzel, und Schillers „Wilhelm Tell" vorgesehen. Moral und Vaterlandsliebe – wie wichtig für die Erziehung! Ob dies oder anderes, das Theater begeistert Li, wird ein bedeutender Lebensbereich für sie. Elterlich genehmigte und nicht genehmigte Vorstellungen besucht sie, findet Schleichwege für letztere und einige Kronen für einen Stehplatz. Sie sieht Großartiges und Seichtes, erlebt auch ein Gastspiel von Alexander Moissi in Ibsens „Gespenster". „Mutter, gib mir die Sonne wieder!" Wie er Sonne sagt, „Sonje" singt, nie kann sie es vergessen.

Noch vor Saisonbeginn steht Li neben anderen vor den Schaukästen an der Theaterrampe. Gleich ihnen studiert sie die Fotografien der neu Engagierten und der Gebliebenen, gleich ihnen überlegt sie, welche gefallen mir? Ist es der mit den schwermütigen Augen oder der mit dem frechen Oberlippenbärtchen? Welche ist sympathischer, die erste oder die zweite Salondame? Nach den ersten Premieren im Herbst weiß man, ob man einen guten Blick hatte. Li bleibt aber ihren Auserwählten treu, spendet auch bei Misslingen Beifall. Hören sollen sie, dass jemand da ist, der zu ihnen hält. Welch Hochgefühl für Li, wenn sie jene auf der Straße trifft und sogar ein Lächeln erhascht, das kaum für sie bestimmt sein kann. Li sucht diese Treffen, schleicht oft um das Theater und seine Nebengebäude. Als günstig für ihre heimlichen Gänge erweist sich, dass das Theater sich in unmittelbarer Nähe der Schule befindet, die sie jetzt besucht. Es ist ein einjähriger Lehrkurs, neunte Klasse genannt, der gleiches Abschlusswissen wie die Realschulen im deutschen Nachbarland vermittelt. Um 16 Uhr ist der Unterricht beendet und der Weg frei für eine Suche nach dem Lächeln …

* * *

AM ENDE DIESES JAHRES stellt sich erneut die Frage: Wie nun weiter? „Papa, ich möchte das Lyzeum, das Gymnasium besuchen – bitte!“ Aber wiederum erhält sie die Antwort: „Du bist ein Mädchen, du wirst heiraten. Wozu brauchst du ein Studium?“ Li packt das eben empfangene Unterhaltsgeld und wirft es dem Vater vor die Füße. „Behalte es, horte es!“ Sie haut die Tür zu, rennt weg, rennt bis ins Nachbarhaus, ruft: „Fritz, Fritz, komm runter!“ Gemeinsam laufen sie ihre alten Wege, laufen die Wege ihrer Kindheit: „Fritzl, weißt du noch, wie …, weißt du auch noch, wie wir Mutter und Vater spielten und Bubi unser Kind war? Guck, da oben bauten wir unsere Hütte, hier fand uns keiner!“ Und Li fragt ihn auch: „Hast du schon eine Freundin?“ Und sie freut sich, als er errötet …

Wie aber nun weiter mit Li? Welche Berufsausbildung? Elisabeth und Ernst bemühen sich, etwas zu finden, das Lis Interessen entsprechen könnte. Die Eltern, mehr und mehr fasst auch Li den Begriff für diese beiden, sie überlegen und suchen, sprechen mit den einflussreichen Verwandten. Und siehe da, ein Weg öffnet sich, ein Ziel lockt: Bibliothekarin! Li beginnt als Volontärin in der neuen großen städtischen Bücherei. „Deutsche Bücherei der Stadt Gablonz an der Neiße“ nennt sie sich, betont das Deutsch, wie auch der Deutsche Ortsbildungs- und der Deutsche Bezirksbildungsausschuss, die hier ihren Sitz haben. Die Bücherei ist auch das Zentrum der deutschen Buchwarte in Böhmen. Entsprechend anziehend auch ihre Einrichtung, alles auf dem neuesten Stand, alles nach Leipziger System: die Kartei, die An- und Einordnung der Bücher … Die Bücher – eine weitere Welt öffnet sich für Li. Wie herrlich darin zu wühlen – und wie kärglich dagegen Mutters Bücherschränke, wie kläglich die Heftchen der Verwandten! Heute

Döblin, morgen Kafka, dann übermorgen Glaeser und Remarque ... Alles, alles lesen – dieser Hunger! Und die prachtvollen Kunstbände!

„Ja, das ist es, was ich suche – diese Farben, diese Schreie! Van Gogh, du bist der Größte, du bist ein Gott! Deine Bäume, wie sie sich winden, wie sie rufen, deine Sonnen, wie sie gluten, und deine Menschen, ich spüre ihr Leben, ich fühle deine Hände! Vincent van Gogh, ich werde dich immer lieben!" Wie gern würde Li ihr übervolles Herz ausschütten, an alle, die da kommen, um sich Bücher auszuleihen, an ihre beiden Mitarbeiter, und, und ... Aber noch ist sie ja der kleine Anfänger, der vorzugsweise an die Schreibmaschine verbannt wird. Zahlreiche Briefe muss sie schreiben, nicht nur an die Bildungsvereine und die anderen Buchwarte, sondern auch an viele Männer und Frauen, und stets diese Briefe beenden „mit deutschem Gruß".

Der deutsche Gruß – was ist ein deutscher Gruß? Li fragt sich: „Wie ist das mit dem Deutsch?" Deutsch ist so viel, ist beinah alles um sie: die Sprache, die Eltern, die Verwandten, der Deutsche Turnverein, der Deutsche Sängerbund, der Bund der Deutschen, der Deutsche Kulturverband. Auch das Gebirge ist deutsch, die Stadt ist deutsch, sogar die Kornblume ist deutsch. An manchen Sonn- und Feiertagen wird sie, gestanzt aus einem blauen Papier, für einen deutschen Verein feilgeboten. Der Verkauf – welch begehrte Aufgabe für manch junges hübsche Mädchen, denn oft wird er mit einem kurzen netten Flirt verbunden. Auch Li und Freundin Else tun gar gern bei so etwas mit.

Was ist deutsch? Li weiß es nicht. Aber ein echt deutsches Buch soll sie nun im Auftrag ihres Leiters anbieten, ein deutsches Buch für einen besonderen Kreis. „Schlesisches Jahrbuch" heißt es, ist in gelbe Pappe gebunden und kostet 15 Kronen. Li blättert in dem Buch. Es gefällt ihr nicht, es ist überspannt, spricht nicht von ihrem Deutschsein, nicht von ihrem Land, spricht von Nibelungentreue und Walhall. Es anbieten, Geld dafür einkassieren? Li sträubt sich, stottert siebenmal das eingeübte Verschen mit der Empfehlung ihres Vorgesetzten herunter, kassiert siebenmal 15 Kronen und gibt auf. Den Bücherrest versteckt sie im Dachgebälk des kleinen Hauses und betet ihr heimliches Kindergebet: „Lieber Gott, hilf, dass keiner mehr daran denkt!" Welch Wunder, keiner fragt mehr, keiner verlangt Abrechnung.

Das echt deutsche Buch vergilbt vorerst unter dem Dach eines kleinen Hauses in dem Vorort einer berühmten Stadt. Li rührt auch nicht mehr daran, will darüber bis zu ihrem Lebensende schweigen. Selbst ihrer neuesten, geliebtesten Freundin sagt sie kein einziges Wort. Olga ist eine der ausgebildeten Bibliothekarinnen, die Li in ihrer Tätigkeit im Büchereiwesen unterweist. Sie ist eine zierliche Dunkelhaarige, voll von Sex-Appeal, diesem neuen Zauberwort. Die andere Bibliothekarin und stellvertretende Leiterin ist für Li ein Grauen. Sie ist groß, breithüftig, auf ihr Wissen eingebildet und sitzt manche Viertelstunde vor ihrem Taschenspiegel, um die Pickel aus ihrem Gesicht zu entfernen. „Pfui!", denkt Li, „wie unappetitlich, so etwas tut man heimlich und schmiert dann Puder drüber, aber diese roten Flecken dann, pfui, pfui!"

Aber Olga, welch interessante Frau, welch wissende Frau! All die aufklärenden Worte, nach denen Li eigentlich hätte ihre Mutter fragen sollen, all ihre Neugier um das Unaussprechbare in den Bemühungen, in den Beziehungen zu dem anderen Geschlecht stillt nun ihre Freundin. Li besucht Olga auch in ihrer Wohnung in zwei Zimmern einer Mansarde. Die Mutter und ein jüngerer Bruder leben mit ihr gemeinsam. Der Bruder ist ein Linker, ist ein Roter und verdient sein besonderes Geld, indem er für die in den tschechischen Ländern verbotene Lotterie kassiert. Es ist die Lotterie des österreichischen Staates, deren Glückszahlen jeweils sonntags durch das Radio bekannt gemacht werden. Ein Gürtlermeister hat einen solchen Apparat und finanziert dieses für ihn recht einträgliche Unternehmen, das „Die blaue Blume" genannt wird. Der Bruder – muffelig erscheint er Li, sympathisch nur, wenn er sich um die scheue graue Katze, ein zugelaufenes Tier, kümmert, die Mittelpunkt der Familie zu sein scheint. Auch Heinrich, der neue Freund Olgas, buhlt um die Zuneigung der Verschüchterten, lockt sie mit den besten Bissen aus dem für ihn vorbereiteten Liebesmahl, komponiert sogar ein Katzen-Menuett, das er auf seiner Böhm-Flöte in dieser oder jener stimmungsvollen Stunde zu Gehör bringt. Heinrich ist ein begeisterter Musiker, ein wohlbestallter Gürtlerssohn und Student der Philosophie in Prag. Olga ist für ihn wohl das erste große Erleben einer wissenden und geistvollen Frau. Gar manches Beisammensein mit den beiden, gar manche Wanderung mit ihnen in die nahen Berge kostet Li, und es mundet, es schmeckt gut: Liebende, ihre Zärtlichkeiten, ihre Worte, die musikalische Umrahmung mancher Rast! „Wie bei Gott Pan mit seiner Hirtenflöte", denkt Li, und auch „Wanderjahre, Lehrjahre!" und „Wie bildhaft alles, bildhafter noch als bei Goethe!"

Die Literatur hält auch Olga in ihrem Bann. In den Büchern sucht sie ihre Sehnsüchte, nach den Büchern ordnet sie die Männer. Wem ähnelt er, was liest er? Gefällt ihm Frank Thiess, Manfred Hausmann, Leonhard Frank? Wählt er nur aus der gehobenen Literatur, die auf den Ausleihekarten mit einem dunkelblauen Punkt gekennzeichnet, oder aus jener, die mit einem roten Punkt versehen und für Jugendliche demnach verboten?

Und so meint Olga im Hinblick auf ihre jeweilige Wahl über Charakter und Gefühle Bescheid zu wissen, Bescheid für ein zeitweiliges Glück. „Heinrich liest Hermann Hesse, stürzt sich jetzt auf den ‚Steppenwolf' ..."

Lehrzeit – Bildungszeit ... Zwei Jahre lang! Wie rasch die Wochen, wie rasch die Monate für Li vergehen! Wie viele freundliche Stunden sind dabei, besonders bei der Bücherausleihe, beim beratenden Gespräch, beim zufriedenen Zurückbringen des Ausgeliehenen. Lustig manches Lächeln, das bei geöffnetem Schalter hin- und herblinkert, lustig auch manch Stück Heimweg, manch junger Begleiter! Heimweg, aber nicht zweisam bis vor die Haustür. „Nein, bitte nicht!" Peinlichkeiten vermeidet Li gern, so auch eventuelles Befragen ihrer sorgenden Mutter über Herkunft und Bildung dieses oder jenes jungen Mannes …

* * *

Jetzt der Abschlusskursus und die Prüfung! All dies geht in einem hübschen Städtchen am Rande des Riesengebirges vor sich. „Ich allein, ganz allein in der Fremde!" Wie jauchzt es in Lis Jungmädchenherz. Zwar hat die besorgte Mutter vorgebeugt, nicht internatsmäßig ist das Kind untergebracht, nicht in einem wüsten Studentenhaufen, nein, sorgsam in einem eigenen Zimmer im evangelischen Pfarrhaus. In Eiche geschnitzt prangt über dessen Eingang: „Ein' feste Burg ist unser Gott!" Die hübsche, rundliche Pfarrersfrau will auch die familiäre Betreuung von Li übernehmen. Die nimmt es erstmals hin, seufzt und sinnt nach Ausreden, die ihr dann gegebenenfalls, wie jeder Freiheitssüchtigen, einfallen. Vorerst aber testet sie ihre Umgebung. Nur drei Mädchen sind es insgesamt, die hier ihr Wissen erproben wollen, sonst lauter Männer, jüngere und ältere, Studenten, Lehrer und Freiberufliche. Li betrachtet kritisch die beiden Nebenbuhlerinnen und meint, dass sie besser aussehe mit ihrer Apfelkur-Schlankheit, dem blonden Dauerwellenhaar und den heimlich in dünne Form rasierten Augenbrauen. „Schöner bin ich und jünger, bedeutend jünger, wie herrlich, welch eine Lust zu leben!"

Erinnerung überkommt sie dabei, ein Erinnern an ihre frühe Kindheit, sie als einziges Mädchen in der Jungenschar, welch ein Gaudi, welche Abenteuer! „Die Prinzessin vom Bartelberg" nannte sie damals ihre oft so poetische Großmama. Solch eine ähnliche Rolle möchte sie wieder spielen, möchte wieder im Mittelpunkt stehen und zeigen, wer sie ist, was sie kann, möchte die übertrumpfen, die ein Gymnasium besuchen durften. Sorgfältig pflegt sie jeden Morgen ihre Schönheit, betont die Augen, damit sie größer und strahlender scheinen, zupft ihre Locken etwas milder, damit sie kecker das Gesicht umrahmen, übt nochmals rasch den Augenaufschlag – um dann in die Vorlesung des Professors aus Prag zu eilen.

Der Professor ist ein älterer, vitaler Mann, erinnert Li im Aussehen und Gehabe oft an den, auf dessen Schoß sie einst saß, um dann vorsichtig die sieben Griffe an einem entblößten Männerbein zu erproben. Doch nicht danach zielt ihr Interesse, sondern in Diskussionen will sie glänzen. Einiges weiß sie auch zu sagen, denn sie hat viel gelesen. Die russische Literatur ist ein Schwerpunkt, und Li spricht über Dostojewski und Turgenjew und weiß auch einiges über Gontscharow und seinen Oblomow, worüber die Kommilitonen sichtlich staunen und der Professor sich freut. Li rückt so mehr und mehr in den Mittelpunkt. Sie spürt es und sie sieht es, sieht es an manchen blitzenden Augen von den Älteren und auch von den Jüngeren, auch bei Kurt, jenem Studenten aus Mährisch-Ostrau.

Immer wieder sucht sie seine Augen, ihn will sie, ihn, diesen jungen Schlanken mit dem dichten dunklen Haar. Die Künste der Verführung, die sie aus Büchern gelesen oder bei Olga gesehen, versucht sie nun anzuwenden. Mal ist sie hingebungsvoll, mal spielt sie gekonnt die kühle Blonde und möchte ihn doch nur küssen, möchte ihm Leib und Seele schenken, dies so, wie sie in manchem Schmöker gelesen und im Theater bestaunt hatte. Li ist verliebt, ist vernarrt in diesen Jungen. Wie wohlig überrieselt es den Nacken, den Bauch, die Beine bei seinem Händedruck, wie betörend seine wohlgewogene Sprache mit diesem leise lispelnden „s", gleich zärtlichem Bienengesumm im sommerlichen Blühen …

Auch den Jungen zieht es zu Li. Sie spürt es, spürt es während der Vorlesungen, während der Diskussionen, fühlt es besonders an den freien Nachmittagen, an denen sie sich zum Lernen finden. Aber wie ist es am Abend, wie ist es während der Nacht? Was tut er da, was tun all die anderen künftigen Bibliothekare? In die alte Burschenherrlichkeit versetzen sich diese Männer, sitzen in Kneipen, prosten und singen: „Gaudeamus igitur …" und „Riesengebirge, deutsches Gebirge, meine liebe Heimat du …"

Tagsüber splittert sich dieser Kreis, einige lernen, streben, einige bauen auf ihr vorhandenes Wissen und stromern in die Umgebung, mancher ist neugierig und gesellt sich zu Li und Kurt, die bücherbepackt auf eine lauschige Wiese nahe eines Hochwaldes ziehen. Die Liebenden – allein sind sie nie, immer behütet, und wenn kein anderer käme, Hans ist immer bei ihnen. Hans ist Lehrer in einer größeren Stadt. Hans ist älter. Ist er verheiratet? Hat er Kinder? Keiner berührt es, keiner erfragt es, denn irgendwie fühlen sich hier alle frei vom Alltag und seinen Pflichten. Hans, der Freund, ist immer bei den beiden, gleich einem großen Bruder gesellt er sich zu Kurt, gleich einem Beschützer zu Li. Sucht er sie vor einem Rausch zu behüten, der ihm vergänglich scheint, möchte er für sich ein Stückchen Glück erhaschen? Er sieht, wie die beiden sich küssen, sieht Kurts zärtlich streichelnde Hand auf Lis Brust und verharrt bei ihnen, wartet, bis die Zeit zum Heimweg drängt. Sei es hier, sei es auf den Wanderwegen, in den kühlen Regionen der Schneekoppe, in den schmiegsamen Tälern der jungen Elbe, stets ist er als Lis Hüter in ihrer Nähe, behütet das Kind, als hätte die Mutter ihn damit beauftragt. Er ist auch ihr Retter bei der Exkursion in die Brauerei. Li kostet das ihr ungewohnte Bier, Li prostet mit allen und trinkt es in Massen. Übel wird ihr, so übel, dass sie meint, es sei ihr nahes Ende. Hans kommt als Helfer, er weiß damit umzugehen. Li bricht alles heraus: Alkohol, Wasser, Hopfen und Malz, und alles, was sie je gegessen. Hans packt die Geschwächte und trägt sie in die feste Burg. Lis erster Rausch! Verstehend schmunzeln die Pfarrersleute und brauen Li eine große Kanne beruhigenden Kamillentees. Diese beiden Männer, der so herrlich junge und der mit vielseitigem Wissen begabte ältere – nach und nach gefällt Li das Zusammensein mit den beiden. Oft juckt es sie zu einem Spiel, zu einem Stückchen Theater wie seinerzeit mit Else und Gertrud. Nun aber nicht mehr in Männerrollen! Frau spielt sie jetzt, nur Frau! Sie quält diese beiden, um ihnen dann wieder zuzulächeln, um zu triumphieren.

Triumph bei ihr auch der Abschluss des Lehrgangs, Triumph beim Lesen des Zeugnisses, Triumph bei dem Strauß roter Rosen, den ihr die Freunde überreichen. Mit zwei von ihnen schmückt sie sich zum abendlichen Fest, ordnet sie in den weiten Ausschnitt ihres cremefarbenen Seidenkleides, welches ihr die Mutter aus einer Ballrobe der Urgroßmutter Antonia zauberte. Hans sieht's, lächelt, kneift die Augen und reimt: „Ich seh' an dir zwei Rosen welken, die morgens noch von strahlend Glut und jetzt im Sterben noch verkünden, wie wohl doch Liebe tut …"

Zu rasch dies Welken, zu bald das Auseinandergehen! Hans, lieber Hans, Dank dir für alles! Und: „Kurt, lieber Kurt, noch nicht, nein, wir können uns nicht trennen! Warte hier, schnell bin ich wieder zurück. Ich fahre kurz heim, dann ziehen wir beide los, wandern in die Berge, wir beide ganz allein!"

Elisabeth, die Mutter, die in Lis Alter gleich ihr fühlte, denkt an ihr Damals, denkt an den jungen Dichter, denkt an die heimlichen Küsse … Elisabeth sieht aber jetzt auch die Normen ihrer Gesellschaft, weiß um die Härte dieser Normen. Sie teilt Li eine Garde zu. Es ist Maria, die Schwester ihres Gatten, die bei beiden zu Besuch weilt. Maria, die Lebenshungrige, ist ob dieser Aufgabe beglückt. Gut, sehr gut, Anwältin der Moral zu sein! Erfüllen wird sie diese Aufgabe, das verspricht sie, verspricht es mit Ehrenwort …

* * *

Heiss sind die Küsse der Liebenden beim Wiedersehen, heiß, sehr heiß, doch kalt und trübe bereits die Tage und Nächte. Der Erntemonat neigt sich dem Ende zu, hüllt das Gebirge in undurchdringliches Nebelgrau. Drei Schritte zurück, drei Schritte vor – und dann nichts, nichts. Seitlich als Schemen jeweils nur die Markierungsstangen. Und eng und enger schmiegen sich die Liebenden, als wollten sie sich ineinander verkriechen in dieser schattenlosen Landschaft, folgen den Schritten Maries, als wären sie wegeweisend für künftiges Handeln. Aber nur zur nächsten Gebirgsbaude führt sie die beiden, deren Wände und Türen sie mühsam ertasten, da der Nebel schier alles verschlingt. Der Gastraum ist hell und warm. Die drei sind die einzigen Gäste. Zwei Tage und zwei Nächte weilen sie hier, warten, dass der Nebel sich löse. Zwei Tage ihre Küsse zwischen Tür und Angel, zwei Nächte voll schwirrender Träume, denn streng getrennt die Schlaflager. Dann der Abstieg in das Tal. Noch ein Abend, noch eine Nacht in dem Hotel des Urlaubsorts. „Kurt, lass die Tür auf! Ich komme in der Nacht zu dir! Wenn Maria schläft, komme ich!" Aber Maria ist sich ihres tiefen Schlafes und ihrer Verantwortung bewusst, sie rückt ihr Bett vor die Zimmertür. Für die beiden kein Finden mehr, nur noch Auseinandergehen, nur der Abschied.

Hand in Hand gehen sie zum Bahnhof, trödeln hinter Maria, so wie sie es im Gebirge taten. Die Berge sind jetzt sichtbar, die Nebel haben sich gelöst. Eine glühend rot aufgehende Sonne kündet einen schönen Tag. Die beiden halten sich fest, als wollten sie sich niemals trennen. Endlos vor ihnen die Schienen, endlos … Für Kurt führen sie nach Osten, für Li nach Westen. „Schreib mir gleich!" – „Ja, ich schreibe!"

Li ist siebzehn und Kurt einundzwanzig Jahre alt. Sie schreiben sich Briefe, und Briefe kommen und gehen. Noch ist strahlender Herbst, und in den Gärten leuchten noch die bunten Astern. Aber bald naht der Winter mit Schnee und Kälte …

Kurt schreibt an Li: „Heute ließ ich mir von meinen Sangesbrüdern ein kleines Volkslied vorsingen: ‚Ach, wie ist's möglich dann, dass ich dich lassen kann, hab dich von Herzen lieb, das glaube mir'." – Und damit endet diese Liebe, die im frühen Sommer begann. Li ist verzweifelt. Keine Antwort auf all ihre Fragen … „Sag mir, was ist los, sag mir, warum du schweigst?"

Li wendet sich an gemeinsame Freunde vom Buchwartkurs. Sie schreibt an Peter, sie schreibt an Hans: „Helft, ratet mir – was soll ich tun?" Peter, er wohnt in der Nähe, besucht Li, spricht von der Verworfenheit junger Männer und versucht, Li für sich zu gewinnen, bringt ihr zur weiteren Belehrung van de Veldes Buch „Die vollkommene Ehe" mit. Viel Neues findet Li darin, aber auch Elisabeth und Ernst entdecken diese Lektüre und sind entsetzt. Sie schicken das Buch zurück, legen den Brief eines Anwalts bei, der in dieser Schrift eine Verführung Jugendlicher zur Unmoral sieht.

Liebevoll und tröstend schreibt Hans. Er wolle sie besuchen und über die Weihnachtstage kommen. Auch an die Eltern schreibt er und bittet um diese Möglichkeit. Elisabeth und Ernst lesen etwas Bestechendes zwischen den höflichen Zeilen, etwas, das sie überlegen lässt: Warum nicht diesen Mann als künftigen Gatten für Li? Er ist älter, er ist gereift, er kennt das Leben. Er scheint auch klug, und das Kind ist manches Mal doch recht wild und unbeherrscht und braucht einen Halt. Einverstanden sind die Eltern mit dem Besuch und richten das kleine Zimmer für den Gast her. Und Hans kommt, kommt mit einem Herz voll Liebe und Erwartung, mit roten Rosen und einem in rotes Leder gebundenen Buch, darauf geprägt mit Buchstaben in Gold sein Titel: „Lis erste Weltenwanderung".

Li öffnet diesen Prachtband, und ein Stück sonniger Vergangenheit lächelt ihr entgegen: Wie liebevoll doch alles, wie gekonnt die Verse, wie lustig diese Schnaderhüpferl, wie heiter dargestellt dieses Besäufnis in der Brauerei … Aber das nicht, denkt sie, das ist mir zu sentimental: „Und wenn Dir einst die Locken in Silber werden grau, denk an die goldnen Zeiten zu dritt in …" – Graue Haare? Nein, nie! Ich und graue Haare! Wenn, dann rasch eingefärbt in Blond! Alt sein und erinnern? Nein! Dieses Erinnern, schon heute verfolgt es mich genug! Vergessen möchte ich diese Zeiten, vergessen auch den Kurt und einen Neuen finden, ein neues Leben anfangen.

Und Hans, er ist ein Freund, aber manches Mal widerlich mit seiner Zärtlichkeit, und auch sein Hut mit dem Gamsbart, der erinnert mich so an dieses Schlesische Jahrbuch, und seine blöde Eifersucht auf den Fred, der mir doch nichts bedeutet, nur, dass er mir die neuen Tanzschritte beibringt und öfter hier ist. Fred ist mir schnuppe, und beinahe auch der Hans! Wenn er doch endlich wegführe!

Lis Eltern aber möchten mit Hans ihre zukunftsfrohen Pläne schmieden. Doch es wird ein trauriges Gespräch. Hans ist verheiratet, hat eine Frau und eine kleine Tochter. Trennen will er sich von beiden, trennen wegen seiner Liebe zu Li, will wegen einer hoffnungslosen Liebe Frau und Kind verlassen. Beim Abschied am Bahnhof – und wieder so endlos die Schienen – sagt sie ihm: „Irgendwann werden wir uns wieder sehen!" Aber bis dahin – noch manch Züge werden rollen, Züge gen Osten, Züge gen West …

* * *

Lis Eltern – immer mehr wachsen Elisabeth und Ernst für sie zu diesem Begriff – suchen tröstende Ziele für sie. Li zeichnet gern, wandert mit dem Skizzenblock auf die heimatlichen Berge, durch die Dörfer mit ihren kleinen Glashütten und vom Wind zerfledderten Ebereschen. Ein Professor der heimischen Kunstfachschule unterrichtet sie in den grafischen Disziplinen. Die Eltern haben ihn vermittelt, und nun schenken sie dem Kinde eine eigene Tiefdruckpresse. Es ist ein großer, massiger Apparat, der in der Küche seinen Platz findet. Li druckt nun ihre Kaltnadelradierungen, Linol- und Holzschnitte, übt unermüdlich, versucht unentwegt dies oder jenes zu erreichen. Ein Stück Heimat möchte sie zeigen, ein Stück dieser kargen, eigenwilligen Welt. Manche Nacht verbringt sie so, manchen Morgen wankt sie müde zu ihrem Dienst in der Bücherei, wünscht, dass der Fahrstuhl bei einem ihrer Gänge im Rathaus stecken bliebe, um endlich einmal auszuschlafen.

Aber auch in anderen Belangen bekümmern sich die Eltern. Gesellschaftsfähig soll Li gemacht werden, die Zeit des ersten Ballbesuchs ist nicht allzu fern. Tanzen muss Li noch lernen. Den Tanzkurs zu besuchen lehnt sie ab, möchte nicht mit ehemaligen Schulfreundinnen zusammentreffen, die das Lyzeum oder Gymnasium besuchen und sich jetzt auf ihren Abschluss, auf die Matura, vorbereiten. Nein, nicht deren Überlegenheit spüren, nicht in der zweiten Reihe stehen! Die Eltern engagieren Fred als Tanzlehrer. Fred ist der Nachbarssohn, Fred kommt aus einem guten Hause, ist ein passables Kerlchen, vorstellbar als künftiger Beamter in gehobener Position. Noch besucht er die obere Klasse der hiesigen Handelsakademie.

Fred übt mit Li Tanzschritte. Sie ist dabei recht ungeschickt, hat weder Gefühl für Takt noch Schwung, ist ein Tollpatsch. Doch Fred ist geduldig, Fred harrt aus. „Was will er von mir, was wollen die Eltern? Soll ich ihn küssen, soll ich ihn heiraten? Nein, nicht mein Fall! Schon dieses rosige Gesicht – wie ein polierter Kinderpopo. Und dumm ist er, denkt nur an die neuesten Schlager und Filme. Nie würde ich ihn nehmen, und auch nicht den Sohn des Pfarrers, selbst wenn der mich im größten Regenmatsch von der Bücherei abholt. Sicher wird der auch mal so wie sein Vater. Wenn ich nur an diese langweiligen Konfirmandenstunden denke und an diesen komischen Spruch. Es tut ja ganz gut, mal mit jemandem über den Bummel zu schlendern, sich ein Paar Würstel mit Kren vom Würstelmann kaufen zu lassen oder eine Tüte gerösteter Maroni vom kleinen Italiener. Aber alles andere – nein, nein, nein! Zu dumm sind mir diese Jungen.

Einen besonderen möchte sie wieder, einen mit Wissen, einen Studenten. Studieren ist in ihren Augen Maßstab für Bildung, ist Heiligenschein …

* * *

UND ES WIRD WIE IM MÄRCHEN: Kaum sind getaut Schnee und Eis, kommt der Ersehnte, kommt der Student aus Heidelberg. Mittelgroß ist er, breitschultrig, blondhaarig, blauäugig. Er ist Burschenschafter, ist Teutone, und sein Panier ist Schwarz-Rot-Gold. Dies sei keine der ganz vornehmen Verbindungen, sagt er zu Li, denn sein Vater sei nicht von Adel und auch kein Promovierter, sei aber auf höherem Posten in seiner Heimatstadt Pforzheim tätig. Die Schmuckwarenerzeugung in Gablonz habe ihn gelockt, seine Examensarbeit darüber zu schreiben. An Ort und Stelle wolle er sich jetzt noch informieren. Ja, Nationalökonomie sei sein Studienfach. Dem Mädchen ist, als habe der Frühling sie geküsst, als habe sie nur immer auf ihn gewartet, auf diesen jungen Schönen mit dem blonden Haar, und ihr Herz, es spricht sofort: „Du bist min, ich bin din, des sollest du gewisslich sin …" Aber auch sein Inneres, es scheint Gleiches zu flüstern, und Li träumt sich in seine liebkosenden Blicke, wenn sie, gleich einer zärtlich schmeichelnden Katze, an seinem Arbeitsplatz in der Bücherei vorbeistreift. Einige liebevoll ausgewählte Frühlingsblüten stellt sie jeden Morgen zwischen seine Arbeitsmaterialien auf den Schreibtisch. Immer, wenn er aufschaue, solle er ihrer gedenken und wissen, dass sie warte, warte auf seine Liebe, auf die gemeinsamen Gespräche, auf ein gemeinsames wunderbares Erleben der Welt – sei es der dunstige Abendzauber in den Fichtenwäldern, die rotglühenden Sonnenuntergänge hinter dem kantigen, schweren schwarzen Gebirgskamm oder das späte Lied einer einsamen Drossel. Die Wege ihrer Kindheit zeigt ihm Li, führt ihn durch ihr ganzes gehabtes Leben und auch durch ihr Liebesleid. Fest drückt er ihr die Hand, als wolle er sie vor weiterem Kummer bewahren. Auch in den väterlichen und großväterlichen Betrieb führt ihn Li, und dies nicht nur, um ihm Keimzellen des Modeschmucks zu zeigen, sondern auch, um ihn in die Familie einzuführen. Einzuführen, vorzuführen bei all ihren Lieben!

Wohlwollend wird er überall aufgenommen, beeindruckend sind die gemeinsamen Gespräche, und der Segen für Zukünftiges scheint gewiss.

„Bald sehen wir uns wieder, bald, in sechs Wochen schon!", sagt Li ihm beim Abschiedskuss, denn es ist ja das Jahr 1932, das Jahr des großen gesamtdeutschen Sängerfestes in Frankfurt. Großvater, der begeisterte Musiker, der eifrige Sangesbruder mit dem weichen hellen Bariton, er fährt hin, wie er es stets zu solchen Veranstaltungen zu tun pflegt. Letzthin war der Treff in Wien, und Edith seine Begleiterin. Die ist mittlerweile verheiratet und nunmehr Li an der Reihe. In einem Mercedes fahren sie, dem neuen Modell, das überall Aufsehen erregt. Der Schwiegersohn von Großvaters Freund hat ihn gekauft und chauffiert ihn. Es ist wie im Film – vornehm und teuer, und Li spielt eine Hauptrolle. Wie bequem der Wagen ist, wie herrlich solch eine Fahrt! Mal links geschaut, mal rechts geschaut – es flimmert und lockt. Höhen und Täler fliegen vorbei, und eh gedacht, naht der Vater Rhein. Dieser Umweg – er war eingeplant.

„Seht doch, hier ist er, wir fahren zu ihm! Wir fahren neben ihm, eng neben ihm! Welch stolzes Gefühl, der deutsche Rhein, wie wunderbar, ein Deutscher zu sein!"

Wie freundlich auch die Begegnung mit jenen stramm marschierenden jungen Burschen, die den Vorbeifahrenden ihre Grüße zujubeln, und dies mit hochgestrecktem rechten Arm! Der deutsche Gruß soll das sein? Der neue deutsche Gruß? Li fragt sich, ob er der gleiche sei wie der, den sie oft unter die Schreiben ihres Vorgesetzten tippte. Eigentlich nicht, nein, denn hier ist ja alles deutsch: das Wasser, das Land, die Polizei, die Frauen, die Treue, die Gemütlichkeit ... Li rätselt um den Gruß, und um sie prosten die Gemütlichen.

Es ist ein später Nachmittag in Rüdesheim, in einem Weinlokal. Alles singt, alles schunkelt, schunkelt sich in eine Weinseligkeit: „Einmal am Rhein ..., Prösterchen, Prösterchen ..."

Li ist müde von all den Eindrücken, geht in das vorbereitete Zimmer. Ein Mädchenzimmer ist es, mit einer rosaseidenen gerüschten Decke auf dem Bett und einem großen weißen Teddybär auf dem Schaukelstuhl. Ebenfalls etwas schaukelnd und mit einer Flasche Wein in der Hand drängt sich nun der stolze Mercedesbesitzer durch die Tür. Schunkeln möchte er mit Li, küssen möchte er sie, auf das so süß lockende Bett werfen – alles möchte er! Doch das Mädchen will nicht! Weg läuft es, und rennt, rennt, als gelte es, eine Goldmedaille zu erringen. Es rennt hoch zu den Weinbergen, steigt auf diesen, steigt auf jenen, hier ist sie in Sicherheit. Sie sieht das krause Blattgewirr der Rebstöcke, sie atmet den feuchten Duft des beginnenden Abends und vermeint, bereits künftiges Reifen zu verspüren. Weit weg und kaum noch hörbar das Geschunkel.

* * *

BURGEN- UND WEINUMKRÄNZT FÜHRT DIE FAHRT WEITER, führt nach Frankfurt. Festlich geschmückt die große Stadt, feierlich der Empfang. Träume sollen sich hier erfüllen, Wünsche einer Sängerwelt, einer deutschen ohne Grenzen. Lis Gedanken laufen anders. Nicht die Biederkeit eines Sängerfestes möchte sie erleben, sondern van Gogh, Vincent van Gogh in der Städelschen Galerie. Vor den Sonnenblumen und dem Porträt Doktor Gachets steht sie nun, greifen möchte sie die Farben, sie berühren, anfassen die Pinselstriche, die so rütteln und begehren, die etwas hinausschreien, mit dem man sich irgendwie verbunden fühlt – vielleicht jene ferne Sehnsucht: Wo bist du, mein geliebtes Land ...

Ähnliches scheint der junge Mann zu fühlen, der am zweiten Tag ihrer Zwiesprache mit Vincent neben ihr steht. Auch er ist ein Künstler, ein sehr junger noch, der in der Schweiz einiges schaffen wollte. Er zeichnete, malte und wurde ausgewiesen. Irgendwelche Papiere, Aufenthaltsgenehmigungen fehlten ihm. Dafür behielten die Behörden seine dort entstandenen Bilder als Pfand, aber einige Grafiken besitzt er noch. Diese zeigt er Li, und sie gefallen ihr. Drängen, Wind, Sturm ist darin. Sie kauft zwei Holzschnitte, und da sie meint, dass er auch Hunger habe, lädt sie ihn zum Essen ein. Hastig schluckt er das Gulasch, bewusster die Nachspeise, ein köstliches Fürst-Pückler-Eis. Etwas traurig und nachdenklich beobachtet ihn Li. Wiedersehen möchte sie den jungen Mann ... Drängender ruft jedoch Alt-Heidelberg, die Feine, und dort wartet doch der Student und sehnt sich nach ihr. Sie will ja auch zu ihm, will ihn küssen, lieben, will all das erleben, wovon sie bisher in Büchern las.

Und heiß sind die ersten getauschten Küsse des Wiedersehens, und sie werden immer heißer, und das Begehren wird immer stärker ... Doch der Student – dieses, das darf er nicht, nein, das nicht! Sein Wort hat er gegenüber Lis Eltern verpfändet, sein Ehrenwort gegeben, dass er Lis Unschuld bewahren werde. Nichts ahnt Li davon, nichts! Keiner sprach mit ihr darüber, keiner sagte es ihr, selbst nicht der ihr so vertraute Großvater, als er mit seinen Freunden in die Schweiz weiterfuhr. Rufen hätte er doch müssen, ihr noch zurufen: Vergiss nicht unsere Moral! Immer begleitet sie dich, als Maria ins Riesengebirge, und auch als seine den Eltern gegebene Unterschrift nach Heidelberg. Denk an unsere Moral!

Und sie denkt nicht an die Moral, ist jetzt nur das kleine dumme Ding, das hierher gekommen ist, um zu lieben. Aber wo soll sie ihn lieben, wie sie es meint? Es ist wie beim ersten Mühen um diese Liebe: Kein Ort dafür zu finden, kein Platz für solche Liebe! Li wohnt behütet im christlichen Hospiz „Wartburg", seine Studentenbude ist ihr als ungeziemend verwehrt, die Spazierwege am sonnenbeschienenen Neckar erlauben nur Händchendrücken und verschämte Küsse, selbst die ersehnte Fahrt nach Schwetzingen bleibt nur ein kunstgeschichtlicher Exkurs! Und die Zeit läuft, läuft – eine Woche Glück sollte es sein, eine volle Woche Glück! Aber nur Träume sind's in von Blütenduft erfüllten Julinächten ...

Verlockend und schwülwarm auch der vorletzte Abend vor dem Abschied. An einem Wiesenrand lagern sie, nahe einem Waldgebüsch. Weit weg scheint alles andere Geschehen. Aus der Ferne, von der Schlossruine, dringen verhalten die Klänge eines Konzertes, umschmeicheln gleich zärtlichen Händen die beiden. Sie schmiegen sich eng und enger, als müssten sie sich behüten, schützen vor etwas Unbekanntem. Ineinander fließen möchten sie! Ohne Hüllen, nackt, ganz nackt möchte Li sein – und etwas später, leise, sehr leise: „Nimm mich!" Er noch leiser und stockend: „Ich kann nicht, ich darf nicht!" Und nach einer Weile: „Bald bin ich fertig mit meinem Studium, und dann heiraten wir!"

Der nächste Tag ist wieder strahlend und sonnig, wird immer heller und leuchtender, gleich dem Neckar, an dem die beiden wandern. Doch endlos scheint der Tag, endlos der Weg, endlos der Fluss. Leer ist es in Li. Sie hört die Worte seiner Liebe, aber sie gleiten ab, schwimmen weg mit den Wassern. Weit weg möchte auch Li sein, irgendwo allein sein, um fertig zu werden mit etwas, was ihr zertreten scheint.

Der letzte Tag, der Abschied: Er bringt ihr einen Strauß rosaroter Rosen und ein Buch über „Alt-Heidelberg, du Feine, du Stadt an Ehren reich …" Li schenkt ihm die beiden Holzschnitte, die sie in Frankfurt von dem jungen unbekannten Künstler erworben hatte. Beide sind traurig, sind tieftraurig, als wüssten sie, dass sie ein Glück verloren haben. Li trägt, wie an jenem schwülen Abend, den frech weitmaschig gehäkelten Pullover, als wolle sie nochmals ihre durchschimmernde nackte Haut zeigen. „Behalt mich lieb, warte auf mich!", bittet der Student. „Leb wohl!", ruft sie aus dem fahrenden Zug …

Der Zug fährt über Schwetzingen nach München. Li unterhält sich mit den Fahrgästen, und ein Rätsel löst sich, das Rätsel des deutschen Grußes in Deutschland. Hitler sei der Mann, der ihn eingeführt habe, Adolf Hitler. Ein guter Deutscher sei er und habe noch allerlei vor …

In München steigt Li aus dem Zug und in den Mercedes ein. Fröhlich lächelt sie Großvater und den anderen zu, als habe sie eine Woche voll glücklicher Stunden erlebt. Aber etwas kühl bleiben die Mienen der Angesprochenen, obwohl sie immer wieder mit Worten bedauern, dass Li nicht mit ihnen diese herrlichen Tage in der Schweiz verbringen konnte. Nur Großvater scheint zu ahnen, wie es um sie steht. Beinahe verschämt drückt und streichelt er oft ihre Hände, die noch so weichen und noch etwas pummeligen Kleinmädchenhände, die sich dann und wann zu Fäusten ballen, als wollten sie etwas festhalten … „Nein, nicht mehr, nein, nein! Der Traum, er ist zu Ende!"

* * *

ELISABETH UND ERNST bekommen einen langen Brief aus Heidelberg. Der Student schreibt ihnen von seiner tiefen Liebe zu Li und dass er diese ein Leben lang bewahren möchte. Er erwähnt auch, wie schwer es ihm fiel, sein gegebenes Ehrenwort zu halten … Jetzt erst spricht die Mutter mit Li darüber – jetzt erst! „Zu spät, es führt kein Weg zurück!“, meint Li, und das Kind in ihr weint …

Li versucht zu vergessen, Li sucht einen anderen, der ihr gefallen könnte. Sie wendet sich Matz zu. Eigentlich heißt er Albert. Flüchtig kennt sie ihn schon länger, denn er stammt aus der weitreichenden Verwandtschaft. Auch er ist Student, Student in Prag, und auch er ist Burschenschafter, ist ein Markomanne. Wie alle deutschen Studentenverbindungen wurde auch diese von den Tschechen verboten. Sie lebt aber heimlich weiter. Es ist eine berühmte Verbindung, es ist eine schlagende, und Matz hat bei einem Duell eine Wunde bekommen, deren Narbe er gern seinen Bewunderern zeigt. Zu ihnen zählt auch Li, die sich nun des öfteren mit Matz trifft. Abwägend meint sie, dass er ihr gefalle und sie ihn vielleicht ebenso lieben könnte wie den Studenten aus Heidelberg. Aber jetzt noch nicht, erst noch etwas Zeit abwarten, vielleicht im neuen Jahr? Das Neue – es steht bereits vor der Tür. Prosit 1933! Die Pfropfen knallen, das Feuerwerk sprüht, die Ballsaison beginnt, und Li wird in diese eingeführt. Sie ist achtzehneinhalb, und als Garde fungieren Ernst und Elisabeth. Es ist eine honorige Veranstaltung in den großen Räumen der Turnhalle. Auch diese ist eine jener Prachtbauten des stolzen Stadtbürgertums, durchdrungen vom nationalen Geist der Väter der deutschen Turnbewegung. Machtvoll und fordernd zieren die Plastiken von Jahn und GutsMuths den Fries der Außenwand …

Lis erster Ball – ein rückenfreies, knöchellanges Kleid aus violettfarbenem Crêpe de Chine hat ihr die Mutter dafür gezaubert. Die Seide war billig, aus einem Sonderangebot vom Lederer–Juden. Etwas gehemmt ist Li und tanzt so recht und schlecht, tanzt auch dreimal mit dem beliebten Operettentenor, der als Gast einer Verwandten hier weilt. Li gefällt es, sich im Glanze eines Gefeierten zu sonnen. Aber insgesamt hat Li es sich anders vorgestellt. An ein großes Theater hat sie gedacht, an eine rauschende Ballnacht!

Die wird noch kommen müssen, meint sie, denn zu viel hat sie von einer solchen gehört und gelesen. Sie bittet Mama so lange, bis sie noch einen Ball besuchen darf. Wie der vorherige ist es eine Veranstaltung des Kulturverbandes, also eines honorigen und renommierten Vereins, dessen Mitglieder die prominentesten Bürger sind. Auch Papa ist dabei. Er wurde sogar in den Vorstand gewählt und mit ehrenden Urkunden für seine Spendensammelaktionen ausgezeichnet, mit denen er gern manche Wand in seinen Räumen schmückt. Papa ist somit auch der Geeignetste, bei diesem Fest als Garde seiner Tochter zu wirken. Das bunte Treiben findet in der „Krone“ statt. Dieses Gasthaus ist eines der ältesten der Stadt. Auf dem Platz oberhalb der St.-Anna-Kirche steht der barocke Bau mit seinem soliden Äußeren. Die Innenräume sind modern gestaltet, auch zahlreiche Fremdenzimmer für in- und ausländische Gäste sind vorhanden und eine berühmte Bar. Die Ausländer und die Schauspieler, die sie besuchen, verleihen ihr Flair, gleich jenen Spielen heimlicher und offensichtlicher Liebe, von denen erzählt wird. Aber insgesamt bleibt die „Krone" stets ein vornehmes Etablissement! Jetzt feiert der Karneval hier seinen Abschluss, feiert ihn mit einem Maskenball. Li kommt als Zigeunerin, hat sich eine wirre dunkle Perücke auf ihr Haar gestülpt, ein feuerfarbenes Tuch um die Schultern geworfen, das Gesicht unter einer dunklen Halbmaske verborgen. Sie schaut umher, sucht nach Bekannten, findet aber keinen, keinen aus diesem großen Kreis der Besucher der Bücherei, keinen aus dem Kreis um Matz. Sie sitzt mit Papa an einem Tisch, tanzt mit Papa und denkt: „Ist das schon alles? Ist es so langatmig wie beim ersten Ball?" Papa wird unruhig. Er müsse nach Hause, müsse noch eine Musterkollektion für Südamerika fertig stellen. Er fragt Li, ob sie mitgehen oder noch hier bleiben will. Li stutzt. Noch hier bleiben, allein noch hier bleiben, ohne Garde sein, ohne Bevormundung? Das wäre sicher ein Erlebnis!

Franz führt Li zum Tisch seiner beiden Angestellten, denen er gern zu Veranstaltungen Einladungen und Eintrittskarten verschafft, denn eine freundlich gesinnte Umgebung ist ihm viel wert, bringt ihm privaten und geschäftlichen Nutzen. Die Ältere der beiden kommt aus dem Riesengebirge, ihr Vater ist ein tschechischer Gendarm, die Mutter eine Deutsche. Helene ist eine stete Stütze des väterlichen Betriebs, eine rassige dunkle Schönheit, und auch als solche Anziehungspunkt für manchen Kunden. Helga ist jung, noch in der Ausbildung, schüchtern, zart, blondlockig und noch voll mädchenhafter Anmut. Beide nehmen Li freundlich auf und versprechen, sie zu behüten. Li schaut weiter in die Menge. Jetzt kommt mancher Mann an den Tisch und möchte mit ihr tanzen. Aber Li lehnt ab, denn noch ist nicht der dabei, den sie sich für den Tanz durch eine rauschende Ballnacht wünscht.

Helene und Helga werden zum Tanz geholt. Helene und Helga verschwinden aber auch einige Zeit mit diesen Männern, kommen allein und tuschelnd wieder zurück. Was sind das für Männer, die so eigenartig lächeln, wenn sie die Mädchen holen? Wohin gehen sie mit den Mädchen? Was tun sie mit ihnen? Sind das die Liebesspiele, von denen man munkelt? Solch kurze wie bei Hunden? Pfui Teufel! Li, etwas wollte sie hier sehen, etwas erleben, aber so etwas nie. Ekel überkommt Li, weg von dem Tisch, nur weg! Sie sucht jemanden, an dem sie sich festhalten kann. Da, das ist doch der Willi Krick aus Schlag, der Grafiker, den sie von der Bücherausgabe her kennt, mit dem sie so gern über Bücher diskutiert, zu ihm will sie eilen, aber auch Matz taucht auf, kommt durch die Eingangstür. Zu ihm drängt sie sich nun, drückt sich an den Tanzenden vorbei.

„Gott sei Dank, dass du da bist!" An einem Tisch sitzen nun die beiden, tanzen zusammen, trinken zusammen, auch eine Flasche Champagner trinken sie ... „Komm mit mir, ich zeige Dir meine Bude!", sagt Matz. Schon etwas müde geworden, trödelt Li mit, steigt mit ihm die Treppen hoch und zählt dabei: „Eine, zweie, dreie ..." Gleich viele Treppen wie zur Mansarde in der Rathausgasse, und sie späht auch, ob jeweils im Halbstock, wie dort, eine Toilette sei, da ihr Magen vom ungewohnten Wein ziemlich drücke. Das Zimmer – es ist unaufgeräumt, das Bett zerwühlt, zwei sich kreuzende Säbel und ein Spruch, umwoben von Eichenlaub, an der einen Wand. Li blickt durch das kleine Fenster der Dachschräge und sieht nur viele andere Dächer. Nun küssen sie sich, küssen sich einige Male … Aber dann möchte Li gehen, auf den Bartelberg steigen zu Papa und schauen, was er geschafft hat, welche Muster er für Südamerika entworfen.

Es ist nicht diese Sommernacht von Heidelberg – müde ist sie und möchte gehen … Doch jetzt er: „Du bleibst! Zieh dich aus, oder ich reiß dir die Fetzen herunter! Schnell, runter mit den Fetzen!“ Mit all seiner brutalen Männlichkeit nimmt er sie, die zu einem Stück Eis geworden scheint. Messerscharf dann seine Worte: „Du warst ja gar keine Jungfrau!“ Nichts zu sagen vermag Li, nichts zu denken, zupft nur an ihrem Ohrläppchen, um zu wissen, dass sie nicht schlafe. Ja, alles bleibt: das Zimmer, das hässliche Bett, in dem Matz sich räkelt, die Säbel, das Eichenlaub. Li zieht sich an, hüllt sich in ihre Zigeunerkleidung und geht, geht, ohne ein Wort gesprochen zu haben, öffnet sehr leise die Tür und steigt die drei Stockwerke hinab. Langsam setzt sie Fuß um Fuß, damit sie im Dunkel nicht stürzt, läuft dann durch die noch menschenleere Stadt. Sie grübelt und überlegt: „Keine Jungfrau? Nicht mehr Jungfrau soll ich gewesen sein?“ Und fern, sehr fern sieht sie ein Bild, sieht sich als kleines Mädchen, sieht den Karli und einen fremden Jungen. Etwas zeigen wollen ihr diese beiden. Ja, im Keller bei Karli. Dort zerren sie ihr die Höschen herunter, einer hält sie fest und der andere spielt und fingert an ihr … Damals muss es gewesen sein, damals … Maxl hatte sie es erzählt. Maxl, der Ältere, der Stärkste, er verdrosch dann den Karli. Fritzl sagte sie nie ein Wort davon, Fritzl sollte so etwas nie wissen. So war es damals!

* * *

DAS WAR DIE KINDHEIT VON LI – war meine Kindheit. Ihre Bilder überströmten mich, ich lebte nochmals in all der Vielfalt, in all dem Überschwang von Freud und Leid … Und neue Bilder tauchen auf aus der Vergangenheit, künden von harten, von wirren Zeiten …

TEIL II

Wirre Zeiten

Die Jahre von 1933 bis 1945

DIE KINDHEIT DER LI, IHRE ERSTEN SCHRITTE IN DIE JUGEND – VORBEI ALL DIESE ZEIT, gleichsam im Fluge an mir vorbeigerauscht. Achtzehn Jahre bin ich nun geworden, achtzehn Jahre, einiges habe ich gesehen, einiges gelesen und wohl auch einiges gelernt.

Mein Umfeld hier – es ist Grenzland. Hier in ihm wurde ich geboren, hier bin ich groß geworden. Meine Ahnen großmütterlicherseits waren es, die es mit Gleichgesinnten für sich und ihre Nachkommen geschaffen haben. Im fünfzehnten Jahrhundert kamen sie hierher in die nordböhmischen Wälder, um sie urbar zu machen, sich hier eine Bleibe zu sichern. Jenes Neuland, das sie nun schufen, es streckte sich bis dorthin, wo bereits andere sesshaft geworden, andere mit ihrer eigenen anderen Sprache, ihrem eigenen Tun und Lassen. Tschechische Bauern wurden die Nachbarn der deutschen Siedler und beider Sprachen der Grenzbalken zwischen ihnen, und so ging es auch ein in den Sprachgebrauch: Wir hier im Deutschen, sie drüben im Tschechischen. Kein Miteinander, das sich je bilden gewollt, immer nur das Nebeneinander geblieben. Die beiderseitig heilige römisch-katholische Kirche – nur in Notzeiten wurde sie zum gemeinsamen Gut, und so wurden während des dreißigjährigen Krieges, da die eigene Kirche verwüstet und unbrauchbar geworden, neugeborene Deutsche unter dem leidvollen gotischen Christus im tschechischen Nabsel getauft. Stets waren es nur wenige, die des Nachbarn Sprache verstanden oder diese lernen gewollt, und solche mehr unter Tschechen als unter Deutschen. Jene, sie kamen aus dem Tschechischen ins Deutsche, um hier ihr Geld zu verdienen, die Frauen als Dienstboten, die Männer als Arbeiter in der Glasindustrie. Einige von hüben und drüben, die sich auch irgendwie, irgendwo in Liebe zusammengefunden und eine Mischehe eingegangen waren. Warum auch sollte ein sesshaft gewordener Deutscher sich hier um die tschechische Sprache bemühen? Für ihn, für die von ihm und den anderen hier geschaffenen Industrien waren andere Sprachen erforderlich. Die Horizonte dieser Welt waren andere als tschechische oder slowakische …

Diese deutschen Gebiete am Rande der ehemaligen österreich-ungarischen Monarchie – deren ergiebigste Stücke sind sie immer gewesen, solche, die mit ihren trefflichen Industrien stets goldene Früchte geboten. Aber die österreichischen Fahnen, diese unsere deutschen Fahnen – sie wurden heruntergerissen 1918, als damals auch Österreich den Weltkrieg verloren hatte. Heruntergeholt diese Fahnen, und an ihre Stellen rotweißblaue einer neu gegründeten Republik, dieser neuen Tschechoslowakischen Republik, gehisst. Fahnen, ein neues Regime, eine neue Sprache sind nun meiner Heimat beschieden worden. Tschechisch, die uns so schwere Sprache – für alle ist sie jetzt zur Amtssprache erhoben worden und somit auch zum Pflichtfach in den Schulen. Neben ihr ist uns nun auch ein neues Pflichtbild in Amtsräumen und in Schulbüchern vorgestellt worden. Es ist jenes des neuen tschechoslowakischen Staatspräsidenten Tomas G. Masaryk, eines würdevollen älteren Mannes mit einem gepflegten Äußeren und einem gepflegten Bart. Neben diesem Foto wird uns auch der Wahlspruch jenes neuen Staatsoberhauptes vermittelt: „Pravda vítězí!" – „Die Wahrheit siegt!"

Die Wahrheit – von sieben Millionen Tschechen und Slowaken wird nun deren Wahrheit öffentlich bezeugt. Die Sudetendeutschen daneben, dreieinhalb Millionen Deutsche, auch sie haben ihre Wahrheit, sie haben um ihre Wahrheit gerungen, wollten ihre Selbstbestimmung, ihre Autonomie, wollten die Erfüllung jenes Rechts, das Wilson 1918 nach dem Ende des Weltkriegs proklamiert, für die Volksgruppen zugesichert hatte. Die Sudetendeutschen, vierundzwanzigmal schicken sie ihre Petitionen an den Völkerbund, aber keine, die ihnen je beantwortet wurde, keine. So allein gelassen haben sie sich nun in nationalen Parteien, in Vereinen aller Art gefunden.

Jene Vereine, wie auch immer ihr Inhalt sei, sie sind stets von diesem betont deutschen Rahmen umrandet, das Deutschtum und die Heimat zu hüten. So ist es im alle umfassenden Bund der Deutschen, so in dem Kulturverband, der vorerst Schulverein geheißen und dann bildungsweisend für alles, so in den Sport- und Turnvereinen, so in all den Sängerbünden: Deutsch stets ihr Wort, ihr Stolz, ihre Kraft …

* * *

DIE „GRENZLANDJUGEND", die Jugendgruppe der Deutschen Nationalpartei, in die gliedere ich mich nun ein. Es ist eine Gruppe, eine Wandergruppe, die sich zum Erkunden der Heimat zusammengefunden, es ist eine gutbürgerliche Vereinigung. Viele Studenten sind in ihr vertreten, und so auch meistens junge Burschen, was mir recht gut gefällt.

Mit ihnen nun streife ich bereits im Morgengrauen durch den Nebeldunst, der da noch in den dunklen Wäldern, mit ihnen klettere ich auf die hohen Spitzen unserer Iserberge. Wie frei dann mein Atem, wie überschwänglich mein Herz: Das ist meine Heimat, all das ist mein – all die Wälder, all die schwarzen Moore, die wild tosenden Wasser, die gewaltigen Blöcke granitenen Urgesteins – all das ist mein, ist meine deutsche Heimat!

Unter all denen, mit denen ich wandere, mag ich einen ganz besonders.

Er heißt Heinz, studiert in Prag Jura, ist Burschenschafter, ist Markomanne. Gut sieht er aus, groß und schlank ist er, ist so ein Typ, von dem man meint, er müsse überall sonnengebräunt sein. Braun auch seine Augen und Haare, sinnlich sein Mund, lang und schmal die Hände. Sind es die eines Spielers? Bin ich hinter ihm, sehe ich auf seine Beine. Wohlgeformt und stark sind sie, sportliche Beine, Beine zum Ausschreiten ... Gar bald finden wir uns, und bald wandern wir auch eigene Wege. Kühn dabei unsere Gedanken: Erobern neuer Weiten, neue Rekorde aufstellen – einen Tag Schneekoppe hin und zurück! Sechzig, siebzig oder achtzig Kilometer? Vorerst aber Training, hartes Training.

Heinz, lieber Heinz, du gefällst mir, gefällst mir sehr! Und wir finden uns – zwar vorerst mehr schüchtern mit verstecktem zärtlichen Händchenhalten. Bald wagen wir uns weiter, können es beruhigt tun, denn Heinz kommt aus einer fundamentierten bürgerlichen Sippe. Moralisch so gestützt, sagen wir meinen Eltern, dass wir bei seinen Verwandten zum Wochenende eingeladen seien. Im tschechischen Grenzgebiet, nahe bei Jičín, sei ihr Gutshof, und Geburtstag würde dort gefeiert mit Linzer Torte und Pfirsichbowle, mit Spiel und Tanz unter Lampions. Schlafen würden wir unter dick gefüllten Bauernbetten mit blau karierten Überzügen. Natürlich getrennt, in getrennten Zimmern. Mit elterlichem Segen und Empfehlungen an die Verwandten fahren wir vorerst per Bahn in unser Wochenendglück. Im historischen Gitschin-Jičín steigen wir aus, schauen uns um, bestaunen Wallensteins riesige Residenz, gedenken auch des preußisch-österreichischen Krieges von 1866 und jener Stationen deutsch-deutscher Kämpfe.

Von hier aber nun nicht unser weiterer Weg zur Geburtstagsfeier von Verwandten, sondern tiefer hinein ins böhmische Land. Das „Böhmische Paradies", jene bizarre Felsenwelt, die Heinz mir dort zeigen möchte, und dann eine erste gemeinsame Nacht auf einer sommerlichen Wiese unter einem bestirnten Himmel. Im „Böhmischen Paradies" – uriges Gestein, das sich in eigenwilligen Formen gebunden. Skurrile Felsen erklettern wir, wanken auf wippenden Stegen über zahlreiche Klüfte, blicken von Höhen in schwindelnde Tiefen und auf im Sonnendunst verschwimmende Fernen, lassen uns von weichem Wind und Bienengesumm umschmeicheln und meinen, gar wohl sei es hier zu sein. Beinah zu rasch der Abend, da wir uns nun unsere Bleibe suchen, eine, die entfernt von guter Bürgerlichkeit und gänsedaunenweichen Betten. Da, dieses Feld! Duftendes Heu, zu Haufen gefügt, verspricht Liebenden und Müden gar wohlige Stunden. Hier nun unser Bett – und aneinander geschmiegt blinzeln wir zu den aufgehenden Sternen, hüllen uns in all die Zärtlichkeiten sommerlicher Abende. Welch lockender Zauber – eins sein mit ihm, eins sein eine lange kommende Nacht. Und müde werde ich, müde vor Seligkeit. Ich schlafe ... Ich wache auf: Sterne, ein segelnder Mond, und überall Sterne, Sterne. „Heini, guck, die Sterne!" Greifen möchte ich nach den Sternen und schlafe gleich wieder ein, verschlafe den

Zauber einer Nacht, schlafe bis zum Morgen. Und der kündet einen gar wohligen Tag an. Aber da in unserer Nähe – etwas bewegt sich, es raschelt, es schnaubt, und aus einigen Heuhaufen schälen sich wankende Gestalten. Halunken, Landstreicher – flüstert es in mir … Halunken auch wir beide? Schnell raus aus den Betten – der Bauer kommt, er kommt mit seinen Hunden! Raus, schnell raus und weiter.

Wir laufen in eine Niederung, finden eine Eisenbahnstrecke, laufen die Schienen entlang bis zu einem Bahnhof. Er ist dürftig und klein, bietet uns aber Wasser für unsere Morgentoilette und auch einen Bahnhofsvorsteher, der so manches von uns wissen möchte. Heinz spricht mit ihm einige Sätze mit Charme und seinem makellosen Tschechisch, und der Mann lächelt verstehend und wünscht uns weitere gute Wege. Und wir finden sie, gehen Pfade zwischen reifenden Ähren, prangendem Mohn und wippenden Kornblumen. Dieses Blühen, dieses Sonnenduftende – wie durchpulst es mich. Lieben möchte ich, gleich jetzt lieben, am Feldrain lieben, einfach so, wie es die Hasen dort auch wohl öfters tun. Auffordernd pfeife ich die Weise vom dummen kleinen Korporal, und sehr gefühlvoll besonders dies: „Was brauchen wir denn schon dazu? Ein Ährenfeld im Sonnenstrahl, ein kleines Lied und ich und du …“ Ich pfeife und pfeife – aber er scheint es nicht zu kapieren oder nicht kapieren zu wollen. Nur Blumen pflückt er mir, blaue Kornblumen, und steckt sie in mein Haar und in den Ausschnitt meines hellblauen Wanderhemds …

* * *

KORNBLUMEN – wie viele hier doch wachsen! Kornblumen – uns ein Symbol unseres Deutschtums. Künstlich hergestellt, werden sie bei Feiern, an Gedenktagen von unseren Vereinen angeboten. Eine Krone pro Blume, eine Krone für die deutsche Kultur! Papa – ein Diplom hat er vom Kulturverband für seine Sammeltätigkeit bekommen, eines, das mit kunstvoller Schrift und solidem Rahmen versehen. Blumen und Früchte – wie voll ist davon doch hier die Landschaft. Aber wie sind sie doch anders hier, diese Bilder: Sie, die so nahe dem Wege, so anders sind sie als die meiner Heimat, sind bunter, sprühender. Lieben möchte ich diese Bilder, lieben ob ihrer Schönheit, lieben gleich jenen von meinen dunklen Wäldern.

Zwiespalt wohl auch bei Heinz, Zwiespalt, der wohl tiefer als bei mir, trägt er doch eine Portion Tschechenblut in sich. Eine Halbtschechin seine Mutter, eine solche, die sich als Deutsche fühlt. Ihr Bruder Wilhelm aber bekennt sich als Tscheche, bewährt sich als tschechischer Patriot. Er ein Offizier innerhalb der tschechischen Legion während des Ersten Weltkriegs, er einer, der die tschechoslowakische Republik mit aus der Taufe gehoben. Jedem, der es wissen möchte, und derer sind stets einige, erklärt er auch, dass sein Familienname Berger nie deutschen Ursprungs gewesen, sondern dass seine

Ahnen die französischen Hirten, die „berger", seien – von ihnen stamme der Familienname. Aber Anna, seine Schwester und die Mutter meines Geliebten, sie zog es mehr zu ihrer deutschstämmigen Mutter und damit später auch zu dem Gürtler Klobe mit seinem urdeutschen Stammbaum.

Und Heinz, der Spross dieser Ehe? Heinz, er wandert neben mir in der Grenzlandjugend, aber er sagt mir auch: „Nach Prag müssen wir fahren. Dort kann ich dir viel zeigen, dort führe ich dich auch zu meiner Verwandten, führe dich zu Sonja, die eigentlich Sofie heißt und eine Cousine meiner Mutter ist. Ich bewundere diese Frau, sie ist schön, sie ist klug, ist tschechisch und deutsch, je nach Bedarf. Bestimmt fahren wir bald nach Prag!" Vorher aber müsse er noch zu seinem Onkel Berger, noch auf dessen Besitz Jistebnice in Südböhmen. Einen Auftrag habe er dort zu erfüllen. Ich stutze: Was für einen Auftrag? Zögernd und etwas stockend berichtet er: Er habe Verbindung zur deutschen Aufklärung, er tue etwas für das deutsche Reich. Er sei doch Deutscher und Corpsstudent, und da müsse er so etwas tun. Das seien seine Pflichten. Im südböhmischen Raum, in der Nähe des Guts seines Onkels, in Písek, solle er diese neuen militärischen Übungsplätze erkunden. Ich brauche keinerlei Sorgen zu haben, er sei bei diesen Dingen schon gewieft. Aber falls er nicht in vier Wochen zurück sei, solle ich diesen Umschlag weiterleiten und an dem Ort hinterlegen, den er mir jetzt zeige …

Allein bin ich nun, allein gelassen mit dem Gespenst Warten. Wie lang da der Tag, wie lang da die Nacht! Zwei Wochen endlich vergangen, aber nochmals vierzehn Tage und vierzehn Nächte. Angst habe ich um ihn, Angst um unsere Liebe. In mir wieder diese bösen Nächte meiner Kindheit, dieses Bangen um meine Eltern, als sie ihr Auseinandergehen beschlossen … Etwas gegen meine Ängste tun, ihm näher sein, ihn schützen – es treibt mich, ich laufe los, laufe einfach los, laufe ohne Geld, ohne Brot, laufe gegen Süden, laufe vorbei an der Sprachgrenze und an der Burgruine Friedstein, die tschechisch Frýdštejn heißt, laufe in sonntägliche Stille bäuerlicher Dörfer, überquere einen Weg, der ins Böhmische Paradies weist. Das Paradies – irgendwo in der Nähe! Aber von dort nahen jetzt Gewitter. Es blitzt, donnert, das Unwetter ist über mir! Wo ein Unterstand, wo für mich eine Bleibe? Nass, triefend nass lande ich im Bahnhof der tschechischen Kreisstadt Turnau. Der Weg zu ihm – unerreichbar im Irgendwo. Ich muss zurück, meinen Weg wieder zurück! Müde bin ich, möchte diesen Weg zurück fahren, so in einem Zugabteil neben Unbekannten sitzen und dösen. Ich bete um ein Wunder, suche eine Geldbörse, suche eine Fahrkarte auf dem Fußboden vom Warteraum. Aber es gibt keine Wunder – keiner verlor Geld, keiner eine Fahrkarte. Der Rückweg führt wieder vorbei an friedlichen Dörfern und an einer Ruine, die Friedstein heißt. Schritt um Schritt tapse ich und sammle Äpfel auf, die das Unwetter von den Bäumen an der Straße riss. Sauer sind sie, sehr sauer noch – aber mich plagt der Hunger …

Und dann bald – welch ein Glück, denn er kommt, Heinz, er kommt wieder, kommt zu mir gleich einem strahlenden Gott, ist mir Gott und Geliebter in einem. An Angela, mein einstiges tschechisches Kindermädchen, die Freundin meiner Kindertage, an sie schreibe ich: „Bald besuche ich dich in Prag und zeige dir den Mann, den ich liebe."

* * *

UND DANN IN PRAG: Es ist früher Herbst, doch die Stadt noch im Rausch ihrer sommerlichen Glut. Die Stadt, sie empfängt mich mit all ihrer Pracht, bezaubert mich mit ihrer Schönheit, mit ihren Bauten, Plätzen, Gärten, Straßen und Pfaden und mit ihrem Fluss ... Und vor mir erstehen auch jene Menschen, deren Bücher ich begeistert gelesen. Ja, Rilke – hier in diesem Café am Graben, hier im ersten Stock, hier muss es gewesen sein, als er um den Tisch mit Kisch und noch einigen anderen Freunden saß und seine schmalen weißen Hände gleich Tauben flatterten, als er rief: „Die Liebe ist Gott, Gott ist die Liebe!" Und hier in der Theynkirche dieses Grabmal Tycho de Brahes, des Hofastronomen vom Rudolf, und hier der Säbelhieb vom Duell auf seiner Nase. „Tycho de Brahe und sein Weg zu Gott" – Max Brod schrieb über ihn dieses Buch. Max Brod – in diesem Hause wohnte er? Und sein Freund Kafka? Er wohnte mal hier, mal dort, und einmal auch im Goldenen Gässchen? Kafka und Brod – eine der klassischen Freundschaften war es, und Brod, er war es, der des Freundes Werk über dessen Tod hinaus gerettet.

Und hier in diesem Haus mit den beiden drolligen Bären am Eingang, hier wohnte Kisch. Egon Erwin Kisch? Vertraut er einst auch mit meiner Großfamilie gewesen, damals, als Volontär bei Großonkel Emil Böhm im Gablonzer Tagblatt, als er über diesen auch jene Glosse geschrieben, dass dieser zwei Tage hintereinander den gleichen Leitartikel in seine Zeitung gebracht und seine Bequemlichkeit damit verbrämt, dass diese Wiederholung auf den Wunsch zahlreicher Leser hin geschehe. Auch später hat Kisch noch einiges über meine Heimatstadt geschrieben, dann aber über ihre weltbekannte Industrie, und dass sie die reichste Stadt der ehemaligen k. u. k. Monarchie gewesen und nun auch der jetzigen Tschechoslowakischen Republik sei ... Wie glücklich bin ich, mit all dem hautnah wieder berührt zu werden, wie glücklich. Und Heinz, welch ein guter Fremdenführer er doch ist!

Am späten Nachmittag besuchen wir Angela, und ich spüre wieder all ihre Liebe, die mich behüten möchte, mich vor allem Unheil bewahren. Nun will sie mir bei ihr, in dieser kleinen Wohnung, die sie mit ihrer kränklichen Schwester teilt, ein Nachtquartier bieten, doch ich gebe vor, dass ich bereits bei einer Verwandten von Heinz angemeldet sei. Sonja Červená heißt sie – und dieser Name scheint in dieser Großstadt ein bekannter Name, denn auch Angela weiß um ihn. Ja, in der Zeitung habe sie von ihr gelesen, von ihr und auch von ihrem Gatten, dem bekannten Rechtsanwalt, der ein linksgerichtetes Kabarett „Červená sedma“, „Die rote Sieben“, gegründet. Angela, sie fragt, ob meine Mutter weiß, dass ich nun dort übernachte. Aber für meinen Einstand in die große Welt dieser Stadt drückt sie mir bei meinem Weggang noch ein Päckchen mit einem Flakon „Chypre Coty“ in die Hand. „Angela, sei nicht traurig, bald komme ich wieder! Prag ist zu schön – ich möchte hier wohnen! Bald heiraten wir! Wenn Heinz mit seinem Studium fertig ist, heiraten wir und ziehen nach Prag. Angela, ich komme wieder!“

In der Villa in Bubenetsch begrüßt mich Sofie-Sonja, begrüßt mich mehr als Sofie denn als Sonja, drückt und küsst mich gleich einer vertrauten Verwandten. Eine aparte Frau ist sie, groß gewachsen, gerade noch richtig in der Figur, dunkles, schwach rötlich schimmerndes Haar, ein beinahe klassisches Gesicht und betörende Augen. Diese Augen, sie vibrieren beim Sprechen, sind lustig, sind traurig, je nach Bedarf. Angetan hat sie ein silbrig schillerndes Gewand, eine Art Hausanzug, aus dessen Brusttasche ein winzig kleiner Hund mit etwas zu voluminösen Augen blickt. Um sie herum aalen sich noch einige weitere Hunde verschiedener Größen und Rassen auf edlen orientalischen Teppichen, eine Perserkatze sitzt auf einem mit dunkelblauem Samt überzogenen hochlehnigen Sessel. Vieles scheint hier ineinander zu kugeln: altes Verschnörkeltes neben neuestem Bauhaus, kindliche Malereien neben Meisterwerken böhmischer Kunst. Mehr und mehr möchte sie von Letzterer haben, eine eigene Galerie damit aufbauen. Ein handgearbeitetes Kruzifix vom Meister Myslbek wolle sie uns schenken, da Kreuze ihr nie Glück brächten. Das erzählt sie, aber mehr noch von ihren Ritten und Siegen beim Pferderennen in Pardubitz. „Diese Hindernisrennen, die schwierigsten Europas sollen es sein – sicher, ich spür es, das sind sie! Aber dann der Sieg, dieser Sieg, dieses Prickeln! Heißer ist es, als ein Beisammensein mit dem schönsten Mann der Welt! Unbeschreiblich ist so etwas, erleben muss man das, erleben!“ Begeistert spricht sie, und ihre Augen, diese fantastischen Augen – sie leuchten, etwas überheblich aber ihr Mund, diese leicht herabgezogenen Lippen beim Lächeln. Doch voll Demut spricht sie von ihren jährlichen Wallfahrten in eine kleine südböhmische Kirche: „Den ganzen Weg gehe ich zu Fuß und bete dabei den Rosenkranz. Mühsam wird es mir manches Mal, aber es hilft mir, reinigt mich, gibt mir Kraft!“ Allerlei weiß sie auch von ihren beiden halbwüchsigen Töchtern zu sagen, die sowohl tschechisch als auch deutsch aufwachsen, tschechisch und deutsch und fallweise, je nach der Gouvernante, auch englisch oder französisch erzogen werden. Die ältere, Georgine, die Jitka gerufen wird, besucht das deutsche Gymnasium. Sonja, die Jüngere, lernt bei den tschechischen Ursulinerinnen …

Etwas wirr von all dem Gehörten mein Kopf, etwas wirr mir auch all der Glanz! In eine andere Welt blicke ich, und fragen möchte ich: Sonja, bist du Deutsche, bist du Tschechin, bist du eine Gläubige oder eine Zweifelnde?, sage aber nur beim Abschied: „Dank für dein Anerbieten, bei dir zu übernachten, aber wir haben bereits Quartier bei Angela. Sie ist meine Freundin, ja, sie war mein Kindermädchen und ist jetzt meine Freundin. Sie ist Kassiererin in einer großen Drogerie in der Vodičková. Sie sorgt auch noch für ihre kranke Schwester, sie wohnt mit ihr zusammen in einem Mietshaus in Košíř. Ja, alles etwas weitab von hier, weitab von dir!"

Doch weder hier noch dort werden wir schlafen. Ein Zimmer in einem Hotel am Graben haben wir uns gemietet, ein Zimmer für diese Nacht, ein Zimmer für uns allein …

Der Abend ist kühl und feucht. Wir pendeln am Moldauufer entlang. Nebel ziehen über den Fluss. Ich fröstele, dränge mich an Heinz, als könne er mich vor Zweifeln schützen, die mich befallen. Deutsch – tschechisch, tschechisch – deutsch … Wie sollte es sein? Sich vereinen, sich trennen – wie wohl? Und der Kreisel dreht sich, dreht im Kreis, dreht ohne Ende …

* * *

Mehr und mehr sammle ich Gedanken und Gefühle nur für Heinz. Ich zittere, wenn ich glaube, dass er wieder gefährlich lebe. Aber ich solle ihn nicht mehr fragen, nichts mehr wissen um diese Dinge. So weiß ich nur etwas um unser Wanderglück, etwas auch über das römische Recht, das ich mit ihm zu ergründen versuche. Seine Prüfungen, endlich soll er sie ablegen, endlich sich sputen! Meine Liebe zu Heinz – öffentlich möchte ich sie zeigen, öffentlich mich zu ihm bekennen: Der junge Anwalt und seine junge Frau! „Nach der Sommerreise dann gleich die Prüfungen", sagt er, „und dann auch die Heirat!"

Diese Sommerreise, sie ist ein Angebot vom tschechischen Onkel Berger. Einen Besitz hat er in den Waldkarpaten, in diesem östlichsten Winkel der Republik, einen Besitz, den er selbst noch nie gesehen. Begutachten solle ihn Heinz, ein Zimmer im Haus des Hegers sei für uns bereit. Ich fahre mit, darf mit. Ja – sagen die Eltern, sagen Ja, ohne ein Ehrenwort zu verlangen, dass er mich als Jungfrau wieder zurück nach Hause bringe. Und auch der Bibliothekar gibt mir frei, denn zu schmal sind jetzt die Subventionen geworden.

Im frühen Sommer fahren wir los. Vollbepackt ist die Fünfhunderter-BMW und auch ich. Recht unbequem wird mir der Sitz durch beide prall gefüllten Seitentaschen und die Zeltstäbe unter meinem Sattel. Sie beginnen zu drücken, drücken bis zum ersten Aufenthalt in Jägerndorf im Altvatergebirge. Hans besuchen wir hier, Hans, jenen Lehrer, der mit mir den Bibliothekarkurs in Trautenau absolvierte, Hans, der mich zu gewinnen versuchte, Hans, der einige Jahre ältere Mann, der sein Verheiratetsein mir verschwieg. Dieser Besuch nun bei ihm und seiner Familie – ist es Bosheit, ist es Prahlerei, solches zu tun? Am Kaffeetisch sitzen wir nun mit ihm und seiner Frau, trinken und knabbern schon etwas trocken gewordenes Gebäck und sprechen über unsere Fahrt. Hans nimmt Sternblumen aus der Tischvase und zupft ein Blütenblatt nach dem anderen. Was soll das? Befragt er ein altes

Orakel: Sie liebt mich, sie liebt mich nicht? ... Was will ich denn, was wollte ich denn? Wollte ich seine Frau und sein Kind sehen, wollte ich wieder seine gepflegten Lehrerhände spüren, die jetzt eine Sternblume nach der anderen zupfen – und es wohl lieber mit meinen Haaren täten? Weg will ich, weg! Ich taste mit dem Fuß nach dem Schuh meines Geliebten, stoße ihn zur Weiterfahrt. Er versteht es, wir verabschieden uns, danken für die gute Bewirtung und fahren weiter. Erlöst atme ich auf, aber wie qualvoll sind wieder diese Zeltstäbe, sicher gibt es Beule an Beule. Endlich der Abend: „Ja, lass uns hier zelten, wunderschön ist dieser Waldrand! Aber sag mir doch, wo hast du die Borsalbe hingepackt?" Und so erfährt mein Geliebter von meinem Leiden, erfährt, wie eindringlich anerzogene Scham zu wirken vermag. Zärtlich und liebevoll nimmt er mir meine Hemmungen und behandelt meine Schmerzen ...

Die Sonne strahlt, als wir am nächsten Morgen die Slowakei durchqueren, in diesem traumschönen Bilderbuch blättern. Zwei Tage in der Hohen Tatra: Auf der Lomnitzer Spitze matschen wir im Sommerschnee, pflücken Edelweiß und Enzian, spiegeln uns mit vorbeieilenden Gämsen im grünlich leuchtenden Meerauge. In Kurorten bestaunen wir Hotels und Sanatorien, die Highsociety, die hier lustwandelt, auf Wiesen und Feldern die Bergbauern und ihre Angehörigen in ihren kunstvollen Trachten sowie ihre anheimelnden, mit Schnitzwerk versehenen Hütten. In den südlichen Ebenen um Kaschau trinken wir mit ungarischen Hirten süßroten Wein, tanzen zum betörenden Geigenspiel herumziehender Zigeuner Csardas, tanzen ihn um Mitternacht auch auf Tischen und Bänken. Unser Schlaflager bauen wir zwischen mannshohen Sonnenblumen oder nutzen das Gästezimmer im Gutshaus von Goronda, das uns ein Freund der Grenzlandjugend vermittelt, der hier sein landwirtschaftliches Praktikum absolviert. Goronda – ein Besitz von Kuffner, Besitz eines österreichischen Juden, der stets seine neuesten ökologischen Versuche startet, und so auch jetzt die Schädlingsbekämpfung auf Blumenkohlfeldern durch Tausende leuchtender Marienkäfer.

Aber auch die deutschen Siedlungen in diesem slowakischen Land, die wollen wir sehen. Hingestreut sie vom Hang der Tatra bis zur Donau, von Käsmark bis zur slowakischen Hauptstadt Bratislava, dem einst österreich-ungarischen Pressburg. Wie deutsch doch diese Dörfer, ihre Häuser, ihre Kirchen, wie stolz doch ihre Bewohner, die noch manches Dokument aus Maria Theresias Zeiten aufbewahren, das ihren Einzug bestätigt.

* * *

UNSERE ZEIT aber, sie eilt, und unser Ziel, es drängt, es ruft. Die Waldkarpaten, die Karpato-Ukraine und an ihrem Rande Humene, das einstige ungarische Homanov, jenes berühmte Jagdschloss der Esterhazys mit seinem Löwentor, das uns empfängt. Dicht und dichter nun die Wälder, schlecht und schlechter nun die Wege, auf denen wir mit unserer BMW hin- und herschaukeln. Dann das Wegende und Ruska. Ein Holzland, das um uns, und auch Ruska ist Holz. Alles hier aus Holz gebaut, aus Holz geschnitten: die Häuser, die Geräte, die Menschen. Klein ist das Dorf, und seine Häuser verstreut um einen Bach. Der Bach – der Lebensquell! Trinkwasser, Kochwasser, Badewasser für den Säugling schöpft man aus ihm, und all die Tiere, die hier, sie stapfen zu ihm, um ihren Durst zu stillen. Am Bachesrand stampfen die Frauen ihre Wäsche, und ihre Kinder, sie planschen dazwischen. Manchmal setzt sich eines von ihnen auf den Stein in des Baches Mitte und spielt auf einer Flöte aus Holz eine eigene seltsame Weise. Junge und ranke und alte und knorrige Bäume umranden den Bach, der den Hang hinab zu den spärlichen Feldern und letztlich in eine blaugrüne Waldwildnis führt. Das Leben hier, es läuft wie vor Hunderten von Jahren, läuft armselig und fromm. Einige Männer waren hinausgezogen, hatten versucht, in der Ferne, in Amerika, ihr Glück zu finden. Leer waren aber auch dort ihre Taschen geblieben. Einer von jenen, der Waldheger, bei dem wir wohnen, er brachte eine Zange zum Zähneziehen mit. Aus einer fernen Welt scheint dieses blinkende Ding, mit dem er manch Geplagten von seinen Schmerzen befreit. Aus gleicher fremder Welt stammt auch unser Motorrad. Als ein Wunder wird es von Groß und Klein bestaunt, als ein gefährliches, ein bedrohliches, besonders beim Anfahren. „Weg, weg, schnell weg von der Maschinka!" Wie vor hundert Jahren die Umwelt hier: kein Gas, keine Elektrizität, keine Wasserleitung, kein Telefon, kein Radio, keine Zeitung, keine Badewanne, keine Toilette. Weit und breit immer noch eine Sensation: jenes am Rande des Baches aus Brettern gezimmerte Plumpsklo, das einstens der Heger für die damaligen ungarischen Jagdgäste gebaut. Neugierig eilen die Kinder herbei, wenn wir darin verschwinden, versuchen durch Spalten Weiteres von uns zu erkunden …

Einige Schritte weiter wird das Klosett durch eine Reihe von Bäumen abgeschirmt gegen die Behausung des Waldhegers, in der nun auch wir wohnen, unsere Ehe auf Probe absolvieren. Pán Němčišín, so der Name des Waldhegers, er führt uns hier ein, bemerkt, dass es der einzige Raum weit und breit, der statt gewöhnlichem Erdboden einen solchen aus Dielen besäße, und weit und breit auch der Einzige, der mit einem „schporherd", also einem eigenen Herd, ausgestattet wäre. Schporherd – Sparherd, diesen Begriff, woher er ihn mitgebracht, der Herr Němčišín", in dessen Rufnamen auch ein Němec, der Begriff „Deutscher", verankert?

Durch einen Gang getrennt der Raum der Familie Němčišín. Hier Vater, Mutter und zwei Kinder. Ein größerer Junge und einer, der noch Säugling. Als Mittelpunkt dieses Raumes gleichsam das Herdfeuer, und als solches glimmt es auch Tag und Nacht. Ob Winter oder Sommer – leuchtend stets seine Glut aus dem hohen Kamin, der in der einen Ecke des Raumes. Altgriechischen Vasen ähnelnd jene Gefäße aus Ton, in denen die Speisen zubereitet werden. In ihnen brodeln die Kartoffeln, die Pilze, der Kohl und gelegentlich auch ein Huhn. Dieses wird hier mit all seinen Innereien gekocht und, nachdem es weich geworden, aufgerissen und die Innereien dem bereits darauf wartenden Hund zugeschleudert. Das Huhn – hier eine Speise für festliche Tage gleich dem in Milch gekochten und gezuckerten Reis. Das tägliche Brot – es wird in der glühenden Asche gebacken. Duftend die Asche nach Holz, duftend nach Holz das Brot. Der Brotteig – in einer hölzernen Wanne wird er angerührt, in einer hölzernen Wanne, die gleichzeitig ein Allzweckgerät und so auch für das Bad des Säuglings vorgesehen ist. In all seiner Kleidung, mit all den Flöhen wird er in den Trog getan, in den nun warmes Wasser gefüllt. Nach einer Weile wird der Säugling herausgenommen, entkleidet und in ein sauberes Gewand gehüllt.

Der Boden, auf dem alles hier aufgebaut, von dem alles hier getragen, Erdreich, festgetretener Mutterboden. Doch arm der Boden hier, und mühselig das Leben hier: Pflügen, säen, ernten – aber kaum, dass der karge Boden das wieder gibt, was in ihn hineingestreut wurde. Die Wochentage Arbeitstage, all die anderen – Kirchtage. Die kleine orthodoxe Kirche ist gleich all dem, was um sie, aus Holz gefügt, in ihr aber eine mit Ikonen geschmückte Gebetswand. Vor ihr stehen die Gläubigen Stunde um Stunde und singen: „Gospodi pomiluj, Herr, erbarme dich!"

* * *

In Ruska wohnen auch zwei jüdische Familien. Es sind Kaufleute mit je einem dürftigen Kramladen, in dem einige notwendige Dinge angeboten werden. Uns aber ist es, als begegneten wir in ihnen Gestalten aus altem biblischen Geschehen. Wie erhaben und in sich geschlossen diese älteren bärtigen Männer mit Peicheles und Hut und Mantel! Voll gleicher Würde, und auch in langen, dunklen Gewändern ihre Frauen und die Töchter. Wir kaufen bei ihnen Salz, Zucker, Brot, Reis, Öl und Seife. Von dem einen, von Ludevit Ausländer, kaufen wir auch Milch. Er ist ein Reicher, ist der Reichste im Dorf, denn er hat zwei Kühe im Stall stehen. Eine Kuh besitzt noch der Waldheger, aber all die anderen Bewohner besitzen nur Ziegen. Äußerst kostbar sind für Ludevit Ausländer diese Kühe, behütet und gepflegt werden sie. Manches Mal stehen wir am Rande des frisch getünchten Stalls und schauen zu: Der Mann, auch hier in feierlicher Bekleidung, doch stumm mit dem Munde und nur mit einer befehlenden Augensprache dirigiert er die Reinigung der beiden Kühe. Voll Rhythmus die Hände der Frau und der Tochter, die die Arbeit nun ausführen. Für uns ist alles das gleich einer heiligen Handlung, an der wir nun teilhaben. Den hier ansässigen Juden – heilig ist ihnen hier manches, heilig ihnen hier vieles: der Sabbat, das Laubhüttenfest, das Leben, der Tod …

Von einer Wanderung kommen wir, von einer durch weite Wälder, um das Revier des tschechischen Onkels Vilem Berger, das ihm hier vom tschechoslowakischen Staate zugesprochen, ihm als einem seiner Helden geschenkt worden, weiterzuerkunden. Neben unserem Weg die Kozialata, ein Berg, von dem uns auch der Waldheger erzählt. Kozialata – zu deutsch Ziegenweide, und diese Anhöhe ist wohl einstens auch eine solche gewesen, jetzt aber ist sie bekrönt mit einem mächtigen hölzernen Kreuz, das jetzt, da es von der Abendsonne beschienen, jenem Altarbild Caspar David Friedrichs gleicht, das dieser einst für die Grafen Thun und deren Kapelle im Schlosse zu Tetschen an der Elbe gemalt. „Das Kreuz im Gebirge" – hier aber mit keinem erlösenden Amen, hier nur die vom Blut getöteter Krieger getränkte Erde, in die das Kreuz hineingerammt.

Spät am Nachmittag, da wir den Berg hinabgeklettert. Und unser Brotkorb? Unser Brotkorb ist leer. Brot – und woher bekommen wir jetzt noch Brot? Bald wird es Abend, und bald dann der erste Stern. Und dieser Abendstern, er leuchtet den Sabbat ein. Und als es so weit – wer gibt uns nun das Brot? Hilfe suchend schleichen wir um das Haus von Ludevit Ausländer, blicken durchs Fenster in das erleuchtete Zimmer. Um einen weiß gedeckten Tisch sitzen alle, der Mann, die Frau, die Tochter. Sie scheinen still, als ruhten sie in sich. Ein Stuhl neben ihnen bleibt leer, dieser Stuhl ist bereitgestellt für den Messias. Feierlich brennen die beiden Kerzen im silbernen Leuchter, einladend lockt ein festliches Mahl. Wir wagen es, wir treten ein, stottern verlegen unsere Bitte um Brot. Der Mann, der schaut nun auf, hebt langsam seinen Kopf, sieht zu uns, sieht zu seiner Frau und gebietet ihr mit seinem Blick. Die Frau steht auf und führt uns in den Laden. Sie weist auf den Schrank, in dem das Brot, und bittet uns, ihn zu öffnen, das Brot aus ihm zu nehmen, ein Stück für uns abzuschneiden. Wir tun es und legen das Geld dafür in die Ladenkasse. So sind Salomeas Hände unbefleckt für diese heiligen Stunden geblieben. Inzwischen der Himmel sternenvoll geworden.

Die beiden jüdischen Familien hier, sie leben abseits von den anderen, leben in ihrer Sprache, ihrem Sinnen, in ihrer Religion, bauen sich zur Zeit des Laubhüttenfestes Zelte aus grünem Gezweig, in denen sie während der feierlichen Tage hausen. Strenggläubig hier all die Juden, denen wir begegnen. So treffen wir auch in der nächsten, einige Kilometer entfernten Stadt auf eine ihrer Ausfahrten. Ein aus Holz gezimmerter Wagen mit Bankreihen, zwei kräftige Braune vorgespannt, ein Kutscher auf dem Kutschbock, und auf den Bänken dicht gedrängt etwa ein Dutzend Männer. Es sind diese Würdigen mit Peicheles und Bärten, mit Hüten und Kaftans. Versunken in Gesprächen, scheinen sie uns Schauende nicht zu beachten. Festhalten möchte Heinz dieses seltene Bild, langt nach dem Fotoapparat. Einer der Männer bemerkt es und ruft den Mitfahrenden etwas zu, erregt ruft er. Rasch reagieren die anderen Männer, bedecken mit ihren Händen ihre Gesichter ... Kein Abbild von Jahve, keines von uns, die wir seine Söhne! Streng im Glauben und treu den Gebräuchen, so auch die Nachkommen. Junge und Jüngere treffen wir, Knaben und Jünglinge, und alle bereits in ihrer so sittsamen Tracht und den noch schütteren Peicheles.

An einer ihrer Schulen kommen wir auch vorbei, einem nüchternen niedrigen Gebäude aus festem Stein, aus dem lebhafte Stimmen dringen. Geläufig mir der Ausspruch eines meiner Lehrer, der, wenn wir unruhig geworden, strafend sagte: „Wie in einer Judenschule!" Die hier heimischen Juden, die Ostjuden – so der Begriff für mich –, einige von hier waren auch in meiner Heimatstadt ansässig geworden. Bereits in der Mitte des vergangenen neunzehnten Jahrhunderts waren sie nach Gablonz gekommen, damals, als die Industrie sich entwickelte und eine reiche Zukunft bot. Gleich jenen Christen aus Schwaben, aus Sachsen, aus Preußen kamen sie und brachten gleich auch diesen ihren eigenen Glauben, ihre eigene Religion mit, der sie nun hier ihren Tempel bauten. So steht nun auch der prachtvollste aller jüdischen Tempel Böhmens in meiner Heimatstadt, und nicht nur der Bau ist ein Meisterwerk, solch eines auch die Orgel. Großvaters Bruder Fritz, der begabte Musiker, er spielt sie … Gleich den Preußen, den Sachsen, den Schwaben wurden die Juden angenommen und eingemeindet. Mit ihnen tätigt man nicht nur Geschäfte, man sitzt mit ihnen im Café, im Theater, führt sie auch ein in die deutschen nationalen Vereine und somit nicht nur in die Schlaraffia, sondern auch in den Kulturverband. Es sind Deutsche gleich ihren Tausenden Glaubensgenossen in Prag und in Brünn.

* * *

Doch Meilen liegen jetzt zwischen all dem – und wir spielen nur mit unserem eigenen Glück, entfernt von Heimat und familiären Normen. Gleich Kindern spielen wir mit etwas, das wir als Glück begreifen: Mit einem Geliebten zu leben, mit einem Geliebten zu schlafen. Und so Hand in Hand erobern wir uns bisher unbekannte innere und äußere Welten, verarbeiten gemeinsames Erleben, schmücken uns aber auch gern zu manch Maskerade, vertauschen Rollen und Mützen, um uns dann wieder zu neuer Einheit von Gefühlen zu finden. Wir bauen an einem imaginären Haus voll Freuden und Schönheit, entwerfen Plan um Plan, üben es bescheiden im Zimmer dieses hölzernen Hauses in den Waldkarpaten. Jetzt zieren wir den Raum kunstvoll mit zu trocknenden Pilzen an langen Schnüren. Pilze, viele Pilze sind in diesem Lande, Pilze in all ihrer Hübschheit und Vielfalt. Ein Pilzparadies ist um uns! Wir studieren Pilze, fotografieren Pilze, dekorieren mit Pilzen, essen Pilze! Jeden Tag gibt es ein Pilzgericht! Eigenwillig sind unsere Rezepte geworden, eigenwillig gleich unseren Träumen. Doch recht nüchterne Aufgaben, die uns auch jetzt erfüllen. Zwei Rehkitze, zwei kleine Dinger, die noch nicht der Mutter entwachsen, sollen wir aufziehen.

Pán Němčišín erwischte einen Huzulen, der sie aus dem mütterlichen Nest gestohlen. Wildern – hier strengstens verboten, hier aber stets aufs

Neue geübt, um sich zusätzlich ein Stück Fleisch zu verschaffen. Der Wilderer, einen Liter frische Ziegenmilch liefert er nun täglich bei uns ab, um die Aufzucht der jungen Tiere zu gewährleisten und um einer Strafe für seine Tat zu entgehen. Mutterpflichten, die wir nun übernommen, Mutterpflichten, die schwerer als wir gedacht, denn keines der beiden Kleinen, weder Böcklein noch Zicklein, vermag selbständig zu trinken. Also eine Babyflasche mit Schnuller – und eine solche finden wir dann auch in der nächsten, an die fünfzig Kilometer entfernten Stadt. Schwieriger ist es, an Brennspiritus für unseren Primuskocher zu kommen, damit wir die Milch auch etwas anwärmen können. Brennspiritus ist nur mit einem Genehmigungsschein der Gendarmeriestation erhältlich, einem, der bestätigt, dass dieser Spiritus nicht zur Schnapsbereitung diene. Nach diesen Einkäufen nun ein stundenlanges Bemühen, bis die Rehkitzen diesen neuen Nahrungsquell endlich begreifen. Aber dann recht rasch, dass Böcklein und Zicklein, so rufen wir sie auch, in uns ihre neuen Zieheltern sehen. Wie sie auf uns zukommen und wie zärtlich sie uns doch umschmeicheln! Nie wollen wir sie hergeben, immer sie behalten, nach Böhmen mitnehmen, entweder im Garten beim kleinen Haus in Schlag grasen lassen oder in jenem großen Park, der um Sonja-Sofies ländliche Villa in Říčany, diesem hübschen Vorort von Prag. Vorerst verändern sie aber unseren Tageslauf – kürzer nun unsere Wanderungen und Erkundungen in Wald und Feld, länger die Heimarbeit. Ich zeichne jetzt viel, beobachte all das noch genauer, was in meiner Nähe: die Menschen, ihre Hütten, ihre Tiere, ihre Bäume. Heinz fotografiert und stenografiert. Mitteilungen wollen wir schaffen, Mitteilungen geben von diesem östlichsten Zipfel der tschechoslowakischen Republik, der noch kaum bekannt. Ein kleines Stück, das auch uns dazu noch fehlt, dieses geheimnisvolle Hochgebirge an der rumänischen Grenze. Aber unsere Rehe – selbstständiger müssen sie vorerst noch werden, aus der Milchflasche, auch wenn sie in der Hand des Hegers, trinken. Unsere Rehe – gleich eigenen Kindern sie sind uns …

* * *

ABER DANN IST ES SO WEIT. Wir fahren südöstlich entlang der Theiß, entlang der tschechoslowakisch-rumänischen Grenze, flanieren auch bis zur Mitte jener neuen und stabil scheinenden Brücke, die hier als Verbindung geschaffen. Zu Füßen der Berge, zu Füßen des Riesen Pietroš ein größerer Forstbetrieb. Hier stellen wir unsere BMW ab und bauen unser Zelt auf. Und nun hoch zum Pietroš – schier wegelos unser Ziel. Zuerst nur Halden von Totholz, die um uns. Uralt dieser Wald mit seinem ständigen Knistern und Brechen von Ästen und Stämmen. Dazwischen Laute aufgescheuchter huschender Tiere. Die Wegelosigkeit erregend und mühsam. Endlich mehr Licht, mehr Luft, und plötzlich die Baumgrenze und vor uns ein mit Grün umwachsenes Geröll. Aber steil, sehr steil – die Steile unseres Anstiegs zur

Höhe wird uns erst jetzt bewusst. Hoch zum Gipfel – zeitweilig krieche ich nun auf all meinen Vieren. Und dann auf höchster Höhe – Heinz und ich, und wir fallen uns um den Hals: Wie großartig, wie endlos um uns dieses Meer graublauer Wälder. Wir sind jetzt Gott …

Urwälder, die zur Höhe führen, aber auch solche im Tale. Und hier nun ausgeforstet für die Schienen einer Betriebseisenbahn, einer Schmalspurbahn, an deren Seiten ein Pfad neben den Schienen geblieben, ein Pfad, der uns neben Urwalddickicht zum Ziel geführt. Eine Forschungsstelle für Mineralien dort, an der Freunde vom Heinz tätig, junge Deutsche, die hier im wegelosen Urwald arbeiten und nun uns freudig begrüßen. Zwischen die Bauten dieser Forschungsstelle stellen wir nun unsere BMW und unser Zelt. Die Freunde, sie führen uns zu ihren Fundorten, lassen uns jeweils Quellwasser schmecken, das stets einen anderen Mineralgeschmack hat. Aber abends dann trinken wir süßen ungarischen roten Wein und singen vom Riesengebirge, dem deutschen Gebirge, vom deutschen Rhein und der Lindenwirtin dort, vom König in Thule und das Gaudeamus igitur. Wir lagern in einem Garteneck auf einer Wiese nahe unserem Zelt. Hin und wieder plumpst einer der prachtvollen Äpfel von einem der Bäume, die um uns. Äpfel, die seinerzeit auch einer großdeutschen Verbindung gedient, denn von diesem versteckten Urwaldort wurden sie seinerzeit für die Hoftafel des deutschen Kaisers gepflückt und geliefert …

Wie klein und eng doch manches Mal die Welten! Wir nun auch einmal mitten darin, und noch länger möchten uns die Freunde hier behalten, denn außer ihren Forschungen und Grabungen ist es ihnen wohl hier recht einsam. Und so reparieren sie auch recht lange an den Schäden unseres Motorrades. Die Lager, die gegossenen Lager – sie müssen erneuert werden, und recht kompliziert scheint es, deren Zusammensetzung zu erkunden. Aber dann – es ist nun gelungen, und wohltönend wieder das Motorengebrumm, und sie, die es geschafft, sie rufen laut „Hurra, hurra!“ und singen dann: „Deutschland, Deutschland über alles“ … Ich summe nur mit, denn dieser Text ist mir noch unbekannt, die Melodie jedoch mir aus früher Kindheit vertraut, denn es ist jene der österreichischen Kaiserhymne: „Gott erhalte, Gott beschütze unseren guten Kaiser Franz“ … Ich summe die Melodie und denke, wie die Zeiten sich doch verändern.

* * *

Unsere Rückkehr nun nach Ruska … Mir ist, als sei es beinahe eine Heimkehr, eine solche auch zu den beiden Tieren, um deren Leben wir uns so bemüht. Werden sie uns wieder erkennen, uns schmeichelnd begrüßen? Doch dieser Wagen auf dem Hof, dieser klobige Lieferwagen und dieses Geschrei? „Heini, übersetz, was ist los?“ Ein Gendarm aus Pressburg holt die Rehe. Der Huzule, der Dieb, habe gestanden, dass er sie aus seinem

Revier gestohlen. Nun will er die Tiere aufladen und nach Böhmen zur Blutauffrischung verkaufen. Ich renne zu den Leuten, brülle: „Es sind meine Rehe, es sind unsere, wir haben sie großgezogen!“ Balle die Hände zu Fäusten, stapfe mit dem Fuß gleich einem Kinde: „Meine Rehe, meine Rehe! Heini, sag ihm, dass wir ihm die Rehe bezahlen, dass wir sie abkaufen! Wie viel Geld wollen Sie, Herr Gendarm? Einhundert, zweihundert, dreihundert Kronen?“ Aber der Muskelmann in Gendarmuniform bleibt eiskalt, eiskalt wie sein Recht. Er spricht nun deutsch, spricht es sehr akzentuiert: „Gnädige Frau, Sie sind kein Weidmann, Sie sind nur eine kleine hübsche Frau!“ Die Rehe werden verladen, unsere Tiere werden verladen – sie wehren sich, sie quieken, und mir klingt es, als schreien Kinder nach ihrer Mutter. Nach Böhmen verkauft sie der Gendarm aus Pressburg, verkauft sie als Ware. Nach Böhmen wollten auch wir sie bringen … Sie kommen aber nie in Böhmen an. Nach vier Wochen sagt uns der Heger, der Gendarm ließe ausrichten, dass die beiden Tiere verendet seien. Sie hätten in der Zwischenstation jede Nahrungsaufnahme verweigert. Die Rehe, meine kleinen Rehe sind tot …

Es ist Herbst geworden, und unsere Zeit ist um. Wir fahren mit der Eisenbahn zurück, denn das Motorrad ist trotz der Reparatur für lange Strecken betriebsunsicher geblieben. Ein Ochsengespann bringt uns zum nächsten Bahnhof. Stundenlang die Fahrt auf vertraut gewordenen Wegen. Fest halte ich auf meinem Schoß einen tönernen Weinkrug. Es ist ein solcher, wie ihn ungarische Hirten mit auf die Weide nehmen, oben am Henkel die Öffnung zum Trunke. In Goronda war's, da schenkte ihn mir einer. Ich drücke ihn an mich, halte ihn so, als müsse ich ein Stück des vergangenen Sommers bewahren.

* * *

FESTHALTEN, ja festhalten diese Zeit des Erlebens, der Schönheit und unserer Liebe. Mit einer harten, spitzen Nadel ritze ich sie nun in Platten aus Kupfer und Zink, verfertige Kaltnadelradierungen, graviere jenen Sommer: die Hütte, in der wir so glücklich waren, die Berge, die wir bestiegen, die Baumstümpfe, deren Triebe von Ziegen abgefressen, den Gutshof von Goronda und seine früchtevollen Felder. Einiges auch, das ich in Holzplatten schneide. Die Drucke sammle ich in festen Mappen, verteile sie als weihnachtliche Geschenke. Aber nicht nur als Kunde eines Stück unbekannten Landes sondern auch als Beweis unseres glückvollen Beisammenseins, unserer Ehe auf Probe. „Ehe auf Probe“ – ein Begriff, der jetzt zu kursieren beginnt. Eine Ehe auf Probe? Eine solche war es bei uns, sicher, eine solche war's, und es war schön, war gut und schön, und wir wollen es weiter wagen, aber nun legalisiert, wollen in einer Studentenehe zusammen sein. Nicht mehr Heimlichtuereien, nicht mehr Versteckspiel – aber auch nicht mehr warten, bis auf von Myrtengirlanden umrandeten Karten gedruckt werden kann: „Der junge Anwalt und seine liebenswerte Braut beehren sich, zu ihren Hochzeitsfeierlichkeiten einzuladen." All dies nicht mehr, einfach und schlicht wollen wir jetzt unsere Ehe legitimieren, ohne Traditionen, ohne Übliches. Auch meine Eltern stimmen zu, auch Papa, denn der Vorschlag ist praktikabel und preiswert. Alles andere, was man so redet, ignorieren wir, all dieses „Eine Studentenehe – welch eine verrückte Spinnerei, so etwas gab es noch nie in der Familie, noch nie hier in unserer Stadt!"

Im April 1935 bekommen wir von dem Standesbeamten Unterschrift und Siegel für unser Beisammensein. Die anderen üblichen Aufklärungen und Mahnungen stoppt Heinz ab, sagt, er sei ja selber Jurist und könne und würde es mir in ausführlicheren Lektionen beibringen. So fahren wir nach kurzem Imbiss im kleinen Haus auf dem Motorrad in unser neues gemeinsames Heim im Prager Vorort Modřany. Es ist nicht die 500er BMW, mit der wir fahren, die steht noch in Ruska im Stall. Es ist eine 350er Jawa, dieses neue tschechische Erzeugnis. Von meinem Ausstattungsgeld vom Papa habe ich es abgezwackt als Hochzeitsgeschenk für uns beide. Wir fahren an einem nasskalten, grauen Nachmittag, es ist kein gutes Hochzeitswetter, aber was soll der Aberglaube, wir wissen um unsere Liebe ...

Unsere Liebe: Meine gute Mutter, welch anheimelndes Nest hat sie für diese gebaut, hat vorhandenes Mobiliar zu neuem zusammengestellt, hat getischlert, lackiert und dies auch getan, damit ich das Ausstattungsgeld vom Papa auf Sparfonds anlegen und für eventuelle Notzeiten sichern kann. Selbst Heinz' Eltern haben einiges beigesteuert, so auch die Möbel eines Arbeitszimmers, ein Erbstück vom tschechischen Großvater Berger. Was für ein massiger Bücherschrank aus kanadischer Eiche, und darüber diese sinnvolle Grafik von Fritz Koch-Gotha: „Der Mann, der eigentlich seine Bibliothek ordnen wollte" und nun in dem Bücherhaufen hockt und liest. Mein Stolz, meine Kakteenzucht, hat vor der Balkontür Platz gefunden. Ja, ein Balkon ist auch in dieser Wohnung, ein geräumiger Anbau ähnlich wie bei Papas Haus, aber nicht mit dem Blick auf ferne Höhen, sondern mit dem Blick zur Moldau und ihrer Wiesenau. Ländlich, vorortsmäßig hier vieles, doch bezahlbarer als in der Stadtmitte; ruhiger, viel ruhiger auch für Heinz, damit er sich ungestörter seinem Studium widmen könne und bald fertig werde.

Eine Studentenehe führen wir, proben Neuzeitliches, proben Ungewohntes. Das Projekt müsse klappen, das meinen auch meine Eltern, finanziell abgesichert seien wir, das Geld für Brot und etwas roten Wein wäre da. Monatlich schicken sie und Papa einen Zuschuss und glauben, dass die Eltern meines Gatten Gleiches tun. Aber die können es nicht, sie stehen vor dem Aus, stehen vor einem Konkurs. Mein Ausstattungsgeld, all die 30 000 Kronen, die Papa mir gab, leihe ich ihnen. Heimlich tue ich es, nichts soll meine Familie davon wissen. Ich schäme mich für meine Schwiegereltern, denn Konkurs gilt in meiner wohlhabenden Heimatstadt immer noch als ein Versagen. So hungere ich noch etwas mehr für meine schlanke Linie und füttere mit meinem Kostgeld auch meinen Geliebten, plane dafür während meiner kunstgeschichtlichen Exkursionen in Prag stets einen Imbissbesuch bei den tschechischen Verwandten meines Gatten mit ein. Sonjas Köchin – stets bäckt sie mir einen köstlichen Apfelstrudel. Aber nicht nur das ist es, was mich dort so anzieht, auch Sonjas Leben und seine spannenden Kapitel.

* * *

SONJA – sie, die mir in so einer glücklichen Ehe schien, weggegangen ist sie nun von ihrem Mann, dem erfolgreichen Kabarettisten und Rechtsanwalt, denn einen noch erfolgreicheren hat sie gefunden, einen, der ihr noch mehr bieten kann als eine Stadtwohnung in Bubenetsch und eine Villa mit Park im Villenvorort Říčany. Ein ganzes Areal, das der ihr zu Füßen legt, eine Bodenfläche, so groß, dass sie, mit seinem Namen versehen, als Veselikov in die Landkarte aufgenommen worden ist. Veselikov – ein Riesenpark mit einem prachtvollen modernen Schlösschen, mit der prächtigsten Reitbahn Südböhmens, und dazu auch in vornehmster Nachbarschaft mit dem tschechoslowakischen Staatspräsidenten Edvard Beneš und dessen Gattin Hana. Karel Veselik, Sonjas neuer Gatte, auch er einer der Hochgeachteten der Republik, er einer, der mit Geld regiert, er, der für sich allein alle Einfuhrrechte für Sulfate und Sulfonamide für den gesamten Osten besitzt, er, dem bereits auf dem Friedhof der Großen auf dem Vyšehrad ein Heldengrab reserviert.

Wie Sonja diesen Krösus eroberte? Gern erzählt sie's: Eingeladen war sie von ihm zu einer Premiere der „Verkauften Braut", einer jener berühmten Inszenierungen im Nationaltheater. Aber sie war in Zwiespalt hingegangen. Ihr kleinster Hund, der allerkleinste ihrer Hundesammlung, jener, den sie gern in Veranstaltungen mitgenommen, der dann, in den Halsausschnitt ihrer Bekleidung gesteckt und herausblinzelnd mit seinen voluminösen Augen, stets zu heiteren Gesprächen geführt – dieser Star war nun krank geworden, ohne ihn sitzt sie nun neben dem Mann in der Loge, den sie erobern gewollt. Und sie nun so: Alle Weile steht sie auf, geht aus der Loge, um sich telefonisch nach dem Befinden des kleinen Hundes zu erkundigen, und schließlich verlässt sie gar Loge, Theater und diesen Mann, um zu dem kranken Hund zu eilen … Und der reiche Mann, entzückt ist er von ihrer Herzensgüte, diese, die er so unmittelbar erlebt, die ihn nun veranlasst, Sonja als Ehegattin zu bestimmen. Sonja, sie erzählt es strahlend, so, als hätte sie einen ihrer Siege auf Pferdes Rücken in Pardubitz-Pardubice errungen. Ja, etwas älter ist er schon, der Karel, aber wie apart dieses schon etwas schüttere Haar zu den starken buschigen Augenbrauen! Ja, er war auch ein guter Offizier des Kaisers, ein k. u. k. Offizier.

Sonja spannt weiter an ihrem Seil tschechisch-deutsch, deutsch-tschechisch …, anders ihre Schwester Marie-Manja. Die gibt sich als gute Tschechin, als eine gebildete mit besten Kenntnissen der deutschen Sprache. Sie ist eine Anhängerin des ersten Präsidenten Masaryk und steht dem Patriotismus seines Nachfolgers Beneš skeptisch gegenüber. Manja ist älter als Sonja, ist der Typ einer mittelblonden, molligen Wienerin, hat eine ihr ähnelnde halbwüchsige Tochter mit der Stimme einer Nachtigall. Ihr Gatte ist ein polnischer Beau aus dem galizischen Teil der ehemaligen Monarchie mit dem klangvollen Namen Chwalowsky. Manja lebt getrennt von ihm. Manja ist aber bemüht, ihn in das Unternehmen von Sonjas Mann einzuschleusen. Manchmal neidet Manja der jüngeren Sonja ihren Glanz, möchte sein wie sie, schwirrend, strahlend, stets siegend und immer im Mittelpunkt. So versucht auch sie immer wieder große Gesellschaften zu inszenieren. Wir aber gehen mehr zu ihr, um ihre Mütterlichkeit zu genießen und uns noch ein Stück Mohnkuchen für den Heimweg einpacken zu lassen.

Anders in seinem Tschechentum, anders als Manja, ist František Kolda, ein weiterer Verwandter, seine Frau eine Schwester meiner Schwiegermutter. Rosa, eine sehr Fleißige, sehr Stille, die mit zwei Angestellten kunstvolle Stickereien ausführt, die recht begehrt sind. Sie erhält damit ihre Familie. Die beiden Söhne studieren, und Franta, ihr Mann, schreibt seine Pamphlete. Er ist Fanatiker, ein Fantast voll übersteigerter nationaler Gefühle, der nichts scheut, um Ruhm und Größe seines Volkes zu beweisen. Er sucht und gräbt, um Geeignetes zu finden, gräbt auch Vertanes heraus, gräbt auch nochmals die Fälschung der Königinhofer und Grüneberger Handschriften aus, die der Schriftsteller Vaclav Hanka im neunzehnten Jahrhundert schuf und auf uralt trimmte, damit seine Nation auch ein Heldenepos, ähnlich dem Nibelungenlied, aufweise.

Franta stellt sich aber gegen Wissenschaft, gegen all die Gelehrten, gegen den verehrten Präsidenten Masaryk, gegen all diese, die jene Fälschung enthüllten. Franta, erfüllt von Gier, die jener Hankas ähnelt, möchte die frühzeitige literarische Größe seines Slawentums nachweisen, ringt mit all seinen Mitteln darum. Er bleibt aber Einzelgänger, kaum nennenswert seine Gefolgschaft. Dieser so gut aussehende Mann mit seinen glühenden Augen – auch seine Familie nimmt ihn nicht ernst …

Die Gespräche mit den tschechischen Verwandten vom Heinz, außer denen mit Franta Kolda, sie vermeiden politische Akzente sowohl in der sudetendeutschen Frage als auch im Hinblick auf all das Neue, das nebenan im Deutschen Reich vor sich geht. Jener Hitler und sein nationales Regime – nur streng zensierte Zeitungsberichte erscheinen in unseren Blättern, und jedes Abhören von Radiosendungen aus dem Deutschen Reich ist uns strengstens verboten. Die Verwandten: Was sie hören, was sie lesen – sie schweigen, wollen Zwiespälte vermeiden, die Freundschaft mit uns erhalten wissen.

* * *

AUCH ANGELA, die einst im elterlichen Dienste, die Vertraute meiner Kindheit, vermeidet Politik, wenn wir uns sprechen, wühlt lieber in Erinnerung: „Weißt du noch, damals, weißt du noch, was für ein wildes Kind du warst? Weißt du noch, als du dich mit den Jungen prügeltest und sie dir dann Sand in die Augen warfen? Ich wusch dir deine Augen aus, damit du wieder sehen konntest ...“ – Ja, Angela, ja, ich weiß noch um all deine Sorgen, um all deine Liebe. Ich habe es noch, dieses weiße Schürzchen, das du mir nähtest, als Mutter uns verließ, als sie zu jener Liebe fuhr, die ihr entflohen. Dieses weiße Schürzchen – erinnerst du dich? Auf die große Vordertasche sticktest du mit blauem Garn im Kreuzstich Gänschen und einen Hütejungen ...

Ja, damals, Angela, und jetzt bin ich eine Ehefrau. Ich koche, wasche, plätte, wische Staub, wienere Fußböden und Treppen und warte auf ihn abends im dunklen Zimmer, eingehüllt in Decken, um das Geld für Strom und Kohlen zu sparen ... Wie warm und wohlig dann das gemeinsame Bett! Aber ist so eine Studentenehe? Wohl nur das Gemeinsam-mit-ihr, dieses Suchen nach Kronen und Hellern, die vielleicht noch in einem Winkel, in einer Tasche vergessen ... Ja, ich liebe ihn, liebe ihn sehr, liebe ihn wie eh, hebe stets ihm das Beste auf, brate ihm extra ein Wiener Schnitzel, tropfe Zitrone und frisch gebräunte Butter für ihn auf den grünen Blattsalat. Aber doch ist alles wie ein Spiel, und die Punkte auf den Dominosteinen nur bis sechs ...

Eine richtige Beschäftigung möchte ich, ich versuche durch Zeitungsannoncen etwas zu finden, schreibe und stelle mich vor, bin aber nur eine graue Maus unter anderen und noch viel hübscheren Bewerberinnen. So ist der Tag für mich oft lang und der Abend noch länger durch mein Warten auf den Geliebten, und dabei verbrutzelt das Schnitzel und der grüne Salat wird welk. Seine Studien seien es, seine kommenden Prüfungen, die ihn so lang von mir fern hielten, entschuldigt er sich. Einige wichtige Gespräche mit Professoren gäbe es stets nur spät am Tage, da diese Herren dann endlich etwas Zeit für einen kleinen Studenten hätten. Ablenkend sagt er einiges über diesen und jenen, auch über den interessanten Professor Cýsař, mit dem er in der kriminologischen Forschung zusammenarbeitet. Ein recht nationaler Deutscher sei dieser, aber ein Gegner Adolf Hitlers. Ja, er schmähe ihn sogar und sage, Hitler, das sei Krieg, und er, der Professor, sei in einem Krieg zum Krüppel geworden, und neben ihm seien Tausende von Krüppeln und Toten gewesen ...

* * *

DISKUSSIONEN – dabei möchte ich sein, möchte mehr hören, mehr wissen was sich tut. Zu viel verschweigt mir der Geliebte – ich spüre es. Kennen lernen möchte ich seinen Professor, kennen lernen seine Kommilitonen. Warum grenzt er mich ab von seinen Kreisen? Tut sich dort Geheimnisvolles, um das ich nicht wissen soll? Weitere Fragen – er überhört sie, lenkt ab, erzählt Drolliges aus dem Studentenleben, führt mich gelegentlich auch in das Wirtshaus oberhalb der Šarka, in die historische Václavbude, in diese so oft besungene Kneipe, trinkt dort mit mir Bier, isst mit mir ein „Kasbrot“, eine Schnitte mit zerfließenden Olmützer Quargeln, führt mich auf den Mensurboden zu verwitternden Blutflecken und Schriften auf schmuddeligem Holzgefüge. Verstaubt, historisch alles! Das Jetzt, erzähl mir doch vom Jetzt! Wie ist das mit dem, der vor einiger Zeit, vor einigen Monaten aus Deutschland floh? Ein Philosoph war's, einer mit dem großen Namen Lessing, einer, der hier Zuflucht suchte … In einer abgelegten Zeitung las ich's. Ein Emigrant war der Philosoph, SA-Männer suchten ihn, überschritten die Grenze, beseitigten die Posten, ermordeten den Philosophen. So las ich's …

Ein Philosoph flieht aus Deutschland – was ist das, dieses neue Deutschland? „Deutschland, Deutschland über alles …“ sangen die sympathischen deutschen Burschen im Urwald von Podkarpátsko Rus …

Deutschland, das Land nebenan, ein Nachbarland, seine Bewohner von uns die Reichsdeutschen genannt. Noch nicht allzu lange her, im Jahr 1932, weilte ich dort. Vierzehn Tage waren es. Ich sah den Rhein, hörte seine Lieder, sah auch Hunderte Deutsche, die zum gesamtdeutschen Sängerfest nach Frankfurt am Main geeilt, lebte auch eine Woche lang in Heidelberg an der Seite eines ehrbaren deutschen Studenten, von dem ich damals gemeint, dass er mein Gatte würde. Aber auch jene stramm marschierenden Burschen sah ich, die uns mit ausgestrecktem Arm und „Sieg heil“ grüßten, als ich mit Großvater und seinen Sangesfreunden in einem Mercedes mit tschechoslowakischem Kennzeichen an ihnen vorbeigefahren. Es sei Hitlers Armee, hörte ich. Hitler, er werde das Deutsche Reich wieder in Ordnung bringen. Hitler – damals ein uns unbekannter Name … Hitler, ein Jahr später, 1933, ist er auch uns zum Begriff geworden. Er, der namenlose Soldat des Weltkriegs, er, ein Österreicher, ist nun der „Führer“ des deutschen Reiches, das uns nebenan. Den Menschen dort – Arbeit und Brot schaffe er ihnen, baue Autobahnen und Fabriken, gebe ihnen Kraft und Freude. Aber jene Zweifel des Prager Professors und diese Flucht und Ermordung eines Philosophen mit dem großen Namen Lessing – wie dies einordnen? Mehr Klarheit möchte ich, möchte mich mit einem unterhalten, der jetzt nebenan im deutschen Lande lebt …

* * *

Und wie rasch erfüllt sich dieser Wunsch! Onkel Georg aus Berlin meldet sich, kündigt seinen Besuch an. Nicht seine Frau, meine Patentante Edith, könne er mitbringen, aber einer seiner Geschäftsfreunde begleite ihn. Zum Empfang der Gäste – allein bin ich, Heinz bei seinem Professor zu einer Besprechung. Meine Gäste – Georg wie stets mit jenem freundlichen Gesicht eines Geschäftsmannes, sein Freund nicht so jugendfrisch wie er, bereits grau durchzogen dessen Kopfhaar. An seiner Seite, und es überrascht mich, denn davon habe ich nichts gewusst, eine recht junge und sehr hübsche Frau, gleich ihm vornehm elegant gekleidet. Als seine Sekretärin wird sie mir nun vorgestellt. Junge, schicke Freundin eines Alten – wie peinlich ist mir diese Begegnung! Wie mich nun verhalten, wie sie anreden: „Gnädiges Fräulein" oder „Gnädige Frau"? Nicht nur peinlich mir alles, auch ratlos bin ich. Jene meiner Generation anerzogene Moral, der ich so oft ausgewichen, sie überfällt mich nun. Wie weiter, wie diese beiden über Nacht in unserer kleinen Wohnung unterbringen, wie ihnen hier getrennte Schlafzimmer schaffen? Gott sei Dank, sie haben bereits ihr Quartier in einem Hotel in der Innenstadt. Wie leicht wird mir nun, wie liebenswürdig vermag ich mich nun zu geben, bewirte meine Gäste mit Kaffee und selbst gebackenem Kuchen und biete ihnen meine letzten Zigaretten an. Dabei erzähle ich allerlei von Heinz, seinem Studium, von mir und von der Goldenen Stadt. Im neuen Auto meines Onkels, einem eleganten BMW, fahren wir dann in sie hinein.

Und hier – ich führe die Gäste nun durch die Jahrhunderte. Wie wissbegierig alle sind, aber besonders diese beiden. Alles wollen sie sehen, alles hören. Es ist mir, als wollten sie alles Gesehene einpacken und mitnehmen. Besonders das Lorettokloster am Petřín und seine Schatzkammer haben es ihnen angetan. Welche Werte auch hier zu bestaunen: dieses Gold, diese Edelsteine, und dann diese Monstranz, die mit jener Madonna geziert, dieser Madonna mit dem Strahlenkranz aus Hunderten herrlichster Diamanten. „Einen Strahl, wenigstens einen Strahl!", so flüstern die beiden. Sie scheinen Fachleute auf dem Gebiet. Ein weiteres Wegezeichen dann in der Innenstadt, in der ehemaligen Josephsstadt. Hier stehen wir vor den historischen Synagogen und auch vor den Gräbern im uralten jüdischen Friedhof. Stein, der sich hier über Stein gewälzt, Inschrift über Inschrift. Zu entziffern noch der Name vom Rabbi Löw. Doch zwischen die Steine drängt grünes Gesträuch, und hin zu Friedhofs Rand viel Fliedergebüsch. Jetzt, Ende Mai, liegt über allem hier der süßschwere Duft seiner weißen und blauen Blütentrauben …

Im Weitergehen nimmt Georg mich zur Seite und erzählt mir, dass sein Freund auch ein Jude sei und diese Fahrt hierher sein Abschied von Deutschland. Seine Freundin, diese hübsche Junge, sie, eine Nichtjüdin, auch sie gehe mit. Später, als wir über die Karlsbrücke pendeln, frage ich den Mann, warum er gehe. Er meint, er müsse weg, habe Angst dort zu bleiben. Dort habe man bereits Bücher verbrannt, und vielleicht verbrenne man dort auch einmal Menschen. Ich stutze, ich schrecke auf: Bücher – Bücher von Dichtern, von Schriftstellern, von Juden, von Nichtjuden? Geist verbrannt worden? Nein, so etwas gibt es nicht, so etwas nie! Nie verbrennen Deutsche Bücher! Deutschland, Land der Dichter und Denker – nie würden Deutsche Geist verbrennen! Propaganda das alles, böse Propaganda … Aber es bohrt in mir, bohrt weiter …

* * *

Das bald nahende Weihnachtsfest – mit ihm versuche ich, Zweifel und Fragen zu verdrängen. Weihnachten – zu Hause, in der Heimat möchte ich es erleben, mich hier vor Ungelöstem und Zweifeln verstecken. Ich drücke mich in die großelterliche Küche, helfe Großmutter und der alten böhmischen Marie beim üblichen Weihnachtsgebäck, forme gleich ihnen Christbrote, flechte Striezel, sowohl für eigenen Genuss als auch für die Angestellten und Freunde. Vierzig Striezel und Christbrote! Starke Männer aus Großvaters Bereich tragen sie auf Brettern zum Backen in die nahe Bäckerei. Ich koste den Hagebuttenwein, diese großmütterliche Spezialität für die Festtage und für weitere freundliche Gaben. Jeder Angestellte bekommt ein Christbrot und eine Flasche selbst gekelterten Wein – das ist die Norm. Gut der Wein, besonders der erste und zweite Aufguss! Ich sehe zu, ich helfe und möchte wieder Kind sein, als Kind all die süßen Sachen für das Fest und den festlichen Baum wieder mit vorbereiten, aus mürbem Butterteig Sterne, Monde und Sonnen formen …

Am Weihnachtstag – einen Weg vergangener Weihnachtsträume, ich gehe ihn wieder, ich gehe ihn allein, wie man solche Wege eben gehen muss. Und in den frühen Nachmittagsstunden – der Schnee fällt leicht, der Schnee fällt lind, hüllt mild der Erde weites Bild, und ich fahre auf Skiern zu einer heimlichen Wallfahrt an die Sprachgrenze, fahre nach Schumburg-Gistei. Es ist ein kleiner Ort mit einer wunderbaren barocken Kirche voll Anmut und anheimelnder Pracht. Auch ein von alten Linden umstandenes Pfarrhaus und eine noch ältere Pestsäule sind dort. Einer meiner Vorfahren, einer der eingeheirateten, er hat dieses Idyll hier sich geschaffen. Doktor Johann Josef Kittel war es gewesen, er, der als nordböhmischer Faust in so manche Bücher einging. In der Schule hatte ich sie gehört, all diese Sagen um ihn: dass er in einem dunklen Zaubermantel zu seinen Kranken und sogar bis Prag geflogen, dass er Zauberbücher besessen und mit dem Teufel im Bunde gestanden. An seinem Grab auf dem kleinen Friedhof neben der Kirche stehe ich nun, streichle die Schnörkel seines schmiedeeisernen Totenkreuzes und gehe dann in die Kirche, die er einst diesem Dörfchen geschenkt. In einer der Bänke sitze ich nun und träume, schaue aber auch hin zu der heiligen Treppe und zu den dort Knieenden mit dem Rosenkranz in ihren Händen. Jede Treppe ein Gebet und eine abrollende Perle – und so hinauf bis hin zur Erlösung, bis zu jener letzten obersten Stufe. Ein erleichterndes Lächeln dann bei jenen, die es geschafft, die nun erhobenen Hauptes die nebenstehende Treppe hinuntersteigen.

Mein Abstieg, mein Heimweg, er führt mich auf einer Straße, die neben der Sprachgrenze, welche unten am Hang sich aufgebaut. Zwei Dörfer eng nebeneinander sind es, zwei Dörfer, die aufeinander stoßen: das deutsche Labau und das tschechische Zasada …

* * *

Die Deutschen, die Tschechen: immer härter die Spannungen. Die Forderungen der Deutschen – mehr und mehr sind sie zurückgedrängt worden und so auch zwei ihrer Parteien verboten, und dabei auch die Grenzlandjugend, jene Gruppe, in der ich mit Heinz einst gemeinsam gewandert. Aber recht rasch ist wieder eine neue deutsche Partei erstanden, eine, die „Sudetendeutsche Heimatfront" nun genannt. Sie hat sich aus der deutschen Turnerbewegung entwickelt, Jahn und GutsMuths ihre geistigen Väter. Die jetzigen Gründer Konrad Henlein und Hermann Frank aber sind bis dahin noch wenig bekannt. Im Herbst 1933 entstand diese Partei, im gleichen Jahr, da Hitler im Nachbarland, im Deutschen Reich, die Macht ergriff. Ungleich aber die Forderungen dieser beiden Parteien. Dort Arbeit und Brot, hier bei uns dieser seit Kriegsende bestehende Drang nach Autonomie. Viele sind es bereits, die stolz das Abzeichen der neuen Partei, die drei lang gezogenen Buchstaben SHF, auf dem Jackenaufschlag oder auf Hemd, Bluse, Mantel gesteckt, tragen. Einige sind es nun auch, die gern eine eigenwillige sudetendeutsche Tracht schaffen möchten. Und es beginnt mit weißen Kniestrümpfen für beide Geschlechter und mit Dirndlkleidung für die Mädchen und Frauen. Die Burschen und Männer bevorzugen Krachlederne, also lederne Kniehosen, Hüte mit Gamsbart und Mäntel aus Loden. Sehr zahlreich sind die weißen Strümpfe geworden – ob in der Provinz oder in Prag, überall im Straßenbild sind sie zu sehen. In einigen sudetendeutschen Gebieten sind noch die Trachten der Großeltern vorhanden. Stolz holt man sie wieder hervor, stolz schmückt man sich wieder mit ihnen …

Die deutsche Kultur – ein neidvolles Gebiet für die Tschechen, überall ist sie zu finden. Wie viele Siedlungen und wie viele Städte hat sie unauslöschlich geprägt, und besonders auch die Hauptstadt, das Goldene Prag. Sie gleicht einer Sammelbüchse deutscher Namen, deutscher Werte. So auch Peter Parler, der Gestalter des gotischen Prags, der Karlsbrücke, des Veitsdoms und jener wunderbaren Plastiken von Menschen jener Zeit. Peter Parler, nicht mehr einer der Söhne der Künstlerfamilie aus Schwäbisch Gmünd solle er nun sein, nicht mehr vom Kaiser und König Karl IV. nach Prag geholt worden sein, um sie zur schönsten Stadt der damaligen Welt zu machen, sondern ein Tscheche namens Petr Parlíř – es ist ein Wort der tschechischen Umgangssprache, das ins Deutsche übersetzt „Maurerpolier" bedeutet und wohl vor Hunderten Jahren, ausgehend von dem Zunamen des genialen Baumeisters, zur Umgangssprache wurde, wodurch dieser Begriff geprägt worden sei. Und noch manch anderes, auch Kaiser Karl den IV., sucht man zu slawisieren. Ein steter Dorn für die Tschechen ist diese älteste, diese deutsche Universität, dieses Karolinum, gleichwie all die neuen modernen Kulturstätten jener vierzigtausend Deutschen, die in Prag wohnen, die in Prag schaffen …

Und die sudetendeutsche Heimatfront wächst und wächst, ändert, um bei den Parlamentswahlen im Jahr 1935 zugelassen zu werden, ihren Namen und heißt nun „Sudetendeutsche Partei“. Sie gewinnt bei den Wahlen doppelt so viele Stimmen wie die anderen drei noch zugelassenen deutschen Parteien gemeinsam, hat nur eine Stimme weniger als die stärkste tschechische Partei. Sie ist nun eine eindeutige Stimme der Sudetendeutschen, aber sie wird nicht zur Regierungsbildung zugelassen. Konrad Henlein – er knüpft nun Auslandskontakte mit London und Berlin. London und Berlin – die Weltmacht England und das nun neue deutsche Reich als Stütze? Viel Hoffnung liegt in dieser Kunde.

* * *

DAS NEUE DEUTSCHE REICH – im Sommer werden wir es besuchen, im Sommer 1936, da in Berlin die Olympiade. Quartier haben uns bereits Tante Edith und Onkel Georg angeboten, Quartier in einem der schönen Vororte, die dort von Seen und Wäldern umgeben und wo die Verwandten kürzlich ein Haus erwarben. Mit unserem Kleinstauto Aero 675, das wir kürzlich für unser Motorrad, für die 350er Jawa, eingetauscht, fahren wir los, fahren nach dem Grenzübergang auf jenen breiten neuen Straßen, auf diesen Autobahnen, die nun unter dem Regime Adolf Hitlers überall hier im Bau sind, fahren auf ihnen bis vor die Tore Berlins, um dann erstmals in dem Idyll Woltersdorf/Schleuse abzusteigen, unsere Bleibe bei den Verwandten zu sichern. Von hier dann hinein in das eigentliche Erleben, hinein in den Jubel, hinein in die Stadt der Olympiade. Und welch Fahnenrausch hier nun um uns: rote Fahnen mit dunklem Hakenkreuz auf hellem Mittelkreis, helle Fahnen mit fünf farbigen Mittelkreisen, so die fünf Erdteile symbolisierend. Von einer Sonne nun all diese Fahnen beschienen, und ein leichter Sommerwind, der sie nun alle umkost. Unter ihnen, und wir sind mit dabei, flanieren Menschen, die aus allen Erdteilen hierher kamen. Mit einem strahlenden Lächeln der Freundschaft drängen sie sich nun aneinander; es ist das Lied vom Völkerfrieden, das hier erklingt.

So freundlich schiebt man uns auch noch in die bereits ausverkaufte Eröffnungsschau der Olympischen Spiele, schiebt uns als Auslandsdeutsche mit hinein in dieses prachtvolle Stadion, drückt uns auf einen Platz in all dem umgebenden Gedränge. Gemeinsam nun das Heil für die olympische Flamme, gemeinsam das Heil für den Führer. Lauf rufe ich's, sehr laut, rufe es in die Luft, da ich zusammengedrückt in der Menge ihn nicht zu sehen vermag. Aber seine Stimme höre ich, seine Ansprache, seine Eröffnung der Spiele. Wohltönend und energisch diese Stimme, bewegend und aufrüttelnd seine Rede. Sehen möchte ich ihn, sehen! Ich recke und strecke mich, aber nur die begeisterte Menschenmasse vor mir … Sehen möchte ich ihn, ihm in die Augen sehen, in diese Wunderaugen, von denen man spricht, dass sie faszinieren, dass sie suggerieren. Aber die Tage vergehen, ohne dass mein Wunsch sich erfüllt.

Jetzt nun der letzte Tag der Olympischen Spiele. Eine Eintrittskarte für die Military erhalten wir noch und bestaunen exaktes Können der Reiter und Pferde. Etwas müde bummeln wir dann die Siegesallee entlang, bummeln in den beginnenden Sommerabend.

Auf einmal: Menschen drängen sich, stauen sich, wir finden uns zu ihnen, fragen: „Der Führer?" – „Ja, der Führer, er soll hier vorbeikommen!", antworten sie. Mit diesen Menschen, die bereits hier, stehen und warten wir nun, warten mit der gleichen Ungeduld wie jene, die neben uns. Stunden scheinen es bereits, dass wir warten, dass wir gemeinsam mit unseren Nachbarn mal vorwärts, mal rückwärts gedrängt werden. Eine Truppe SA, kräftige Männer in gelb-braunen Uniformen, die nun aufmarschieren, um uns noch weiter zurückzudrängen, um eine freie Bahn für Kommendes, für Kommende zu sichern. Sehr von fern nun auch ein leichtes Dröhnen, eines wie bei einem aufziehenden Gewitter, und sehr still es jetzt um uns geworden, totenstill. Und das Gedröhn, es wird nun lauter, wird zu einem Rufen. Noch halten wir den Atem an, aber dann rufen wir mit: „Heil! Heil! Heil dem Führer, heil, heil!" Wir alle rufen und schreien es, sind zu einem Stück dieser Masse geworden, die es um uns ruft und schreit. Und er, Adolf Hitler, der Führer, er ist uns nun ganz nah, zum Greifen nah, steht aufrecht im Auto gleich einem Gott. Straff gestreckt er und den Arm nun zum deutschen Gruß erhoben. Und seine Augen, seine berühmten blauen Augen, sie treffen nun jeden. Diese hellen, blitzenden Augen, ja, sie schauen auch in die meinen! Ein Rausch erfasst uns, erfasst mich gleich all jenen, die jetzt um mich. Wie in Trance rufen wir, treten, rütteln den, der neben uns steht. Dann ist gleich einem Traum alles vorbei, verglimmend im Fernen das Jubelgeschrei. Einige Wagen mit seiner Garde fahren noch an uns vorbei, aber wie belanglos all dies geworden nach den großen Augenblicken. Diese Augenblicke – noch einmal möchte ich sie erhaschen. Ich presse mich an Heinz, schließe die Augen, suche die Bilder …

* * *

ALL MEIN ERLEBEN, ALL MEINE FRAGEN – kaum Antworten, kaum Widerhall bei den Verwandten. Es ist, als möchten sie fern sein von all dem, nur ihre Liebe und den neuen Besitz in dem gepflegten Berliner Vorort leben und genügend Geld verdienen, damit sie sich solch Leben leisten können. Das politische Geschehen – nur in einer Anekdote berührt es Georg: Gustav Gründgens, der gefeierte Schauspieler – homosexuell sei er. Homosexualität aber ist jetzt verboten und wird strengstens bestraft. Der Reichsmarschall Hermann Göring, der große Freund des Theaters, retten möchte er Gründgens, bewahren für Bühne und Film. Göring, Marianne Hoppe bittet er nun zu Gesprächen. Sie, die ebenfalls eine gefeierte Schauspielerin, auf der Bühne ist sie ein anmutiges Gretchen, während neben ihr Gründgens als Mephisto agiert. Als Ergebnis des Gesprächs: Marianne Hoppe wird nun mit Gründgens verheiratet. Und der Volksmund, der dichtet dazu: „Hoppe, hoppe, Gründgens, machen wir ein Kindgens". – Ich erröte, als Georg mir das nun erzählt. Ich frage Georg auch nach seinem jüdischen Freund. Er sei mit seiner Freundin gut in Amerika angekommen. Ich frage auch nach den Büchern, die man verbrannt haben soll. Keine Antwort darauf. Keine Antwort, als wüsste er nichts ...

Soll ich dies und auch das Sprüchlein mit zurück in die Heimat nehmen, hinzupacken zu all den anderen großartigen Erlebnissen vom Zusammenfinden der Menschen aus der ganzen so großen Welt? Soll ich damit dieses Erleben schmälern? Nein, das Erleben muss ich behüten, gleich diesem kostbaren Buch, das wir als Gastgeschenk erhalten, als Gastgeschenk bei unserem Abschied. Diese künstlerischen Fotografien darin, diese Schaustücke einer Leni Riefenstahl. Dieses Buch – gut verstauen muss ich's, damit ich's unbeschadet durch tschechische Grenzkontrollen schleuse. Streng sind die Verordnungen und Verbote – kein deutsches Schrifttum darf die Grenze passieren, keine deutschen Zeitungen, keine deutschen Bücher ... Doch welch Glück und welch liebenswerter Beamter! Der Zöllner, ein noch junger Mann in kleidsamer Uniform, öffnet zwar auch diesen Koffer, sieht darin aber das Gerüsch meiner Dessous, entschuldigt sich, sagt: „Ach, der Koffer der Dame!" Umarmen, küssen hätte ich ihn dafür mögen! Das Buch, es kreist bei Verwandten und Bekannten, genau wie unsere Berichte über diese Zeit. Auch in unseren Köpfen kreist es weiter, dieses Stück Welt, dem wir begegnet, kreisen die Menschen aus fernen Ländern, mit denen wir uns angefreundet. Die Erde, eine Reise um sie – seit Ruska unser Plan ...

* * *

EINE WELTREISE – mehr und mehr finden sich Inhalt und Form! Bald, sehr bald wollen wir starten, gleich nach der letzten Prüfung, gleich nachdem der Jurist seine Bescheinigung über sein „Bestanden" erhalten. In einundeinemhalben Jahr starten wir. Bis dahin schaffen wir auch die Vorbereitungen: Reiseplan, Finanzierung, Reklame, Lösen der Frage, ob mit Auto oder Motorrad. Im kommenden Herbst aber vorerst noch eine Fahrt in den Osten der Republik. Diese zwar nicht um der kommenden Abenteuer willen, sondern wegen einer kriminologischen Arbeit. Einen Pneuatlas soll Heinz zusammenstellen, Pneuspuren sammeln, erläutern, ein Hilfsmittel zur Aufdeckung von Verbrechen schaffen.

So nun auch unsere diesmaligen Reiseziele: die Zentren der Pneuerzeugung im slowakischen Bratislava, dem ehemaligen Pressburg, und im mährischen Zlín, dieser neu erstandenen Metropole nach amerikanischem Vorbild. Wir fahren in unserem Kleinwagen Aero 675, um dessen Stabilität weiterzuerkunden. Zu Neuem und zu bereits Bekanntem führen nun unsere Wege, und so auch zu einem Wiedersehen mit Ruska und einem Versprechen, immer wieder hier einzukehren, ein Gleiches dann auch mit den deutschen Freunden, die weiter im karpatoukrainischen Urwald nach Mineralien schürfen. Neu die Eindrücke aber in der alten madjarischen Residenz Pressburg, dem heutigen Bratislava. Für mich interessante Gänge in die Vergangenheit, für Heinz Einblicke in eine moderne Pneuerzeugung und das Fotografieren ihrer Produkte in verschiedenen Stadien ihrer Nutzung. Und Gleiches für ihn auch in Zlín. Hier gehe ich nun neben ihm, gehe mit ihm, betrachte das Herzstück dieser Siedlung, und hier auch unser gemeinsames Staunen …

In der mährischen Walachei, einem fruchtbaren Ackerland, diese Industriestadt. Ein einst unbekannter Flickschuster, ein Tomaš Baťa, baute sie nach amerikanischem Vorbild. Ohne Geld begann er sie zu bauen, und heute ist er der Schuhkönig. Besitzer einer Stadt und der ersten und einzigen Ladenkette, die das ganze Land hier durchzieht, eine mit Auswahl und Service und diesen verlockenden Preisangeboten: ein Paar Schuhe für 9,90 Kronen, für 19,90, für 29,90 und so weiter bis zu dem teuersten Paar für 99,90 Kronen. All denen, die hier in seiner Baťa-Stadt bei ihm beschäftigt, bot er zudem moderne Wohnungen mit allem notwendigen Komfort in weiß leuchtenden Wohnblöcken, dazu ein Hallenbad, Räume für Veranstaltungen und preiswertes Essen in weiträumigen Kantinen. Alles hier ist freundlich und hell, und so auch die Hallen, in denen die neuen und preiswerten Pneus nun erzeugt und ausprobiert werden. Vielleicht werden später hier auch Flugzeuge gebaut, so ein Geflüster. Ein Stück neue Welt, ein Stück Amerika, das hier um uns, ein Stück der neuen Welt, die uns hier aufnimmt und uns auch Sponsoren für unsere kommenden Fahrten sichert. Nicht mehr allzu fern die Zeit, dass wir dafür unsere Koffer packen …

Vorerst aber packen wir Koffer für eine Übersiedlung in die Prager Innenstadt. Bequemer und näher für Heinz ist alles dort: die Universität, die Bibliotheken, die Kommilitonen und auch Professor Cýsař. Sicherer wohl dort auch das Wohnen, denn hier in diesem Winkel des hübschen Vorortes leben außer uns nur Tschechen, und die Spannungen zwischen Tschechen und Deutschen – sie nehmen zu … All unser Mobiliar verfrachtet die Spedition wieder dorthin zurück, woher es einst gekommen …

* * *

NUN WOHNEN WIR IN PRAG, wohnen in seinem Herzstück, wohnen oberhalb vom Wenzelsplatz, oberhalb vom Museum, dessen Dach direkt vor unserem Fensterblick. Aber über das Dach hinaus – ausgebreitet vor uns die hunderttürmige Stadt. Gleich einem Kaiser, einem König schauen wir von oben auf sie, schauen auch in die Weite, blicken bis dorthin, wo Prag aufhört Stadt zu sein und der hügelige Horizont in den Himmel übergeht.

Bei einem Schneidermeister wohnen wir, der seine Werkstatt und Wohnung im Dachgeschoss hat. Von ihr hat er uns ein großes Zimmer vermietet, aber wir müssen einen seiner Wohnräume durchschreiten, wenn wir in unseren hineinwollen. Aber der Fensterblick, die Aussicht! Unser Zimmer – es ist Haushalts-, Lern-, Ruhe- und Empfangsraum in einem, die Wände geschmückt mit Grafiken unserer Ruska-Reise. Als besonderes Ausstattungsstück ein Geschenk vom Papa, ein Mehrstockkochtopf, der, nach neuesten Erkenntnissen konstruiert, den geringsten Vitaminverlust bei der Zubereitung von Speisen verspricht. In ihm bereite ich gerade eine Speise, als meine Schwiegermutter erscheint. Unverhofft und erstmalig ihr Besuch, denn bis jetzt hat sie unsere Studentenehe als solche nie anerkannt. Gekommen ist sie aber mit der Bitte, ihr die Rückzahlung für das von mir geliehene Ausstattungsgeld noch weiter zu stunden. Obwohl der Konkurs vermieden werden konnte, benötigten sie die 30 000 Kronen weiter dringendst. Peinlich die Situation, denn für unsere geplante Reise brauchen wir auch einiges, trotz all der eingeplanten Sponsoren. Ja, einiges Geld möchte ich dann doch zurückhaben, schweige aber über das Wofür, möchte Familienzwiste hinausschieben – denn wem werden schon unsere Reisepläne zusagen? Vorher erst eine Existenz gründen, eine ordentliche Existenz! Und ich sitze über Büchern, über Atlanten, träume mich statt in ordentliche Existenz in den Tadsch Mahal und aztekische Tempelreste …

Öfters weile ich weiter bei Sonja, höre ihre Lebensweisheiten und ihre Ratschläge und hoffe auf ihre und ihres Mannes Beziehungen bei der Verwirklichung unserer großen Fahrt. Doch behilflich bin ich ihr auch, schreibe ihre deutsche Korrespondenz. Sie spricht zwar ein einwandfreies Deutsch, spricht das berühmte Prager Deutsch, das als das beste und reinste der ehemaligen Monarchie stets gegolten. Die Orthografie aber, über die stolpert sie. Mit ihren Briefen, die ich ihr nun schreibe, hält sie und sucht sie die Verbindung zu jener elitären Schicht, von der diese gängigen tschechischen Worte behaupten: „Die Prager Deutschen, seit Jahrhunderten leben sie neben uns und sprechen noch kein Wort Tschechisch!“ 42 000 von ihnen leben in Prag, 30 000 davon jüdischer Konfession! Ihnen eigen ein Deutsches Theater, eine Deutsche Oper, eine Deutsche Philharmonie und auch die berühmte uralte Karls-Universität – eine deutsche Universität seit eh und je. Ich schreibe nun Sonjas deutsche Briefe und sitze an der Schreibmaschine im Arbeitszimmer ihrer neuen Stadtwohnung, die in unmittelbarer Nähe zum Tschechischen Nationaltheater. Eine vornehme, eine recht große Wohnung, eine, in der auch ein Extraraum, wo sie Bilder ihrer Sammlung aufgehängt – gleichsam eine Galerie tschechischer Kunst des neunzehnten und zwanzigsten Jahrhunderts.

Unsere Weltreise – bald ist es so weit! Nur noch ein knappes Jahr, und wir sind weit von hier, sind unter anderen Sternen, unter anderen Menschen …

So eigen traurig wird mir jetzt oft. Aber vielleicht ist es nur jene Wehmut, weil ich schwanger bin, ein Kind erwarte und dabei weiß, dass ich jetzt keins haben kann. Heinz will kein Kind, nein, er will es nicht, überhaupt jetzt nicht, da wir andere Pläne haben, die uns einen guten Namen schaffen können. Einen Arzt solle ich aufsuchen, das Kind mir abtreiben lassen. Es ist strafbar, es ist streng verboten, aber heimlich wird es getan. Ich kenne keinen Arzt, ich bin nie krank. Jetzt jemanden haben, mit jemandem reden, jemanden fragen können! Aber wen, wen? Die Verwandten von Heinz oder Angela? Gläubige Katholiken sind es, eine Abtreibung bedeutet für sie eine Tötung. Ich kann sie nicht in meine Bedrängnis einbeziehen. Meine Mutter? Meine liebe Mutter – sie würde Verhaltensregeln geben, an das Wochenbett denken und an Mittel, um das Kind großzuziehen. Ich möchte es ja auch, aber Heinz nicht. Ich liebe Heinz, ich liebe ihn sehr, ich will ihn nicht verlieren. Ich versuche, einen Arzt zu finden, doch ich finde keinen, der es tut. Ich fahre in meine Heimatstadt, alles ist dort näher, ist nicht so anonym. Neben dem großväterlichen Unternehmen hat eine Ärztin ihre Praxis. Immer lese ich ihr Namensschild, wenn ich vorbeigehe. Ich weiß auch, dass sie eine Jüdin ist. Die will ich aufsuchen. Aus einem Gefühl heraus will ich's tun, denke wohl an Ludevit Ausländer und seine Frau Salomea, als sie uns am Sabbat das Brot gaben.

Ich suche ihr Haus auf, steige eine Treppe hoch, warte eine Weile im Vorraum. Nun sitze ich neben ihr. Sie hat einen weichen, guten Mund und sehr helle braune Augen. Aber sie sagt mir, dass sie so etwas nicht tue, nicht tun kann, und auch ihre Religion verbiete es. Sie nennt mir aber die Adresse eines Arztes, bei dem ich's versuchen solle. Ich kenne den Arzt, kenne ihn bereits seit Jahren. Er ist der Cellist im Streichquartett, das Ernst mit ihm und zwei anderen aus seinem Büro gegründet. Ein Kind war ich damals, und seit damals finden sich die Musiker alle vierzehn Tage in unserem kleinen Haus, in dem dann Haydn, Beethoven und Mozart erklingen. Bin ich zu Hause, sitze ich mit Mama im Nebenraum, oder wenn es wärmer geworden, dann auf der Bank vor dem Hause, und all die Klänge, sie vereinen sich mit dem Duft vom reifenden Korn, das auf den Äckern gegenüber, und dem Duft der um das kleine Haus sich rankenden Rosen … Und diese Bilder, sie sind nun vor mir, da ich bei dem Cellisten auf der Pritsche liege und er im weißen Kittel vor mir steht. Er wird es tun, aber mein Ehrenwort verlangt er, dass ich darüber schweige. Nun ist es so weit, und ich beiße meine Zähne aufeinander, beiße mich fest, um nicht schreien zu müssen, möchte klaren Verstand bewahren, um alles zu verfolgen: Ja, jetzt reißt er den Sämling los, jetzt bin ich keine Mutter mehr … Aber dieses Blut, dieses viele Blut, das ich verliere! Jämmerlich ist mir, eine Hand suche ich, die mich hält, eine, die mich führt. Wohin soll ich nun gehen? In das kleine Haus zu den Eltern? Nie und nimmer wage ich das, sie sehen mir an, was ich getan, wissen um meine Sünde. Aber was wissen sie denn schon von meiner Bindung an Heinz, von meiner

Liebe zu ihm? Nicht preis gebe ich ihn, nein, nie! Zu Olga gehe ich, zu meiner Freundin aus der Büchereizeit. Sie fragt nicht, scheint aber alles zu wissen, bereitet mir auf dem breiten Sofa ein Lager. Ich schließe meine Augen – und sehe nur Blut, klumpiges Blut ... Und ekle mich vor mir selbst.

* * *

ICH BEMÜHE MICH, ES ZU VERGESSEN, aus meinem Leben zu streichen, denke an die Reise um die Welt, lerne nun Englisch, lerne es intensiv in einer Sprachschule nach dem System Toussaint-Langenscheidt, nach diesem neuen System, gleich sich in Konversation zu üben. Neben der englischen Sprache frische ich meine Schulkenntnisse im Französischen auf und lese nochmals „Le petit prince". Der Pneu-Atlas, um den Heinz sich so bemüht, auch der ist rechtzeitig noch fertig geworden und als gute Arbeit anerkannt worden. Erfolgreich auch die Verhandlungen mit den Autofirmen, sowohl mit Škoda als auch mit Aero. Versprechungen von beiden Seiten, und somit schwer unsere Entscheidung. Für Heinz noch die eine Prüfung zum Fertigjuristen, aber ihr Termin, immer wieder wird er verschoben ... Und die Zeit – sie beginnt jetzt zu drängen, und der Frühling, er lockt und ruft nach uns.

Doch als der Prüfungstermin als solcher gegeben und die Maiblumen ihre Blüten geöffnet, schließen sich die Grenztore für unsere Fahrt in die Welt. Im benachbarten Österreich marschieren die reichsdeutschen Soldaten ein, und das Nachbarland jubelt ihnen und deren Führer Adolf Hitler zu. Die Tschechoslowakei sichert und verschließt nun ihre Grenzen – und das doppelt und dreifach, als sie vermeint, Truppenbewegungen in unmittelbarer Nähe ihrer eigenen Grenze, so in Bayern und in Sachsen, zu sichten. Trotz eines Dementis der deutschen Reichsregierung ordnet der tschechoslowakische Ministerrat eine Teilmobilisierung an. Angstvoll nun all unsere Tage, all unsere Stunden, und von heimlichem Zittern begleitet auch unsere Fragen: All diese Maßnahmen, was sollen sie wohl nun bezwecken? Soll es jene mit der Tschechoslowakei in einem Bündnis vereinten Westmächte zu einer eindeutigen Stellungnahme zu tschechoslowakischen Gunsten zwingen? Oder ist alles nur ein Druck, der bei den Sudetendeutschen Angst auslöse, einer, der die vor der Tür stehenden Gemeindewahlen im antideutschen Sinne bestimme? Oder ist es weder das eine noch das andere – sollen all diese mobilisierten Kräfte bei den kommenden Wahlen nur Ruhe und Ordnung sichern?

Die sudetendeutsche Frage – eine eindeutige Antwort geben dann die Gemeindewahlen. Beinahe 93 Prozent der sudetendeutschen Bürger stimmen für die Sudetendeutsche Partei, stimmen für die durch deren Vorsitzenden Konrad Henlein vertretene Forderung nach einer sudetendeutschen Autonomie. Die Forderung nach Autonomie – und ein Ruf, er geht nach England, und ein Ruf, er geht nach Frankreich: Überprüft sie, diese damaligen Verträge von Versailles, denn die Zeit ist reif für eine Revision dieser Verträge. Unser Recht, und dieses seit 1918, ist jenes von Wilson verkündete auf Autonomie. Die Autonomie, unsere Eigenständigkeit – es ist jetzt drängende Zeit, damit sie sich erfülle.

Einige Heimliche sind neben uns, jene, die von einem Anschluss an das benachbarte Deutsche Reich träumen, einige, die sich nun mit dem hier verbotenen Deutschen Gruß vereinen, die ihn als Kürzel verwenden, um nicht aufzufallen. „He Hi" sind so ihre Begegnungsworte, „He Hi", was „Heil Hitler!" bedeuten soll, und „Heim ins Reich!" ihr verbindendes Schlagwort. Heim ins Reich – diese Forderung: Wie wollte man in etwas heimkehren, das einem doch nie eine Heimat gewesen? Das Nachbarland, die Grenze dazwischen – eigentlich nie, dass zwischen uns eine besondere Sympathie bestanden habe. Die Sprache dort, die Dialekte – oft sind sie uns doch recht fern, so fremd und so ohne Charme. Bei uns heißt es Großmama und Großpapa, dort so hart und ohne Klang Oma und Opa, hier bei uns gibt es ein Schatzl und ein Herzl und auch noch ein Küss die Hand, gnä' Frau! Und das Servus du! Und nicht nur Worte sind es, die uns fremd geblieben, sondern auch manches auf dem Speisezettel: Klöße, Hackepeter, Rote Bete, Eintopf. Was ist Eintopf? Aus einem Topf essen? Alle gemeinsam aus einem Topf? Wer von den Unsrigen wollte das wohl?

Die Autonomie für unser Stück Land – dafür wurde gewählt, dafür sind wir nun zielstrebig ausgerichtet. Und was daneben liege, es gehe doch auch wieder vorbei, so etwa, wie es verändert in einem sehr beliebten Schlager hier nun gesungen wird: „Es geht alles vorüber, es geht alles vorbei, auch Adolf Hitler und seine Partei!" Vordem lautete der Text so: „Es geht alles vorüber, es geht alles vorbei, auf jeden Dezember folgt wieder ein Mai ..." Lachend noch singt man beides ...

* * *

UND ES IST JETZT AUCH MAI, es ist das Maiende 1938, da ich Prag verlasse. Prag, diese geliebte Stadt – wann werde ich sie wieder sehen, wann? Aber es ist zu angstvoll hier geworden, zu angstvoll für die Deutschen hier. Auch für Heinz: Sein festgelegter Prüfungstermin, der wurde nun wiederum verschoben. Heinz, beschützend begleitet er mich nun auf meiner Fahrt in die Heimat, und dort angekommen – und wie eigenartig –, drängt er mich zu einem gemeinsamen Friedhofsbesuch.

Und hier stehen wir vor der Hempelschen Familiengruft, die Großvater einst vor vielen Jahren erbauen ließ und in der bis jetzt nur einer ruht, einer, der einst ein einziger Sohn gewesen, einer, der in einem Kriege für Gott, Kaiser und Vaterland sein Leben hingegeben hatte. Sein Heldentod – keiner in der Familie, der dieses bis jetzt noch überwinden gekonnt. Mechanisch säubere ich nun, so, wie ich es oft bei Mutter gesehen habe, jene in Gold gefassten Buchstaben und Worte auf der schwarzen Marmortafel und das eingeprägte, vom Kaiser verliehene Kreuz für Tapferkeit, wische mit meinem Taschentuch Spuren verschmutzenden Regens ab, falte meine Hände, versuche ein stilles Gebet. Heinz neben mir – etwas anders sein Sinnen. Ich spüre es, denn er stellt sich so kerzengerade, und dann strafft er sich noch mehr, und dann – er hebt seine Rechte zum Deutschen Gruß. In mir zerbricht etwas: Was soll diese Schau am Grab eines Toten oder gerade am Grab eines Toten, der einst für Gott, Kaiser und Vaterland sein Leben gelassen, wie es auf dessen Heldenehrung nachträglich vermerkt wurde. Will Heinz Gleiches? Sehr fern und fremd wird er mir jetzt, fremd und fern. Aber war nicht vom Anfang an etwas zwischen uns, etwas, was nicht meine Welt war? Wie geheimnisvoll und undurchschaubar für mich doch so manche seiner Bindungen. Und jetzt Hitler. Ist dieser jetzt sein Gott, diese Zeremonie am Grab Rudis sein Gelöbnis, dass auch er bereit sei, einen Heldentod für diesen Adolf Hitler zu sterben? Der Krieg, ein Krieg, er steht vor der Tür.

Das Riesengebirge, das deutsche Gebirge – zu einer tschechoslowakischen Festung wird es jetzt ausgebaut. Bunker um Bunker entsteht, alle Wanderwege gesperrt, und auch jene, von denen einige gedacht, sie vielleicht als Fluchtwege über die Grenze zu nutzen, jene Deutschen, die im wehrpflichtigen Alter sind und denen eine Einberufung zur tschechoslowakischen Armee bevorsteht oder schon an ihre Haustür geklemmt wurde.

Voll Furcht und Fragen dieser Sommer 1938. Jeden Tag laufe ich zu Papa, dem glücklichen Besitzer eines Radios, um mit ihm bei verschlossenen Türen und Fenstern die deutschen Sendungen abzuhören. Das Bemühen Englands und Frankreichs um friedliche Lösungen erregend und beängstigend. Voll Spannung die Verhandlungen Lord Runcimans, der nun in Prag. Ein zeitweiliges Vergessen geben mir meine künstlerischen Aufgaben. Noch im Mai, gleich nach meiner Rückkehr aus Prag, habe ich mich hier um ein Studium an der kunstgewerblichen Fachschule beworben und bin nach bestandener Eignungsprüfung ins zweite Studienjahr aufgenommen worden.

In seiner Rede vor dem Parteitag am 12. September 1938 fordert Adolf Hitler öffentlich die Selbstbestimmung für die Sudetendeutschen und äußert, dass er deren Unterdrückung nicht mehr hinnehmen werde. In einigen Orten im Grenzgebiet demonstrieren die Deutschen und schmücken ihre Häuser mit Hakenkreuzfahnen. Einen Tag darauf, am 13. September, verhängt die tschechoslowakische Regierung über einige deutsche Bezirke das Standrecht, und die Sudetendeutsche Partei bricht ihre mit Prag geführten Verhandlungen, kündigt ihr Autonomieprinzip: „Wir wollen als freie deutsche Menschen leben, wir wollen wieder Frieden und Arbeit in unserer Heimat. Wir wollen heim ins Reich!“ Dieses „Heim ins Reich“, wie soll es vor sich gehen? Nur Grauen und Morden, das jetzt um uns. Die Zeitungen im Nachbarland berichten darüber, die Radiosendungen vermitteln es: Tschechische Banditen organisieren im Egerland Menschenjagd auf die Deutschen, die deutschen Gehöfte, die deutschen Betriebe – sie brennen! Tausende sind es, die noch zu fliehen versuchen. Tausende! Einen Massenmord an Deutschen bereiten „kommunistisch-tschechische Horden" in Aussig vor, ein Panzer überrollt eine Mutter mit Kind …

Und von Stunde zu Stunde intensiver die Gerüchte, dass „tschechisch-kommunistische Horden" bereits in unmittelbarer Nähe und unabwendbar der Überfall auf uns. Nachts kommen sie, nachts! Unser Leben so teuer wie möglich zu verkaufen – so jetzt unsere einzigen Gedanken. Ernst, der ehemalige österreichische Offizier, er ordnet an. Das Obergeschoss im kleinen Haus, der Gang vor dem Mädchenzimmer, wird zur Barrikade. Von dort unmittelbar der Blick auf die sich öffnende Haustür, und so auf die Eindringlinge. Und dann, dann unsere Geschosse auf sie: Die marmornen Platten von den Nachttischchen und die große von der Waschkommode stapeln wir als solche, holen die Steine vom Steingarten, füllen Flaschen mit stinkendem Petroleum – und dann alles auf ihre Köpfe! Herrgott, hilf uns, so hilf uns doch!

Es ist aber nur Heinz, der abends dann vorbeikommt. Nach Wochen, dass wir uns wieder sehen. Aber nur auf einen Sprung sei er hier, habe einen Umweg gemacht, um mich zu drücken und zu küssen. Und jetzt noch im Dunklen müsse er zurück nach Prag. Wie, das wisse er noch nicht, da ja kein genauer Fahrplan mehr, da ja jetzt nur Flüchtlingstransporte für die Tschechen, die zurück ins Innere des Landes wollen. Aber er, da er nun da, auch er wolle sich verkleiden, so als ein Tschechenweib mit Kopftuch und Rucksack, da er als solches wohl leichter durch die Kontrollen käme. Ist es wieder eines seiner gewagten Spiele, so denke ich, und verabschiede ihn mit dem Zeichen des schützenden Kreuzes auf seine Stirn. Er aber ruft Abschied nehmend: „Vertraut dem Führer, er verlässt keinen seiner Deutschen!"

Kilometer weiter von hier das Bemühen, einen gefährdeten Frieden zu retten: Der britische Premierminister Chamberlain reist zu Hitler, trifft sich mit ihm, will eine Lösung suchen. Englands und Frankreichs Politiker beraten derweil Verfahrenswege für die Eigenständigkeit der Sudeten, überreichen die Dokumentation der Prager Regierung. Diese lehnt jene Dokumentation ab, nimmt sie aber doch am folgenden Tage an. Adolf Hitler, er aber fordert nun die sofortige Besetzung der Sudeten, fordert auch, den nationalen Ansprüchen der ungarischen und polnischen Minderheiten zu entsprechen. Noch vor dem 1. Oktober, so der Termin Hitlers, müsse die Tschechoslowakei das Sudetengebiet an Deutschland übergeben. Am 23. September überreicht der deutsche Bevollmächtigte dieses Ultimatum an Chamberlain. Und die letzte Runde im Ringen um Frieden beginnt. Der amerikanische Präsident Roosevelt bittet den italienischen Duce Mussolini, der mit Hitler verbunden, um Beistand. Am 28. September beginnt in München dann die Konferenz der Regierenden von England, Frankreich, Italien und Deutschland. Mühsam wird nach einem gemeinsamen Modus für die Abtrennung der Sudeten gesucht. Am 30. September um 1.10 Uhr nachts wird das Konferenzergebnis der tschechoslowakischen Delegation überreicht und erläutert, und mittags um 12.30 Uhr unterwirft sich die tschechoslowakische Regierung dieser getroffenen Entscheidung. Der Frieden nunmehr gerettet, und das Münchner Abkommen geht in die Geschichte ein.

Der Vorsitzende der Sudetendeutschen Partei, Konrad Henlein, wird am ersten Oktober 1938 von Adolf Hitler zum Reichskommissar der sudetendeutschen Gebiete ernannt, und all die Mitglieder werden als solche in die Reihen der NSDAP, der Nationalsozialistischen Arbeiterpartei Deutschlands, aufgenommen.

* * *

UNSERE BEFREIUNG, nun ist sie vollzogen, aber es fehlt noch der Jubel, zu verkrampft sind wir noch nach all den Nöten der vergangenen Tage, da Tod und Krieg vor unseren Türen gestanden. Recht mechanisch packe ich auch meine Unterlagen für den Unterricht, gehe mit zwei Kommilitonen zum Naturstudium auf den nahe gelegenen alten Friedhof, um dort zu zeichnen. Ein milder Oktobertag, und wir räkeln uns vorerst auf dem verwitterten Gräbergestein und rauchen eine Zigarette nach der anderen, rauchen Vlasta und Zora, die billigsten Sorten. Wir sprechen kaum, was sollten wir jetzt auch groß sprechen? Dann, uns aus unserem Dösen schreckend, kommt Karl May, er, einer der jüngsten Professoren, er, der mehr noch schlaksiger Junge denn ein Mann, er rennt zu uns, rennt und ruft: „Die Deutschen kommen, die Deutschen kommen zu uns!" Er drückt und küsst uns, die wir nun rasch aufgestanden. Die Deutschen kommen – unfassbar noch. Ich nehme mein Skizzenpapier, meinen Stift und zeichne. Mechanisch studiere ich Bäume, die hundert Jahre und älter scheinen, vertiefe mich in verkrustete Äste, suche Rhythmus im Gewirr ihrer Zweige, blicke hin und wieder auf die verfallenen Gräber und den diese überrankenden Efeu.

Die Deutschen kommen! – Bei der Rückkehr in unser Schulgebäude sehen auch wir es, sehen die wehenden roten Fahnen mit einem großen schwarzen Hakenkreuz in einem weißen Kreis. Woher auf einmal all diese Fahnen, und auch diese beiden riesengroßen, die nun den Haupteingang der Schule flankieren, und woher auch diese, die schräg über den Platz an den Masten vor der neuen katholischen Kirche, und woher jene, die rings um das Monument des Rüdiger von Bechelaren gesteckt wurden? Fahnen über Fahnen, und an all den Häusern, die um den Platz, und weiter an denen in den Straßen, die von dem Platz wegführen. Und wir, wir reihen uns nun ein in die Wartenden, die sich auf den Gehsteigen zusammengedrängt, wollen wie sie unsere Befreier begrüßen. Die meisten Wartenden mit Blumensträußen in den Händen, und mancher von ihnen hastet noch ein Weilchen weg, um rasch noch einige für den Nebenstehenden zu pflucken, der keine sich mitgenommen. Und so bekomme nun auch ich einen Strauß farbiger Astern in die Hände gedrückt, um damit einen der Soldaten zu schmücken. Das Warten, es lastet, und es scheinen Stunden, bis endlich aus der Ferne ein Tosen, das näher und näher rückt. Dann endlich die marschierenden Soldaten, und voran einer sitzend auf einem Pferd. Wir rufen und rennen zu ihnen, stecken ihnen Blumen und Zigaretten zu, umarmen sie, drücken sie. Bleiben sollen sie, über Nacht oder wenigstens einige Stunden mit uns verweilen. Gar manche haben in Hast noch einen Kuchen gebacken, eine Flasche Wein aus dem Versteck noch geholt oder Wiener Schnitzel zum Braten bereitgestellt. Doch die Soldaten müssen weiter, eisern die Normen ihres Dienstes, werden in einem anderen Ort ihr Nachtlager beziehen. Welch Ehre es doch hier für jeden gewesen wäre, einen der Befreier als Gast zu verwöhnen!

Und so sind am Abend recht leer all die Straßen. Nur hier und da noch ein Sträußchen welkender Blumen, die an den Jubel um die Befreier erinnern, aber nun von beflissenen Hausfrauen zusammengefegt und in den Abfall getan werden. Aber bleibend die roten Fahnen mit dem Hakenkreuz. Diese Fahnen – sie wehen weiter in den kommenden Abend, in die kommende Nacht, wehen in all die weiteren Tage und Wochen, wehen in diese für uns nun neue Zeit.

Aber wo bleibt Heinz? Wo begrüßt er nun seine Fahnen? Bang mein Denken, bang das Warten. Jene Sudetendeutschen, die von hier noch nach Deutschland fliehen konnten, sind bereits alle wieder zurück, und sogar jene, die sich dort zu einem eigenen militärischen Bündnis zur Befreiung der sudetendeutschen Heimat zusammengefunden, auch sie sind wieder hier. Und wie lange bereits mein Warten – sind es Wochen oder sind es bereits Jahre? Der Geliebte – ist er noch am Leben? Damals am Abend der Abschied, seine Verkleidung – und all die Gefahren …

* * *

UND DANN, ER KOMMT! So plötzlich, dass er nun vor mir steht, und das in einer Uniform, in einer stolzen schwarzen Uniform. Heinz, er bereits in der Uniform der SS, jener Schutzstaffel des Führers, und Heinz, er hat auch bereits seinen Posten, und den bei der Gestapo, bei der Geheimen Staatspolizei in der benachbarten Bezirksstadt Reichenberg. Abenteuerlich sei seine Rückfahrt damals geworden, überfüllt die Eisenbahn mit flüchtenden Tschechen gewesen. Einer habe mit ihm auf dem Einstieg gestanden und in Heinz den verkleideten Deutschen erkannt. Leben oder Tod? Heinz, er stößt den Tschechen vom fahrenden Zug. Seine eigene weitere Flucht führt ihn dann in Prag bis in die deutsche Gesandtschaft. Nur drei Personen dort, die noch ausgeharrt, und er tut nun mit diesen gemeinsam Dienst, hört gemeinsam mit ihnen die Rundfunksendungen ab bis zum Münchner Abkommen. Seine weitere Fahrt dann über das Deutsche Reich, von wo er auch die Uniform und die Anstellung mitgebracht.

Einen Gast hat er noch mitgebracht, einen, der in einer anderen Uniform, in einer des Heimatschutzes. Einer der Befreier nun unser Gast. Unseren Dank versuchen wir nun ihm zu zeigen. Der Frühstückskaffee – ich eile in den Gemischtwarenladen an der Ecke, in dem wir auch stets unsere Milch geholt. Aber der Geschäftsinhaber, der mich nun bedient, sagt, er habe heute keine Milch bekommen, und das bisschen, das er vom Vortag aufgehoben, brauche er für was anderes. „Aber wir haben doch Einquartierung, wir haben doch einen Soldaten als Gast!", sage ich ihm und: „Wir möchten ihm doch etwas Gutes tun!" Aber der Mann antwortet nur: „Die von drüben, die Soldaten, die brauchen keine Milch, die sind nur schwarzen Kaffee gewöhnt!" Wie kann jener Mann so sprechen? Ich weiß zwar, dass er ein Roter ist, einer aus der Verwandtschaft von Tante Gusti, jener hübschen, zierlichen Frau, die Papas Bruder Josef geheiratet. Dieser Mann, dieser Ladeninhaber, er ist doch ein Deutscher und müsste doch dankbar sein, dass er als solcher nun gesichert weiterleben könne.

Und schnell leben wir uns ein, freie Menschen zu sein. Das neue Leben – aber noch viel Hast in ihm. Die wenigen Stunden, die Heinz nach seinem Dienst mit mir zusammen, vorerst sind sie voll ausgefüllt mit Erkundigungen zu unserer arischen Abstammung. Für seine Uniform, für seine Dienststellung braucht er diesen Nachweis rückgehend bis 1700. Und das nicht nur für sich, sondern auch von mir als seiner Gattin. Für seine Unterlagen hat er vorrausschauend schon gesorgt. Bei mir aber – nur zur mütterliche Linie ist alles vorhanden, da alles in Ordnung. Bereits vor Jahrzehnten war dieser Stammbaum von einem Pater und Geschichtsforscher, von Josef Ressel, erkundet und sorgfältigst in einem Buch mit Deckeln aus dunkelrotem Samt dokumentiert. Als erstes Blatt ein Widmungsblatt für den Urgroßvater, den Fabrikanten Josef Pfeiffer. Ein liebevoll mit Kunstschrift und zierlichen Schnörkeln versehenes Blatt. Diese Kostbarkeit wurde dann den nächsten Generationen weitergereicht und von ihnen ergänzt … Aber meine Vorfahren väterlicherseits? Papa – er weiß nur um seine Eltern, und diese sind schon lange tot. Seine Eltern – als Kleinstbauern lebten sie im Riesengebirge. Er und seine fünf Brüder, jung in die Welt geschickt, um dort ihr Glück zu suchen, ihr Glück zu finden. Seine Vorfahren, ihr ehemaliges Dasein, den Nachweis der arischen Abkunft – wir brauchen es, brauchen es rasch.

So begeben wir uns auf eine abendliche Fahrt in das Riesengebirge, das ja nun wieder ein deutsches Gebirge. Und so summen wir gemeinsam das Lied, als wir mit unserem Aero in Richtung Trautenau an der Elbe fahren. Ein liebenswerter Pater, der uns im Pfarrhaus von Pilnikau empfängt. Etwas abgehetzt zwar, da er eben auch erst von einer Schulung des NSKK, des Nationalsozialistischen Kraftfahrkorps, aus Trautenau zurück. Also ein moderner Pfarrer, einer, der chauffieren kann, denke ich und hoffe, dass er als solcher mir auch aus meiner bedrängenden Situation helfe und irgendwie meine väterlichen Ahnen finde. Und der Mann, er tut es, und es geht ziemlich rasch, wie er so alles zusammensucht. Und besonders auch diese Unterlagen für die angeheirateten Frauen und Mütter, denn für die Kirchenbücher hier waren meistens nur ihre Vornamen verbindlich gewesen. Mit Geschick passt der Pater sie in eine Familie hinein, die ihm annehmbar erscheint, reicht mir das von ihm unterschriebene Dokument, damit ich's festhalte, während mein Gatte den kirchlichen Stempel der zuständigen Gemeinde daraufdrückt. Wie dankbar bin ich diesem Pater … Aber was ist auch so ein Beleg, was ist überhaupt ein Arier? In der mütterlichen Linie die Reihe der Pfeiffers – welch fremdländisches Gesicht hin und wieder dabei. Das Pfeiffergesicht – zum Begriff ist es schon geworden: dieses dichte dunkle Haar, die dunklen Augen und besonders diese ausgeprägte Nase, die mehr oder weniger gebogen … Die Ahnenreihen – Heinz überreicht sie, und es scheint nun alles in Ordnung zu gehen.

* * *

ABER NUN DIES, DIESE FURCHTBAREN TAGE IM NOVEMBER 1938, diese wenigen Wochen nach unserer Befreiung: Papa kommt zu uns nach Schlag. Verstört, fassungslos stürzt er in die Küche, schaut nicht rechts, nicht links, brüllt los, schreit es aus sich heraus: „Die Juden – sie treiben die Juden zusammen, sie treiben sie, treiben sie durch die Stadt. Und der Lederer, barfuß! Barfuß der Lederer, ein Plakat in der Hand! Ein Plakat muss er tragen, ein Plakat: ‚Ich bin ein Saujud!‘ Fremde, SA-Leute sind's, SA-Leute in Uniform, und die treiben sie, jagen sie! Und auch der Tempel brennt, der Tempel ist angezündet, der Tempel, der Tempel verbrennt!“

Die Juden? Was ist los? Die Juden – Bekannte vom Papa, vom Großvater, Geschäftsfreunde, und der Tempel – und die Orgel, auf der Onkel Fritz spielt? So etwas bei uns? Nein, das nicht, das kann nicht wahr sein! Ich laufe hinaus, laufe auf die Straße, ich muss hin, muss es sehen. Die Straße renne ich entlang, renne am großen jüdischen Friedhof vorbei, vorbei auch an dem Marterl, dem Kruzifix von 1632, das vor der Friedhofsmauer. Aber hier nur Stille ringsum, eine unheimliche Ruhe, kein Qualm, der hier um mich. Gott, o mein Gott – es ist ja auch noch ein Stück, eine gute halbe Stunde wohl bis dorthin, dort, wo der Tempel brennt und man die Juden durch die Straßen jagt. Doch da, aus einer Seitenstraße kommen zwei Mädchen, zwei lachende, kreischende junge Frauen: „Die Juden, die Juden!“, rufen sie, mehr verstehe ich nicht, drücke mich in das Gebüsch, das neben dem Kreuz, möchte von keinem gesehen werden. Und da noch dieser Mann! Ich habe ihn bis jetzt nicht gesehen, obzwar er die Hochstraße in der Richtung zu mir her gelaufen. Und dieser Mann, er ist in Uniform, in einer grünen, in einer deutschen Polizeiuniform. Und jetzt stößt er mit den beiden Mädchen zusammen, und ich verstehe genau, was er ihnen sagt: „Ihr Gänse, was wisst ihr denn überhaupt!“ Und ich gehe jetzt meinen vorherigen Weg wieder zurück, möchte jetzt nichts mehr hören und sehen. Unfassbar mir alles. Die Juden, die deutschen Juden hier in der Stadt, ihr Platz in der Industrie, eingebunden sie in die Industrie. Papa und manch anderer, am liebsten arbeiten sie mit den jüdischen Exporteuren. Was wissen die aus dem Altreich über unsere Industrie, diese Besserwisser, diese Bessermacher? Diese kleinen Hitler, Unheil bringen sie nur, zerstören, was zusammengewachsen, was sich bewährt. So denken viele, so sprechen einige, und so auch in der Familie. In mir wird es zu einem Kreis, kein Anfang, kein Ende …

* * *

ANDERE BILDER KOMMEN, überdecken die vorherigen, versuchen sie zu verdrängen, doch versteckt bleibt manches, was gewesen, weckt Zwiespalt. Viele, viele neue Bilder – und wie neu jetzt auch das Straßenbild! Bunter ist es geworden, bunter durch die vielen Uniformen. Und wie verlockend so manche von ihnen! Uniformträger möchten jetzt viele sein, möchten dieses Flair einer Uniform genießen! So bunt nun die Straße: Leuchtend im Braungelb die Uniformen der Männer von der SA, der Sturmabteilung. Allerlei Männer, die sich hier zusammenfinden – jüngere und ältere, dünne und dicke. Daneben vornehm in Schwarz die Avantgarde der Ausgewählten, die Männer von der SS, die der Schutzstaffel. Und bei ihnen ins Koppelschloss eingraviert: „Meine Ehre heißt Treue!" – und dazu einen Totenschädel vorn auf der Mütze. Eine andere Eingravierung im Koppelschloss lautet: „Gott mit uns!" und ist die der Schutzpolizei, die äußerlich in ein freundliches Grün gekleidet. Dezenter die Farben der Uniformen derjenigen, die vom Arbeitsdienst, und auch von denen, die Angehörige der Wehrmacht. Dabei auch bekannte Gesichter aus der Großfamilie, jene der ehemaligen österreichischen k. u. k. Offiziere, die nun ihre Reaktivierung erreicht und stolz ihre Rangabzeichen und Auszeichnungen öffentlich zeigen.

Auch Ernst hat wieder dabei sein wollen, aber für ihn ein ablehnender Bescheid, einer, der lautet, dass er gegen den Moralkodex deutschen Offiziersstandes verstoßen, damals, als er eine Geschiedene geehelicht. Nur der höhere Dienstgrad, den er noch erreicht hätte, wäre er nicht in russische Gefangenschaft gekommen, der wird ihm noch in seinen Akten vermerkt. Hauptmann der Reserve ist er, ein von einer verschlissenen Moral befleckter Offizier! Welch ein Fußtritt auf seine und Elisabeths erhabene Gefühle! Aber trotz alledem: Der Führer – unverletzbar seine Lichtgestalt, unverletzbar! Unser Retter ist er, der Retter aus Angst und Tod, der Retter unserer Heimat! Aber auch Retter aller Deutschen, allen hat er Arbeit und Brot gebracht! Er ist der von der Vorsehung Ausersehene: „Ein Volk, ein Reich, ein Führer!" Dem Führer zu Ehren trägt man das Abzeichen seiner Partei und die Uniform einer seiner Organisationen. Beinahe alle Sudetendeutschen bekennen sich zu ihm, sehen es als Pflicht, Mitglied seiner Partei zu sein. Überwältigend auch die Zahl derer, die Uniformen seiner Organisationen tragen.

Nur einige wenige sind es, die sich wohler ohne Uniform fühlen, lieber

Zivilisten bleiben. Papa gehört dazu. Wohl überlegt habe er es, so meint er, doch es genüge, nur ein Abzeichen zu tragen und nur einen Mitgliedsbeitrag zu bezahlen. Er verspricht aber, mich, die ich nicht als Parteimitglied von der „Sudetendeutschen Partei“ übernommen werden konnte, da ich dieser nie angehört, mich als Mitglied bei der NSDAP anzumelden und auch die Mitgliedsbeiträge zu übernehmen. Er verspricht es und vergisst sein Versprechen.

Papa, geschickt weicht er all den Freunden aus, die ihn für die SA gewinnen wollen. Geschickt und überlegt spricht er von einem schweren Lungenleiden, das er sich in seinen jungen Jahren zugezogen, und den noch immer spürbaren Folgen. Papa mag keine Uniformen, nimmt äußerlich gelassen auch den Spruch, den seine Freunde ihm entgegenhalten. Es ist ein böser Spruch, der in der Stadt kursiert: Für den letzten Zivilisten der Stadt werde ein Denkmal geschaffen und dies dort aufgestellt, wo einst der Judentempel gestanden!

Einer, der stolz seine Uniform trägt, ist Heinz. Er weiß, dass er darin gut aussieht, begehrenswert gut. Ist es die Uniform, die uns entfremdet, ist sie es, die mich fragen lässt, ob ich ihm eine würdige Gattin sei? Mehr Geliebte als Gattin scheine ich mir, bin wohl auch ihm stets mehr Geliebte als Gefährtin gewesen. Manch Ungesagtes schwelt zwischen uns, viel Ungesagtes von ihm. Was weiß ich von den Geheimnissen seines Lebens, für das er jetzt diese schwarze Uniform mit Runenzeichen trägt, dieses Lebens, das ihn auch in die Geheime Staatspolizei geführt. Wie alles geworden, nie spricht er darüber. Gehörte er bereits damals zu ihnen, damals in unserem ersten Sommer, da ich so um ihn gezittert und nur eine Deckadresse in der Hand hatte für den Fall, dass er nicht aus Südböhmen zurückkehre? Und wie oft wartete ich dann noch auf ihn, in Modřany, in Prag. Immer gab er sein Studium vor. Wie viele Fragen hätte ich, auch jetzt noch, gerade jetzt. Aber immer eine Barriere: diese Furcht, durch meine Fragen die Liebe aufs Spiel zu setzen, hören zu müssen: „So mag ich dich nicht, so kenne ich dich nicht!“ Aber ich liebe ihn – doch, ich liebe ihn …

Weniger sind wir nun beisammen, weniger noch als vordem. Zeitaufwändig sein Dienst, einige Kilometer entfernt seine Dienststelle. Reichenberg ist jetzt Metropole, und nicht nur für die Gestapo, ist Metropole insgesamt, Metropole auch für den Besuch vom Führer, dieses Ereignis noch im November. Für seine Sicherheit – auch Heinz wird eingespannt, aber nicht offiziell in seiner schwarzen Uniform, sondern als unansehnlicher Bürger verkleidet. Als solcher solle er in der Menge untertauchen, aber dabei mit offenen Augen und Ohren alles sehen, alles hören, alles wissen von dem, was um ihn. Einen etwas älteren langen Lodenmantel, diese hier übliche Hülle, zieht er an, setzt eine Schiebermütze auf und wirkt jetzt so, dass der kontrollierende Vorgesetzte ihm zuflüstert: „Gut getarnt!“ Regnerisch und kühl dieser Tag – aber der Jubel unendlich, unendlich auch die Liebe in den Augen des Führers. So höre ich's von denen, die dabei gewesen. Ich glaube ihnen alles, was sie mir erzählen, habe ich es doch einst selbst erlebt, möchte es aber nicht wieder erleben. Warum? Ich weiß es selbst noch nicht …

Nach dem Führerbesuch verlässt Heinz Reichenberg, wird zu einer Ausbildung in das Altreich delegiert, logiert und studiert in einer kleineren Stadt in einem alten Schloss mit mittelalterlichen Zinnen. Er schildert es mir, ich male es für ihn, so wie er es geschildert und schicke es in einem meiner Briefe. Freundlich diesmal die Ferne. Eng und enger bindet sie uns. Weggewischt scheint alles, was uns getrennt, wir träumen und spielen uns wieder ins junge Glück von einst. Unsere Liebe fließt über, fließt ein in all die Briefe, erinnert an gemeinsam gegangene Wege, da einer die Hand des anderen griff und wir das alte Lied sangen: So nimm denn meine Hände und führe mich bis an mein selig Ende und ewiglich …

Diese Zeit – wie wach sie wieder geworden, und ich suche wieder diese Wege, gehe sie wieder, schwänze viele Stunden in der Fachschule, um sie zu gehen, bringe lapidare Entschuldigungen für mein Fernbleiben. Aber keiner macht mir Vorhaltungen. Die neue Aura vom Heinz scheint auch hier zu wirken. Etwas Besonderes ist er jetzt für manche, ist einer in der schwarzen Uniform, ist einer von der Geheimen Staatspolizei …

Ein halbes Jahr vergeht, und er kommt wieder, kommt lachend, kommt strahlend, denn er hat seine Eignung, seine Prüfungen bestens bestanden. Doch nur wenige Tage und Nächte sind es, die für uns geblieben. Weiter muss er wieder, muss wieder weg von hier. Sein neuer Einsatzort ist im neuen Reichsprotektorat Böhmen und Mähren, ist die alte Stadt Kolín an der Elbe, die westlich von Prag gelegen …

* * *

Böhmen und Mähren sind nun Reichsprotektorat, die Slowakei ist selbständig geworden, die Karpato-Ukraine von Ungarn besetzt. Sehr plötzlich, beinahe über Nacht ist all dies geschehen, und so auch das Münchner Abkommen vom vergangenen Herbst weggewischt. Das Protektorat Böhmen und Mähren – es gibt dafür zwar eine eigene tschechische Protektoratsregierung, aber überwölbt ist alles von der deutschen Verwaltung. Diese regiert mit ihren Oberlandräten und mit der Gestapo, der Geheimen Staatspolizei. Deren Leitstelle ist in Prag und eine ihrer Außenstellen in Kolín an der Elbe. Heinz, mein Gatte, Heinz, der Kriminalkommissaranwärter, der KKA, ist nun in Kolín. Und wie nun mit mir, wohin soll nun ich? Viele, viele Kilometer, die nun zwischen uns, Kilometer, die uns nun trennen. Hier mein Studium und meine ersten Erfolge in der Kunst. Aber dort mein Gatte und eine wiedergefundene Liebe. Ich spreche mit Professor Heidrich, einem der Lehrer, der mir recht nahe steht. Dieser meint, in der jetzigen Zeit sei es meine Pflicht, an der Seite meines Mannes zu stehen. Die Kunst werde mir immer bleiben, die könne ich nie verlieren.

So bin ich nun in Kolín an der Elbe, bin in einer Stadt, die an jenem Flusse gelegen, der in meiner Heimat entspringt. Ein gleiches Wasser, das uns berührt, aber wie verschieden doch seine Namen: Genannt Elbe im Riesengebirge, wo man gesungen: „Riesengebirge, deutsches Gebirge, meine liebe Heimat du …“, bleibt dieser Name dem Fluss in allen von ihm berührten deutschen Gebieten bis hin zu seiner Mündung. In den tschechischen Gebieten aber, in jenen, die im Inneren Böhmens gelegen, wird er nur Labe genannt.

Kolín an der Elbe, Kolín nad Labem – welch stolze Stadt, eine Stadt mit einem ihr eigenen Lied, das über seine Mauern bekannt und gesungen worden, ein solches, das zu Zeiten des Protektorates einer Hymne gleich geworden, jetzt, da ja die Nationalhymne zu singen, zu spielen verboten. Feierlich und getragen wird es gesungen, wenn die offizielle, von der Protektoratsregierung bestimmte Nachtruhe eintritt und das Hotel Merkur, dieses erste am Ort, seine Pforten schließt. Das Orchester, stehend spielt es nun dieses Lied, und sie, all die Gäste, auch sie stehen feierlich da und singen voller Inbrunst, um dann in ihre Behausungen zu eilen, die Sperrstunde einzuhalten. Dieses Lied – singen, summen, pfeifen kann man's, mit einer Mundharmonika, einer Ziehharmonika, auf der Flöte, der Geige und auch vom vornehmsten Orchester spielen lassen. Und so ist es überall, ist Hymne und Volkslied zugleich:

„Kolín, oh Kolín! Du liegst in einer so schönen Ebene! Schenkt doch hier meine Liebste, meine Allerallerliebste den besten Wein mir ein.“

„Kolíne, Kolíne, stojíš v pěkné rovině! Šenkuje tam má milá, má panenka rozmilá, šenkuje tam ve víně.“

Auch wir summen es, singen es … Ich pfeife es auch, als ich auf den einstigen, nun grasüberwachsenen Schlachtfeldern von Kolín stehe, hier, wo General Daun, Maria Theresias Feldmarschall, die Preußen und Friedrich den Großen schlug, vom böhmischen Boden verjagte. „Kolíne, Kolíne …!“

Das Stadtinnere, die Altstadt – einiges, was mich an Prag gemahnt. Prag, es ist ja auch nicht allzu weit entfernt von hier; Prag, mein geliebtes Prag! Und so ist auch die Kolíner Stadtkirche ein Werk der Prager Bauhütte, eines der Peter-Parler-Schule. Eine andere Kirche, eine kleinere, eine Kapelle, sie wurde abgerissen, da man meinte, sie störe die Repräsentation jenes von den Deutschen okkupierten Gebietes, jenen Gebäudekomplex, in dem der Sitz des Oberlandrats und der Geheimen Staatspolizei. Allein jetzt im Blickfeld jener würdevolle Bau, der nun bekrönt mit den deutschen Siegesfahnen. In seinem Inneren jetzt auch der Arbeitsplatz meines Gatten. Sein Raum hier, er ist gleich den anderen, sachlich kühl eingerichtet, nichts, was vom Nimbus der Gestapo spürbar wäre. So an eine neue Sachlichkeit gemahnende Schränke an den Wänden, und harmlos so ihr glattes Äußeres. So geformt auch all die anderen Einrichtungsstücke, die Schreibtische, die stets aufgeräumt scheinen, die Stühle aus dem fein polierten Holz, das Tischchen mit

Schreibmaschine und Drehsessel. Aber gleichsam alles überschauend jenes ebenfalls in Holzleisten eingerahmte Bild, jenes großformatige Foto des Führers aller Deutschen, jenes Adolf Hitler. Heinz, er hat einen Raum für sich. Es ist die Abteilung III der Gestapo, die der Spionageabwehr. Im Nebenraum sitzen zwei weitere Kameraden der anderen Abteilungen, Helmut Tress und Robert Fieck, der Bobby gerufen wird. Von Anfang an seien sie dabei, das betonen sie gern. Stramme Burschen sind es. Manchmal sehe ich sie in Uniform, manchmal in Zivil. Heinrich Müller, der Hauptscharführer, hat sein Domizil für sich wiederum allein. Er ist älter und bemüht sich, in der Uniform seinen Bauch einzuziehen. Aus Hitlers alter Garde kommt er. Er gibt sich gern jovial, aber seine Augen bleiben kühl abwägend, er scheint einer der unsichtbaren Dirigenten all dessen zu sein, was sich hier um ihn vollzieht. Gleich Robert und Helmut kommt er von der Leitstelle Braunschweig, gehörte mit diesen zum Überwachungssystem des im Bau befindlichen Volkswagenwerkes Wolfsburg, jenes neu erstehenden großartigen Werkes und jener dazu entstehenden Stadt. Ein Musterbeispiel vom Schaffen des neues Reiches, von der Kraft des neuen Reiches sei dies, so sagen sie, aber erzählen mir mehr vom Nachtleben, das sich nun dort entfalte, freuen sich, wenn ich erröte und „So eine Sauerei!" sage. So weiß ich nun auch um jene Edelhure eines Berühmten, dessen Namen sie mir aber verschweigen, und dass diese jeweils am Vortag seines Besuches bei ihr nur bittere Schokolade esse und Rotwein trinke, um ihm dann ihre Exkremente auf silberner Schale zu servieren … Mich schüttelt der Ekel.

In Wolfsburg war auch Hans Müller. Er ist etwas älter als Heinz und gleich ihm Kriminalkommissaranwärter. Er bemüht sich aber um andere Gespräche, spricht gern mit mir über neue deutsche Kunst und Literatur, weist auch manchmal auf entfernte Verwandte, die vom Adel. Gleichsam den Kern beschließend noch ein weiterer Hauptsturmführer, der wohl Thomas getauft, aber Tom gerufen wird, und der Kraftfahrer Alfred. Neben den jovial sich gebenden anderen zwei recht schweigsame Menschen. Außerhalb des Kreises noch Heinz und auch die beiden anderen Sudetendeutschen, die aus der Turnerbewegung und dem Egerland gekommen, und auch der fröhliche Österreicher, dieser Seppl Pani, der mir mit seinem „Grüß Gott" und seinem „Servus" ein Stück Heimat scheint. Neu hinzugekommen auch der Leiter der Dienststelle, ein Kommissar, der von der Kriminalpolizei hierher delegiert worden. Heinz Fuchs sein Name. Sein Vorgänger war recht plötzlich nach Kladno versetzt worden, um in diesem so aufsässigen Gebiet Ordnung zu schaffen. Nun war also einer von der Kripo hier Leiter. Einer von der Kripo, und das nun Gesprächsstoff: Wohl zu wenige aus den eigenen Reihen für Positionen ausgebildet? Wohl zu wenig an die künftige Größe Großdeutschlands gedacht? Und der neue Leiter? Nicht recht wohl scheint er sich zu fühlen zwischen diesen selbstbewussten Kämpfern. Heinz Fuchs ist noch ein Junger, etwa dreißig Jahre alt, einer, der stets gut gekleidet, aber nie in einer

Uniform erscheint. Auch die anderen üblichen Gepflogenheiten scheint er zu übersehen, findet sich mit keinem seiner Dienststelle zum üblichen kameradschaftlichen Du, vermeidet auch jeden kameradschaftlichen Umgang nach Dienstschluss. Einen ehemaligen Österreicher, einen, der hier mit seinem Landgut all die Zeiten überdauert, einen, an dessen Seite eine recht junge und hübsche Gattin, die sich um Haus und Hof betut, sucht er aber öfters auf, feiert mit den beiden auch manch Sommerfest im Park- und Hofgelände.

Die Geheime Staatspolizei, ihr geheimnisvolles Gefüge – auch ich möchte hineinblicken. Einige Stunden arbeite ich nun dort als Tippmamsell, fülle Karteikarten aus, schreibe von Listen ab, die man mir gibt: Zunamen, Vornamen, Geburtsdaten, Geburtsorte, Familienstände, Berufe, Arbeitsstellen, Parteizugehörigkeiten, jetzige Wohnorte. Manche Karte bekomme ich nach einiger Zeit zurück und muss ergänzen: „Abgestellt nach Stapo Prag". Die Außenstelle Kolín ermittelt, nimmt fest, verhört, schreibt Protokolle und leitet weiter, leitet alles weiter nach Prag, die Menschen, die Papiere. Dort im Petschek-Palais ist der Sitz der Macht, dort regiert der Bevollmächtigte dieser Macht. Es ist Doktor Hans Ulrich Geschke, der über manch Leben, über manch Tod entscheidet. Einige, die kommen wieder, kommen im gleichen Laster, in dem sie hingefahren wurden. Diesen Lastwagen, im Hinterhof des Amtsgebäudes sehe ich ihn einfahren. Er hält, seine Rückwand wird gelöst, und hastig drängen sie sich an die Rampe. Junge und Ältere sind es, Männer in Arbeitskleidung und dazwischen auch eine Frau, eine so kraftvolle und so schöne Frau, eine, die vielleicht fünfunddreißig Jahre alt. Ihr dunkelblondes Haar, sie hat es zurückgekämmt, trägt es in einem Zopf geflochten und aufgesteckt gleich einer Krone. Eine blaue Schürze trägt sie, eine leuchtend blaue. Und die Frau lacht, die Frau strahlt, springt kühn von der Ladefläche des Lasters. Sie lacht und strahlt – denn sie darf leben …

* * *

ABER AUCH DAS HÖRE ICH, das sehe ich: eine tschechische Widerstandsgruppe, eine, die nun festgenommen. Aus Angst hat einer aus ihren Reihen sie verraten. Sieben Männer sind es und eine Frau. Sehr jung sie alle. Ich werde dazugeholt, um das Protokoll der Einvernahme zu schreiben, eines, das mit ihnen nach Prag zur Leitstelle gehen soll. Die Dolmetscher, die beiden Sudetendeutschen aus dem Egerland, sie sind auswärts. Und da die Zeit drängt, solle ich nun übersetzen. Aber kein tschechisches Wort vermag ich jetzt auszusprechen, sehr fremd ist mir plötzlich diese Sprache, fremd und fern, als habe ich sie nie vernommen. Gleich einem Film aus fremdem Land flimmert und stottert alles vor mir. Als Übersetzer wird nun der Hausmeister geholt. Der Hausmeister – ich hielt ihn stets für einen Tschechen, der einiges Deutsch spricht und so hier eine Anstellung fand. Demnach ist er aber einer von denen, die, obgleich nur teilweise deutscher Abstammung, nun sich als Deutsche bekennen. Ihm gegenüber steht nun ein Tscheche, der ein Leiter des Widerstands. Ein junger Leutnant, ein Angehöriger der ehemaligen tschechoslowakischen Armee. Es ist ein sehr junger und stolzer Mann. Rede und Antwort steht er, verteidigt sein Recht auf Widerstand, da er doch seinen Treueid den tschechoslowakischen Fahnen geschworen. Voll Widerwillen seine Worte gegen die deutsche Regierung, da sie ihr Versprechen gebrochen. Es ist, als erfülle ihn Todesmut, als er so spricht. Und Helmut Tress und Tom, beide in ihrer eleganten, gut sitzenden schwarzen Uniform, notieren und notieren, stellen noch weitere Fragen, und Tom bietet dem tschechischen Offizier immer wieder von seinen Zigaretten an, damit dieser ihm auch alles sage, alles, was er wisse … Er und seine Gruppe werden nach Prag transportiert, und mit ihnen der junge Jude. Auch er versuchte Widerstand, versuchte ihn als Einzelner mit Aufrufen auf Klebezetteln. In Poděbrad wurde er gestellt. Festlich ist er angezogen, so, als sei es Freitag und er habe sich für den Sabbat vorbereitet. Auch die Gebetkapsel trägt er mit sich. Seine Gebete – die Leute von der Gestapo wollen sie hören, wollen noch etwas anderes hören als nur vom Widerstand. Gelassen drückt der junge Jude die Gebetkapsel auf seine Stirn, spricht langsam und feierlich seine Gebete, spricht sie so, dass die, die um ihn, schweigen … Bei all dem bin ich noch im Raum, und es merkt wohl keiner, dass ich noch hier geblieben, denn keiner, der mich noch deswegen angesprochen. In einer Ecke lehne ich, in einer Ecke, als habe ich mich dort verkrochen, um Versteck und Halt zu finden. Man meint wohl, dass ich den Raum bereits verlassen, und ich möchte auch nicht mehr hier sein, möchte weit weg sein von alledem, möchte nie dabei gewesen sein. Dem Tod habe ich ins Auge gesehen, dem Tod! Den jungen Leutnant – ihn werden sie töten, und den jungen Juden, und auch all die anderen. Der Tod, er steht neben mir, und ich vermag ihm nicht zu wehren. „Nervöse Erschöpfung“, sagt der Arzt, aber es ist nur, dass ich nicht mehr ein noch aus weiß …

* * *

Zu Sonja fahre ich nun, möchte sie wieder sehen, sie, die ja auch so ein eigenwilliges Produkt dieser unserer Zeit. Die Fahrt – für mich eine Flucht aus eigenem Zwiespalt. Recht lang war die Pause, da wir uns nicht gesehen, da wir uns letztmalig die Hände gereicht. Damals, damals Ende Mai, ehe ich aus Prag geflohen, zum Begräbnis ihres Gatten war es. Sehr plötzlich das Sterben des Karel Veselik, vorausgehend jenem seiner Republik, der er so viele Jahre treu gedient. Feierlich der Abschied von ihm: vier Rappen vor dem silberbeschlagenen Leichenwagen, an der Spitze des Leichenzuges sein Reitpferd, und daneben sein Diener, der auf einem mit dunkelroter Seide bezogenen Kissen die Orden und Auszeichnungen des Verstorbenen trug. Nur wenige Verwandte dabei. Heinz und ich schritten unmittelbar hinter Sonja und ihren beiden Töchtern. Durch die Stadtmitte und hinauf zum Vyšehrad ging der Trauerzug, ging bis zum Ehrenfriedhof der Großen der Nation. Karel wohl einer der Letzten, der noch mit allen Ehrungen der ersten tschechoslowakischen Republik bestattet. Und geblieben für spätere Zeiten das, was er gesammelt, was er gebaut. Und all das gehört nun Sonja. Mit seinem Schatten weilt sie nun vorzugsweise in Veselikov, jenem Vorzeigestück Südböhmens.

Hier besuche ich sie, hier, wo alles noch umwoben vom Geist des Verstorbenen, und so auch jene eigenwillige, an frühe englische Gartenkunst gemahnende Parkanlage mit einigen darin aufgestellten neueren Plastiken. Gleichsam in die reine Natur übergehend dann dieses weite Gelände mit seiner berühmten Reitbahn. Und wie ein modernes Schloss das Wohngebäude. Teilweise repräsentativ, teilweise intim sein Inneres, und so auch Salon und Bibliothek ineinander übergehend. Tiefblaue Samtbezüge und dunkel getöntes Mahagoni den Valeur bestimmend. Den Besitzerstolz hervorhebend jene in die Sessellehnen hineingestickten Wappen des Kaufmanns: Kauffahrteischiffe mit vom Winde geblähten Segeln. Breite gläserne Schiebetüren führen zum anschließenden Wintergarten, der geschmückt ist mit exotischen Pflanzen und einer silbernen Plastik der berühmten russischen Tänzerin Nikolskaja. Sie, die Nackttänzerin, wird hier in all ihrer berückenden Nacktheit gezeigt. Auf der Gegenseite das Speisezimmer. Eigenwillig hell und weiß ist es gestaltet. All das kostbare Porzellan in Glasvitrinen, deren rückwärtige Wände Spiegel sind, die optisch die gestapelten Herrlichkeiten noch vermehren. Eingangspforte zu all dem ist die geräumige Diele. Von hier führt die geschwungene Treppe in die oberen Räume, in die Schlaf- und Gästezimmer. Das Mobiliar in der Diele ist aus heller Eiche gefügt. Einladend die bequemen Sessel, die um den steinernen Kamin gruppiert, auf dessen Sims, gleichsam herausfordernd neben signierte Fotografien hiesiger Persönlichkeiten gestellt, ein farbiges Postkartenbild Adolf Hitlers in einem vergoldeten Rahmen prangt. Voll Lust führt Sonja ihre Gäste durch all diese Pracht und sonnt sich in dem sie umgebenden Reichtum.

Sonja, sie hüllt sich noch tief in Trauer, obzwar das Trauerjahr doch schon vorbei. Weich und wohlig schmiegt sich weiterhin das schwarze, seidige Gewebe um ihre schönen vollen Formen, verleiht ihnen eigenartige Sinnlichkeit. Die Blicke anziehend auch ihre Hände, anziehend durch etwas Ungewohntes, jene jetzt schwarz lackierten Fingernägel. Munteren Käfern gleich flattern diese beim Sprechen um sie. Recht gern zeigt Sonja ihre Hände, spricht gern mit ihren Händen, bewegt sie im reizvollen Spiel.

Das Spiel – Sonja spielt gern, Spielen ist ihr angeboren, das Spiel ist ein Stück ihres Lebens. Jetzt geht es darum, dass sie gut am neuen Ufer lande. Sie trauert zwar noch um Vergangenes, aber Deutschland ist jetzt die eindeutige Macht. Mit ihr, in ihr will sie leben, um weiter eine Gefeierte zu sein. Sie spielt um Beziehungen, lockt mit ihrem Besitz: Wie wunderbar ein Wochenende, einige Tage, einige Stunden auf Veselikov. Hier ein herrliches Stück Land, drei gepflegte Pferde, die beste Reitbahn Südböhmens, eine gute Küche, eine gute Köchin.

Die Kontakte, Sonja sucht sie auch über Heinz und einige von der Geheimen Staatspolizei, Außenstelle Kolín, die an der Seite meines Gatten und als seine Freunde bei ihr nun erscheinen. Recht angenehm für jene dieses Stück ungetrübten Landlebens und das Beisammensein mit einer so reizvollen und interessanten Frau. Besonders angetan von ihr ist Heinrich Müller, jener, der aus der alten Garde Adolf Hitlers gekommen. Ein bisschen Familienleben – wie wohltuend! Noch kaum einer, der nach hier versetzt, bastelte an eigener Häuslichkeit. Eine Bleibe – unsicher noch, unsicher auch, wie lange das Hiersein, wann der nächste Einsatz, wo der nächste Einsatzort. Nur besuchsweise ist eine oder die andere Ehefrau hier gewesen. Und unauffällig dann sie geblieben, unauffällig, gleich grauen Mäusen, und nach einigen Stunden wieder abgereist …

Gleich einer Dame von Welt aber die Frau des Kommissars, die nun hier in Kolín erschienen. Ob auf der Straße oder in einem Lokal, es folgen ihr die Blicke von Frauen und Männern. Sabine Fuchs, wohl Ende der Zwanzig – wie apart sie und wie geheimnisvoll! Sie ist ein recht südlicher Typ mit sehr dunklem Haar, mit leichten Locken bis knapp an ihre Schultern und mit einer schlohweißen Strähne, die seitlich oberhalb der Stirn beginnt. Sie ist schlank und groß und sehr elegant gekleidet. Sie kommt auf mich zu, als ob sie schon länger von mir gewusst und mich gesucht. Öfters nun auch, dass wir abends mit ihr und ihrem Gatten in der Bar des hier vornehmsten Hotels, des Savoy, sitzen. Hier ist auch der Treffpunkt der deutschen Hautevolee, der oberen Beamten des Oberlandrates und auch dieses oder jenes anderen, der hier einen Betrieb sucht, mit dem sich Geld machen lässt, auch jenes Mannes in mittleren Jahren, der bereits einen jüdischen Besitz übernommen hat und nun hier der neue Zuckerbaron ist. Er versucht nun Gespräche mit Sabine Fuchs, die auf einem Barhocker thront und einem Flirt nicht abgeneigt scheint. Ihr Gatte, um seinen Sinn für Humor zu beweisen, spielt eine der Filmrollen des berühmten österreichischen Schauspielers Hans Moser, spielt einen Kellner mit einem der verchromten Serviertabletts, das er nun rückwärts gekehrt als Spiegel hochgehoben …

Sabine, sie sucht meine Zuneigung, sucht meine Freundschaft und breitet auch ihr Leben vor mir aus. Der Vater ein Gymnasiallehrer mit dem Hauptfach Latein, ihre Mutter eine ehemalige Tänzerin, die noch heute ihren makellosen Teint mit ihrem morgendlichen Urin pflege. Die Mutter habe sie in einem freiheitlichen Sinne erzogen, der Vater im gutbürgerlichen Sinn mit Bildungsreisen nach Italien. Der Kriminalkommissar ist einer der Abiturienten ihres Vaters, und als er sie zur Frau gewollt, sagte sie gleich ihrem Vater ja. Der Mann gefiel ihr auch, und sie gebar ihm einen Sohn, einen kleinen Heinz. Doch dann – und vor nicht allzu langer Zeit – habe sie einen noch besseren Mann kennen gelernt. Dieser studiere zwar noch, werde aber sicher ein ganz Berühmter. Das Leben der Azteken studiere er, habe einige Jahre dafür ein Stipendium für Südamerika gehabt. Im vergangenen Winter, als das ganze Riesengebirge wieder deutsch geworden, hatten sie sich gefunden. Von Bad Warmbrunn aus fuhren sie im Pferdeschlitten aneinander geschmiegt durch den zauberhaften Winterwald, und während der gemeinsamen Nächte übergoss er ihren nackten Körper mit Champagner. Unvergesslich diese Zeit! Nun werde sie ihn wieder sehen, in Prag werde sie ihn treffen. Bei einem seiner Verwandten, bei dem berühmten Juristen Kiekebusch, der jetzt die Liquidation der tschechischen Hochschule vorbereite, sei er zu Besuch. Deswegen sei sie nach Kolín gekommen, um in der Nähe Prags zu sein und eine Besuchsfahrt zu starten. Und ich, ich solle doch mit ihr kommen, damit sie mir diesen wunderbaren Menschen vorstellen könne und ich beide durch die berühmte alte Stadt führe. Will sie ein Alibi? So meine Gedanken dabei.

* * *

NACH ÜBER EINEM JAHR – das erste Mal wieder in der Stadt meiner großen Liebe. Und ich schlendere mit diesen beiden durch sie und umhülle mich gleich ihnen mit ihrem Nimbus, möchte für sie und für mich einen der Sterne vom Sternenkranz des heiligen Nepomuk, der an der Mauer der Karlsbrücke, herabholen, damit wir auch weiterhin glücklich bleiben, alle bevorstehenden Prüfungen bestehen. Zum Abend bin ich von ihnen in die Deutsche Philharmonie eingeladen. Furtwängler dirigiert Beethovens Neunte. Gemeinsam wir drei dazu in einer Loge vereint. Die beiden neben mir, auf der Logenbrüstung haben sie die Partitur aufgeschlagen, und sie folgen Note um Note, vereinen sich in der Musik.

Aber mitten hinein in all dies und all das, was um uns: Krieg, es gibt Krieg! Und so heißt es: Polen provoziere Krieg, Polen verübe Gräueltaten an Deutschen, die in seinem Territorium leben. Und weiter noch: Polen überfällt deutsches Gebiet, polnische Soldaten überfallen den deutschen Sender in Gleiwitz. Und nun wird zurückgeschossen: Am 1. September 1939 heben deutsche Soldaten die polnischen Grenzbalken aus und marschieren in Polen ein. Am 3. September erklären England und Frankreich Deutschland den Krieg. Aber dessen Siegeszug geht ungehemmt weiter, und in vier Wochen ist Polen erobert, bis auf einen geringen Teil, der in einem Nichtangriffspakt der Sowjetunion zugeteilt. Südostpreußen, Westpreußen, Oberschlesien, die Gebiete an der Warte – alles nun wieder deutsches Land geworden, das übrige Polen deutsches Generalgouvernement. Fahnen und Jubel wie vor einem Jahr, damals, als die deutschen Truppen in das Sudetenland einmarschiert: Jubel und Dank dem Führer und seinen Soldaten. Und ein Spendenwerk wird entfacht, Spenden für das Winterhilfswerk, Spenden für die deutschen Soldaten. Als Spendenbescheinigung holzgedrechselte Figürchen aus dem

Erzgebirge, die dann Fensterbänke und Vitrinen zieren. Daneben nun auch ein Eintopfsonntag, der als nationale Pflicht proklamiert. Einmal im Monat statt des gewohnten Sonntagmahls ein bescheidenes Eintopfgericht – das dabei eingesparte Geld erhält die Spendenkasse. Der Eintopfsonntag ist zur nationalen Pflicht geworden, und auf vielen öffentlichen Plätzen werden Gulaschkanonen aufgestellt, um dort den Eintopf zu essen, zu bezahlen und so sein Gemeinschaftsgefühl öffentlich zu beweisen …

Der Eintopf als solcher – für das Sudetenland etwas Ungewohntes. Die altbewährte österreichische Küche ist nach wie vor Maßstab, und so ist zum Sonntag das Wiener Schnitzel immer noch das gegebene Essen zum entspannenden Feiertag. Man spendet lediglich entsprechend der allgemein aufgestellten Rechnung, ohne sich dabei zu kasteien. Die Familie ist sich hierin einig, auch Papa, der Vegetarier, der jeweils für seine Speisen Berechnungen über Kalorien und Vitamine anstellt.

* * *

PAPA, seine geistigen und körperlichen Kräfte – er braucht sie jetzt mehr denn je. Beschuldigt ist er worden, angezeigt, dass er den nationalen Ideen widerspreche. Papa, gerade er ist doch einer, der bereits in seiner frühesten Jugend mit den altdeutschen Ideen eines Ritters von Schönerer verbunden gewesen und dem ein Platz im Wiener Parlament angeboten worden. Papa, der doch dann einer der großen Spendensammler für deutsche Kultur in der Tschechoslowakei geworden, der unermüdlich gesammelt und auch oft vom Deutschen Kulturverband ausgezeichnet … Und nun zwei Männer mit Ausweisen der Geheimen Staatspolizei in seinem Hause, und diese durchwühlen nun all sein Eigentum. Und Papa, in der Ecke stehend, darf zuschauen – strammstehen und schweigen. Besonders die Bücherschränke haben es diesen Männern angetan. Und dort vor allem jene Werke über Lebensreform und die von Rudolf Steiner. Diese Bücher packen sie nun zusammen. Papas nun gewagter Einwand, dass der Führer doch auch Vegetarier sei und auch die Rassentheorie Rudolf Steiners wohlwollend betrachtet werde, wird mit Handbewegungen abgetan. Ihm wird lediglich eine Bescheinigung über soundso viele requirierte Bücher ausgestellt. Dieses eine Papier und dann noch ein zweites werden ihm zugeschickt, eine Vorladung vor die Geheime Staatspolizei in Leitmeritz an der Elbe, die wohl die Leitstelle für den Sudetengau. Mit Papa trage ich den Schock gemeinsam. Heinz zu fragen – ich scheue mich. Keiner darf etwas davon wissen. Papa – unbefleckt muss er nach außen bleiben, und irgendwie wird schon noch alles gut.

Papa rüstet sich für diese Fahrt, kleidet sich in einen soliden grauen Anzug, auf dessen Jackenaufschlag das Parteiabzeichen gut sichtbar, sucht einige Muster seines kürzlich entworfenen Modeschmucks zusammen, herrliche mehrfach geschliffene Glassteine, die Brillanten gleichen und in Halsketten, Armbänder, Broschen und Ohrringe hinein nun gefasst. Zeigen will er sein Können, seine Persönlichkeit. Und Franz, er kann reden, er kann überzeugen. Hat er doch auch seinerzeit mit diesen seinen Gaben all die Naturheilvereine im Lande Kärnten aus der Taufe gehoben. Und hier in seiner Stadt sagte man doch einst, als man es noch sagen konnte: „Besser als ein Jude kann er reden!“ Also wird Papa reden und wohl auch das eine oder andere Stück Schmuck als Geschenk anbieten. Und Papa, er hat Glück, man lässt ihn reden, und auch der Schmuck, er gefällt. Aber keiner, der ihn dort als Geschenk nähme, keiner. Nur gegen Bezahlung. Doch seine Bücher, die bekommt er nicht zurück. Aber nun doch recht gelöst sucht er anschließend den Schlossgärtner vom Fürsten Lobkowitz auf, um bei ihm einige kräftige Stecklinge von Aprikosenbäumen einzuhandeln. Der Gärtner, einer seiner Freunde …

Ein Aufatmen nun – aber eine Frage, die noch ungelöst: Wer hat Papa angezeigt, wer? Papa, er hat keine Feinde, ist so ein Typ, der ohne solche durchs Leben geht, ist verbindlich zu jedem, höchstens hin und wieder eines seiner Streitgespräche mit der hübschen, zierlichen Gusti, der Frau seines Bruders Josef, wenn es um die Gleichstellung der Frau geht. Aber wer war es nun, der ihn anzeigte? War es einer, dem er aus gutem Willen ein Horoskop erstellt, das dem Empfänger wenig angenehm war, war es einer, dem er vegetarische Kost empfahl und dessen Leiden sich nicht besserte? Wer war es?

* * *

Nicht nur in der Heimat, auch in Kolín verändert sich einiges. Heinz Fuchs und seine Ehefrau Sabine, zwei Menschen, die mir beinahe zu Freunden geworden, verlassen die Stadt. Heinz Fuchs, er geht wieder zu seiner Kriminalpolizei zurück und scheint darüber sehr glücklich zu sein. Sein Nachfolger, streng und energisch, ist nie zivil gekleidet, sondern stets in Uniform, und die Frau, die er mitbringt, keine Sabine, sondern ein unscheinbares, verängstigtes Wesen. Recht höflich ersucht mich aber der Mann, dass ich mich seiner Frau etwas annähme, ihr auch etwas von all dem modischen Schick vermittle, den er hier in den Städten bei den tschechischen Frauen beobachte, auch solle ich sie etwas in der Umgebung herumfahren, damit sie Einblicke in die neue Umwelt erhalte, denn er denke, einige Zeit mit ihr hier wohnen zu bleiben. Die Frau – sie ist wie ein scheues Kätzchen in einem neuen Stall, lässt sich aber brav führen. Älter scheint sie als ich, hält aber meine Hand, wenn ich sie zum Friseur oder zur Schneiderin geleite, lauscht aufgeschlossen meinen Erläuterungen, wenn ich mit ihr durch die Umgebung fahre oder wandere. Und gar gern spiele ich Reiseführer und prahle mit meinen Kenntnissen in Kolín, in Bad Poděbrad, in Kuttenberg und in Prag, der goldenen Stadt, lehre sie auch das Lied: „Kolíne, Kolíne …“

Das erste Weihnachten hier für sie, aber auch für mich. Obwohl mein

Gatte das Fest und den Weihnachtsbaum aus seinem neuen deutschen Glauben heraus verbannt, schmücke ich eine kleine frisch gefällte Fichte mit den erzgebirgischen Figuren vom Winterhilfswerk und lege unter den Baum die neue Auflage von „Alle Wasser Böhmens fließen nach Deutschland". Aber ich bleibe allein mit dem Baum, mit dem Buch, mit dem Weihnachtsabend. Heinz ist dienstlich unterwegs, recherchiert über den Tod eines Mannes, der ein Zuträger seiner Abteilung war. Ein tschechischer Gendarm war es, der nun zermalmt von der Eisenbahn auf deren Schienen gefunden wurde. Fragen über Fragen – sie überkommen mich: Plagte ihn sein Gewissen, dass er zum Verräter geworden, wählte er selbst solch grausamen Tod? Waren es andere, die ihn töteten, andere, die wussten um seinen Verrat? All diese Fragen, sie quälen mich, während ich mechanisch in dem Buch blättere, das von all den Wassern spricht, die nach Deutschland fließen.

* * *

SILVESTER sitzen Heinz und ich nebeneinander, sitzen plaudernd mit Sonja und ihren Gästen in Veselikov. Diesmal sind es Deutsche, die sich hier zum Jahresabschluss zusammenfinden. Es sind wenige, aber ausgewählte Gäste, so der Oberlandrat, der in der alten Hussitenstadt Tábor residiert, mit ihm seine Gattin, und dann noch der Parteibevollmächtigte dieses südböhmischen Gebietes.

Der Oberlandrat, ein sympathischer Brillenträger in den mittleren Jahren, mehr jugendlich frisch als seriös wirkend, sportlich gestählt seine Figur, leicht gewelltes braunes Haar, kräftig zupackende Hände. Seine Frau, sie gleicht einem Jüngling der Renaissance – schlank, graziös, mit sprechenden, sehr dunklen Augen. Auch dunkel die halblangen Locken, elegant einfach das eng anliegende Kleid. Der Funktionär der nationalsozialistischen Arbeiterpartei kommt im korrekten Zivil mit einem gut sichtbaren Parteiabzeichen auf seinem Jackett. Er ist schon älter und sein Aussehen etwas kränklich. Bereits einige Jahre vegetiert er hier mit Frau und Tochter. Geheimnisvoll die Aura, die ihn umgibt. Im Auftrag eines internationalen Chemiekonzerns solle er schon seit Zeiten hier seine Versuche tätigen. Hin und wieder ist der Name Bayer im Gespräch. Er ist ein gebildeter Mann, doch ohne jede Kenntnis der üblichen Landessprache, lebt scheinbar recht zurückgezogen, aber ist mit Sonja doch bereits recht vertraut.

Sonja aber, noch immer in Schwarz gehüllt, immer noch äußerlich eine tief Trauernde. So auch begründet diese intime Runde zum Jahresende und diese geringe Zahl geladener Gäste. Auch Sonjas Töchter sind anwesend, und wie wir hören, bei Schwester und Tante Manja in Prag, um dort fröhlicher feiern zu können. Trotz gezeigter Trauer zaubert Sonja eine vorbildliche Gastlichkeit, tastet mit vorsichtigem Gespräch nach Gemeinsamkeiten, findet solche im Naturerleben, in der Kunst und in Familiengeschichten. Sonja erzählt Schelmereien ihres Großvaters Berger, und es ist, als wäre er jedem der Anwesenden schon einmal begegnet, sie erzählt auch Anekdoten aus der Offizierszeit ihres verstorbenen Mannes im österreichischen Heer, erzählt Intimes, so auch von dem Knüpfen zärtlicher Bande eines recht jungen deutschen Offiziers zu ihrer ältesten Tochter, und es ist jedem, als habe man sich nicht erst jetzt gefunden, sondern seit längerem bereits gemeinsam gedacht und gefühlt. Und eingebettet in eine so spürbare gegenseitige Sympathie wagt Sonja auch, von dem nahe gelegenen ehemals jüdischen Besitz in Olbramovice zu sprechen, diesem nun herrenlosen Gut, und von ihren heimlichen Träumen, es kaufen zu können und zu neuer Pracht zu bringen. Vertraut und sehr offen spricht sie mit ihren Gästen, als spräche sie mit Freunden oder sei im engeren Kreis ihrer eigenen Familie. Und ein weißes wolliges Hundebündel hüpft von Schoß zu Schoß, knüpft noch enger gemeinsame Bande voll von Güte und Wohlsein. Und so nun verbunden das Prosit für 1941 …

Zwar war da einiges andere noch, was Sonja hätte sagen wollen, dann aber unterließ, um eigene Bitten nicht zu gefährden. Ein Freund des Hauses, einer, der im Betrieb ihres Gatten tätig gewesen, wurde verhaftet, und Schweres droht ihm. Als führendes Mitglied der panslawistischen Turnbewegung Sokol wurde er festgenommen. Sonja, sie möchte etwas für ihn tun, sich für ihn einsetzen. Aber sinnlos das für ihn, sinnlos für sie. Nicht das Herz sprechen lassen, sondern diese Zeit. Und so werden der Silvesterabend und der Neujahrsbeginn für Sonja erfolgreiche Schritte in diese nun neue Epoche.

Sonja – noch vor Winters Ende wird sie Besitzerin des ehemals jüdischen Gutshofs in Olbramovice. Es ist ein stattlicher Besitz in einem stolzen Dorf, das durch seine prächtige barocke Kirchanlage bekannt ist. Unweit von dieser das Gut, das so anheimelnd ist durch seinen alten Baumbestand und so romantisch durch seinen dunkelgrünen Karpfenteich mit dem schilfumstandenen Ufer. Die Stallungen fügen sich in das Bild, denn sie wirken durch ihre Rundbogenkonstruktionen beinahe sakral. Bunte Kühe stehen darin, sind in Reihen angepflockt, und eine Ziege tummelt keck sich zwischen ihnen. Ein Aberglaube sagt, dass Ziegen Krankheiten und andere Übel von den Rindern abwenden. Auch einen Schafstall gibt es und einen für die Pferde und ein buntes Holzhaus für die Hühner! Alles wohl überlegt und geräumig. Reichlich Platz bietet auch das Gutshaus, neben einer Wohnung für eine Großfamilie noch viele Zimmer für Gäste. Eines davon gestaltet Sonja besonders liebevoll aus, hängt dort eine Zeichnung auf, die sie als liegenden Akt zeigt, die Arbeit eines Künstlers, mit dem sie einst befreundet war.

Sonja beweist auch hier ihre Tüchtigkeit in praktischen Dingen, lässt weitere Stallungen anbauen und heuert einen tüchtigen Verwalter an. Jener kennzeichnend für den erfolgreichen Tschechen dieser Jahre. Jeden Morgen lässt er seine tschechischen Arbeiter antreten und liest ihnen, bevor er ihnen Aufgaben erteilt, Absätze aus Hitlers „Mein Kampf" vor. Dieses Buch ist nun auch in tschechischer Übersetzung erschienen und wird im tschechischen Buchhandel angeboten. Sonja ist begeistert von ihrem Verwalter, denn er verkörpert für sie den erfolgreichen Alltag und den gewöhnlichen Alltag. Und ihr Gut in Olbramovice ist Alltag, heißt Kühe melken, Schafe scheren, Ställe säubern, Heu wenden, Rüben verziehen. Ihr Gut aber heißt zugleich Gewinne erzielen – Olbramovice ist nicht Veselikov mit schlängelnden kiesbestreuten Pfaden, einer marmornen Venus im Jasmingebüsch und forsch trabenden Pferden samt charmant lächelnden Reitern. Viele Gäste lockt das urig-bäuerliche Treiben in Olbramovice, ist ihnen ein friedliches Symbol für das slawische Volk. Einer von ihnen, einer, der ein Schwärmer, schreibt einen Vers des frühen Rilke in das ausliegende Gästebuch: „Mich rührt so sehr böhmischen Volkes Weise, schleicht sie ins Herz sich leise, macht sie es schwer. Wenn ein Kind sacht singt beim Kartoffeljäten, klingt dir sein Lied im späten Traum noch der Nacht." Sonja aber, empört reißt sie das Blatt heraus: „Was für ein Narr, der so etwas heute schreibt, was soll diese Sympathie? Was denken meine anderen Gäste, wen ich da eingeladen? Und Rilke, wer denkt heute denn überhaupt noch an Rilke?"

* * *

GEFÜHLE, ja, die sind noch gefragt, hehre deutsche Gefühle, die bestimmend sind für das große neue Reich. Deutschland, Deutschland über alles – denn bald ist Deutschland Herr über ganz Europa. Schon hörig ihm Dänemark, Belgien, Norwegen, Luxemburg, die Niederlande, und deutsche Soldaten, sie flanieren bereits auf den Boulevards in Paris. Deutschland, das neue Deutschland – und nun soll auch ich darin eine betreffende Aufgabe übernehmen. Ein Schreiben erhalte ich, eines aus einer der Kanzleien vom Oberlandratsamt Kolín. Der Beauftragte der NSDAP bittet mich darin, beim Aufbau einer Gruppe des Bundes deutscher Mädchen, des BDM, behilflich zu werden, Ringführerin in dieser Organisation dann zu sein. Warum nun das, warum? Gleich einem ertappten Gangster ist es mir. Keine Ahnung habe ich vom Leben und Treiben im BDM, weiß nur um jene strenge gemeinsame Tracht, eine hochgeschlossene weiße Bluse mit einem Tuch um den Hals, das zu einer Krawatte geknüpft, deren Zipfel dann in den angeknöpften dunkelblauen Rock gesteckt werden. Und Ringführerin des BDM soll ich nun sein, eine Position in der Partei einnehmen, und bin doch noch nicht einmal Mitglied der allumfassenden Partei, der NSDAP. Und alle glauben, ich sei es, und selbst Heinz, mein Gatte, ist davon überzeugt. Es ist eben selbstverständlich, dass jeder Sudetendeutsche Mitglied der Hitlerpartei sei, und natürlich auch ich, da mein Gatte Angehöriger der SS und der Geheimen Staatspolizei. Doch wie befreit habe ich mich oft innerlich gefühlt, dass

Papa vergessen hatte, mich als Parteimitglied anzumelden, und ich unabhängig von jeder Parteidisziplin fühlen gekonnt. Aber nun – wie nun weiter? Eine Galgenfrist noch: Es sind noch keine zu betreuenden deutschen Mädchen hier, noch sind keine Familien mit solch Nachwuchs nach hier übergesiedelt. Und heimische? Noch keine hiesigen Mädchen, die sich als Deutsche bekennen. Vielleicht hilft mir die Zeit und vielleicht finde ich auch den Mut, mit Heinz zu sprechen …

Es sind jetzt jene schwülen Sommertage, an denen die Abende erst erträglich werden. Ich warte auf Heinz, der früher kommen gewollt, um mit mir auf den Tennisplatz, der so anziehend zwischen den alten Bäumen gelegen, zu gehen. Tennis – dieses elegante Spiel solle ich nun lernen, ein Spiel, in dem er selbst ein Meister ist. Den Balljungen hat er bereits engagiert, damit er mir die Grundregeln beibringe, mir, die ich so untalentiert in jeder Sportart bin – außer der einen, dem Gehen, dem Laufen, dem Wandern. Auf fünfzig Kilometer kann ich es da wohl bringen, aber sonst in allem anderen: zwei linke Beine, zwei linke Arme!

Ich warte und warte, pendle dann den gewohnten Weg zur Dienststelle, um ihn unterwegs zu treffen. Ein wunderschöner Abend – und wenn es für Tennis schon zu dunkel, dann eben gleich ein gemütliches Beisammensein mit den beiden Sudetendeutschen aus dem Egerland und dem Österreicher Seppl Pani auf der mit Weinlaub umrankten Terrasse des ehemaligen Gewerkschaftshauses. Und diese drei, wie gerufen, sehe ich sie bereits vor dem Dienstgebäude stehen. Recht lebhaft ihre Unterhaltung, sodass sie mein Kommen nicht bemerken. Ich rufe, frage, wo Heinz denn sei – und auf einmal, warum sind diese drei so verlegen? Einer, der auf den anderen blinzelt, als suche er dort einen Halt? Gott, was ist mit meinem Mann, mit Heinz geschehen? Ist er tot, hat ihn einer der Tschechen ermordet? Meine Gedanken, die jagen, und meine Fragen drängen: „So sprecht doch, was ist denn geschehen?“ Heinz ist festgenommen, ist verhaftet und nach Prag überführt, eingeliefert dort in das berüchtigte Gefängnis Pankratz. Deutsches Ansehen habe er geschädigt: Den Tag vordem, beim Abholen seines Gehaltes, habe ihm der tschechische Bankbeamte irrtümlich hundert Kronen zu viel ausgezahlt. Heinz habe das Geld eingesteckt und nicht zurückgebracht. Der Bankbeamte hier habe vor einigen Stunden seine Beschuldigung vorgebracht, und Heinz, als er sein Portemonnaie aus der Hosentasche hervorgeholt, habe gesagt, es sei seit gestern unberührt gewesen. Und obgleich keine hundert Mark zu viel unter den Scheinen zu finden waren, wurde der Aussage des Bankbeamten Glauben geschenkt. Ich kann mich nicht fassen, weiß nur, dass hier ein übles Spiel getrieben wird. Aber wer, der mir jetzt helfe, wer?

Die beiden Hauptsturmführer Heinrich und Tom, zu denen ich Vertrauen hätte, sie sind von der Leitstelle in Prag angefordert worden, tun seit einigen Tagen dort ihren Dienst. Ich suche den neuen Leiter, aber auch der ist auswärts. Die Unbescholtenheit von Heinz, ich muss sie wiederherstellen, ich fordere eine Hausdurchsuchung, und Robert Fieck und Helmut Tress, sie gehen schließlich mit mir in jene Einzimmerwohnung, die wir bei einem ehemaligen tschechischen Gendarmen gemietet. Diese beiden durchwühlen mit Sachkenntnis alles, was um sie, finden aber keinen Hundertkronenschein, dafür aber die kleine Waltherpistole, die Papa mir für meine Sicherheit übergab und die diese beiden nun einstecken, finden auch das Kästchen mit den Kondomen, die sie Stück für Stück in die Hände nehmen und mich jeweils spöttisch anblinzeln, als wollten sie sagen: „Kindersegen will der Führer, Mutterkreuze verleihen, Kinder braucht das Deutsche Reich, viele stramme deutsche Knaben!“

Dann bin ich allein mit meinen Sorgen, allein mit all meinen Überlegungen: Hundert Kronen, beinahe eine Lappalie – will dieser Gestapoleiter, dessen verängstigter Gattin ich versuchte einiges Selbstbewusstsein beizubringen, Heinz hinausekeln? Duldet dieser Primitive keinen Gebildeten neben sich, oder ist er ihm ein Objekt, um im tschechischen Lande deutsche Gerechtigkeit vorzuführen, eine, die nicht Halt macht vor einem Kameraden aus eigenen Reihen? Was hat man wohl diesem zitternden und stotternden Bündel von Bankbeamten für seine Aussage versprochen? Oder, oder – stört vielleicht das Liter Slawenblut in den Adern von Heinz, oder hat eine von Sonjas Spekulationen ihn in irgendetwas hineingezogen?

Hin und her pendelt es in mir, und auch in den Gesprächen mit denen, denen ich traue. Mit Seppl, dem Österreicher, und mit den beiden Sudetendeutschen sitze ich bis weit über Mitternacht im Savoy, suche auch mit ihnen eine Lösung. Am folgenden Morgen – Seppl versteckt mich im Dienstwagen, nimmt mich heimlich mit nach Prag, sucht im Gewirr der Zimmer vom Petschekpalais jenes, in dem Tom nun Dienst tut. Und Tom, er fährt nun mit mir nach Pankratz, führt mich in die Hölle der Stadt Prag. Vor seinem Ausweis öffnen sich ihre Tore. Pankratz ist Grauen, Pankratz ist Finsternis. So eng und dunkel auch die Zelle für Heinz. Tom schickt den Wärter weg. Allein sind wir nun mit Heinz. Tom steckt ihm etwas, das wie Zuckerwürfel scheint, in den Mund, lässt ihn an seiner Zigarette ziehen, flüstert mit ihm. Und ich stehe einige wenige Schritte entfernt, möchte ihm so viel sagen, ihm versichern, dass ich nur ihm glaube, alles andere nicht wahr sei, Irrtümer sich klären und alles, alles wieder gut werde. Aber meine Zunge stockt, kein Wort, das sich löse. Beim Abschied ziehe ich die Zeichen des Kreuzes auf sein nun so verhärmtes Gesicht, damit Gott ihm helfe. Eine Woche, eine lange, harte Woche – und er kommt zurück zu mir, kommt wieder, ohne mir etwas sagen zu dürfen, kein Wort von all dem, was vorgefallen. Für ihn nun Schweigepflicht und ein Verbot, Kontakte hier noch aufzunehmen, und Kolín müssen wir innerhalb von vierundzwanzig Stunden verlassen.

* * *

WIR ZIEHEN NACH PRAG, Prag, das uns ein Heimatbegriff, das auch eine Stadt, in der wir uns verkriechen können, verkriechen vor Fragen, warum wir Kolín verlassen mussten. Nach einigen Stunden des Suchens finden wir eine Bleibe in der Plaská Nummer neun im Dachgeschoss, mit Ausblick auf die Dächer der nahen Kleinseite und auch hoch zum Petřín, zum Laurenziberg. Paní Marková, eine tschechische Majorswitwe, bietet uns ein oder das andere Zimmer zur Auswahl an und selbstverständlich auch die Küchenbenutzung.

Paní Marková, bald weiß ich um ihr Leben. Sie ist zweiundvierzig Jahre alt und war eine begehrte Vortragskünstlerin. Auch jetzt singt und klingt es noch in ihrer Sprache, auch jetzt noch blitzen ihre Augen, wenn sie erzählt. Ein tschechischer Offizier holte sie vom Bühnenboden weg in ein bürgerliches Heim. Der Mann starb vor wenigen Jahren, aber zwei halbwüchsige Töchter, Judith und Leopoldine, sind aus dieser Ehe geblieben. Standesgemäß bemüht sich Paní Marková, die beiden zu erziehen und zu kleiden, aber das Geld reiche dafür nicht hin, nicht her. Darum füttere sie die Gans für den Weihnachtsbraten in diesem Ställchen neben der Toilettentür und ziehe Suppengrün in Töpfen im Fensterkasten. Paní Marková ist eine feinfühlende, eine gütige Frau. Unser Leid scheint sie zu spüren, versucht Freude zu geben, überrascht uns oft mit etwas Besonderem, sei es, dass sie aus ihrem Fundus ein Bändchen deutscher Balladen herauskramt und uns zur Lektüre leiht oder einen Strauß später Nelken, den ihr jemand schenkte, mit uns nun teilt oder uns einen Teller mit frisch gekochten Pflaumenknödeln, mit Zucker bestreut und mit brauner Butter übergossen, auf den Tisch stellt. Wie wohlig ihre Fürsorge, aber Heinz hat das Freuen verlernt.

„Heinz, sprich doch, sag doch mal alles – ich werde schweigen wie der Tod!" Ich möchte ihm helfen, ich muss ihm helfen, muss ihn wieder zur Persönlichkeit machen, seine Redlichkeit wiederherstellen. Ich überlege wie. Ja, ich werde lügen, ich werde in die Hölle gehen, werde ins Petschekpalais zu Geschke gehen, werde sagen, dass ich das Geld heimlich aus meines Mannes Tasche nahm. Was kann man mir schon noch anhaben! Ich bereite mich darauf vor wie früher auf unsere Theaterspielerei, überlege meine neue Rolle, was ich sagen werde, wie ich's sagen werde, welches Kleid ich dazu anziehe, und ich wähle das gut sitzende graue Kostüm, das mir eine Schneiderin in Kolín aus einem Rest Friedensstoff genäht.

So gerüstet trete ich nun in die Halle des Petschekpalais. Gleich einer Bahnhofshalle im Krieg – viele, viele, die hier warten. Halbdunkel dieser Flur, und Menschen mit Taschen und Körben, zwischen die ich mich nun dränge. Menschen, die wohl Proviant für Inhaftierte hierher bringen. Einer in SS-Uniform tritt heran, nimmt ein und das andere Bündel, entziffert das daran hängende Namensschild, behält einige, gibt auch manche wieder zurück. Ich bin wohl die Einzige hier, die ohne ein sichtbares Bündel erscheint, und es ist nun auch ein anderer SS-Mann, der jetzt kommt, mein Anmeldungsformular in der Hand schwenkend, damit es mir sichtbar werde.

Er führt mich nun Treppen hoch und einen Flur entlang – alles ohne ein Wort zu sprechen. Ich bemühe mich überheblich zu wirken, straffe mich, kralle die Fingernägel in meine Handballen, damit ich Schmerz und Stärke fühle. Doch nicht in Geschkes Zimmer werde ich geführt, sondern in das seines Vertreters. Es ist ein gepflegter Raum, und auch der Stellvertreter ist recht gepflegt. Jung ist er noch, gut aussehend und sehr höflich. Aber er ist verwundet, schleppt ein Bein nach, er hinkt. Ihm gegenüber sitze ich nun, bequem in einem bequemen Sessel, nehme erst einmal eine der Zigaretten, die er mir anbietet, rauche einen vollen Lungenzug, sehe über ihn hinweg, suche den Blick zum Fenster, damit ich nicht in seine und er nicht in meine Augen schaue, und lüge dann los, erzähle, dass ich heimlich jene hundert Kronen aus meines Mannes Geldbörse entnommen, um mir einen Wunsch zu erfüllen, den sein sparsamer Sinn mir damals versagte. Einen Hut hätte ich gesehen, ein wunderbares Modell, aus weinrotem Stroh geflochten und mit einem verführerischen Halbschleier. Ich erzähle von meiner unstillbaren Gier nach diesem Hut, und ich meine, ich spiele meine Rolle recht wirklichkeitsgetreu. Ich lasse sie mit der Bemerkung ausklingen, dass, hätte ich mich meinem Mann dann in dem tollen Hut gezeigt, ich ihm sicher sehr gefallen und er mir alles verziehen hätte. Und sicher, es klingt alles sehr echt, was ich zusammenreime. Aber dann in einer Atempause – ich beginne zu zittern: Lieber Gott, hilf mir, hilf weiter …

Recht höflich spricht aber dann der Stellvertreter des allgewaltigen Gestapochefs mit mir, meint aber und versucht dabei in meine Augen zu blicken, dass die Zeit für Heinz hier abgelaufen sei. Aber viele andere Möglichkeiten gäbe es doch noch für ihn. Nicht immer laufe das Leben so, wie man es sich ausgemalt. Auch er habe das erfahren müssen. Seine Pläne seien auch einst andere gewesen. Musiker wollte er werden, ein berühmter Geiger sein. Aber dann die Verletzung – doch spricht er nicht davon, wie er dazu gekommen. Weiter versucht er aber, mir recht väterlich zuzureden, sagt mir, dass ich meinen Lebensmut immer behalten müsse. Warum sagt er das alles, warum reicht er zum Abschied mir noch so höflich die Hand? Nichts habe ich erreicht, nichts! Meine Komödie – er hat in ihr nur mitgemimt, trefflichst sich eingespielt. Was hatte ich mir denn auch eingebildet? Mit meiner Komödie jene, die um Heinz sich abspielte, zu enträtseln?

* * *

WIE NUN WEITER? Arbeit müssen wir suchen, Geld verdienen, Geld für die Unterkunft, Geld für unser Essen. Wir blättern in den Stellenangeboten der Tageszeitungen, wenig aber ist da zu finden, einige Chancen mehr für Frauen als für Männer, die alle wohl schon für künftige Kriegsdienste eingeplant. Schließlich für mich eine Wahl zwischen Bankangestellter und Schreibkraft bei einem Polizeibataillon. Ich wähle Letzteres, denn zu bedrückend sind mir noch die Erinnerungen an ein Geldinstitut. Das Polizeibataillon ist in dem Prager Vorort Vršovice stationiert, einem Stadtteil mit einigen neueren großen Kasernen. Dieser Vorort, in den ich nun mit der Straßenbahn Nummer dreizehn fahre, ist mir bisher unbekannt gewesen, und auch den Männern in grüner Uniform, die nun um mich sind. Das Polizeibataillon 319 ist eben erst zusammengestellt und hierher transportiert worden, um das bisherige, das nach Tábor in Südböhmen strafversetzt wurde, zu ersetzen.

Das Polizeibataillon 319 – es sind vorwiegend Männer mittleren Alters, in deren Koppelschloss nun eingraviert die Worte „Gott mit uns". In ihrem Privatleben, aus dem sie recht plötzlich herausgerissen wurden, alle wohlsituiert. Ich höre das aus ihren Unterhaltungen heraus, die sie in der Kantine, in den Amtsräumen, in den Hauseingängen führen. Der recht plötzliche Abschied aus ihrem privaten geordneten Sein, ihren Berufen, ihren Familien, scheint sie noch sehr zu bedrücken. Ich sitze nun mit Herrn Anders in einem Raum. „Ich heiße jeden Tag Anders!", stellt er sich mir vor. Er, ein stämmiger blonder Mittelgroßer, ist ein Bankbeamter aus Kiel, ist ein kinderloser, aber trotzdem sehr glücklicher Ehemann. Gern spricht er von den gemeinsamen musikalischen Stunden an den Sonntagnachmittagen. Auf dem Grammophon laufe eine Platte mit Orchesterauszug, und seine Frau spiele auf dem Büttnerflügel den Klavierpart dazu. Unvergesslich seien diese Stunden, so sagt er, und wie einsam doch nun hier seine freien Nachmittage. Dass Herr Anders Bankbeamter ist, es stört mich nicht weiter, denn er ist ein zugänglicher, freundlicher Mann mit ehrlichen Augen und ehrlichem Gemüt. Mit unendlicher Genauigkeit kontrolliert er all die eingehenden Rechnungen und diktiert mir dann einiges, das ich in die Schreibmaschine tippe. Weitere Arbeit bringt mir noch der Hauptmann aus dem Nebenraum, ein würdiger älterer Reservist. In sorgfältiger Handschrift hat er alles vorgegeben, was ich abschreiben soll. Der Hauptmann hat zwar auch seine eigene Sekretärin, eine recht junge und recht üppige Blondine, doch scheint er lieber mit ihr zu flirten als sie mit Arbeit zu belasten. Der freien Viertelstunden habe ich aber trotzdem zur Genüge, und neben Gesprächen mit Herrn Anders auch noch einige Zeit für Ideenskizzen zur Gestaltung von modischem Kunstgewerbe, Töpfen, Vasen und Schalen, die ich mit volkskunstähnlichen Mustern verziere und die Herr Anders begutachtet, wobei er mir für weitere Arbeiten Anregungen gibt. So ist Freundlichsein und Biederkeit um mich …

Diese Männer, sie hoffen, dass der Krieg bald zu Ende geführt wird und sie zurück in ihre Häuslichkeit können. Einzelheiten ihrer weiteren Tätigkeit sind noch unbekannt, nur so manches Flüstern geht um über künftige Einsätze, darunter auch über mögliche Erschießungen von Häftlingen. Gegen Abend würden solche in Prag-Pankratz und etwas außerhalb von Prag, in Kobylisi, ausgeführt. Fünf Häftlinge in Zivil, fünf politische Häftlinge nebeneinander gereiht, und ihnen gegenüber fünf Mann in SS-Uniform mit geladenen Gewehren. Eine der Waffen sei stets nur mit blinden Patronen geladen, einer von den Uniformierten habe diese Waffe in der Hand, könne sich vom Mord freisprechen, aber keinem sei ersichtlich, welche der Waffen es sei. So könne ein jeder von ihnen meinen, er habe diese Waffe mit den blinden Patronen und sei keiner der Mörder. Aber nun diese Gerüchte, die flüstern, dass nun geplant werde, die Polizei statt der SS für diese Hinrichtungen einzusetzen …

Die Erschießungen – grell diese Plakate, grell gelb mit schwarzer Schrift: „Verurteilt zum Tode durch Erschießen". Diese Plakate in den Straßen Prags, sie schreien, sie packen einen an, und man muss sie lesen, und man liest lebendige Namen von bereits Toten! Und so lese ich auch die Namen der Foltas, lese sie deutsch und tschechisch nebeneinander: Georg und Marie Folta aus Turnau, Georg Folta Kassierer der sozialdemokratischen Partei. Die Foltas – ich kenne sie, sehe sie vor mir. Erst kürzlich, dass Heinz sie mir vorgestellt, vor zwei Wochen wohl. Heinz, schon länger musste er sie kennen, schien befreundet mit ihnen. Und mit ihm war ich nun bei Foltas. Und auch Heinrich Müller, der Hauptscharführer aus Kolín, jener, der nach Prag versetzt worden, auch er war dabei und auch seine Gattin. Das Gruppenbild, wir haben doch das Gruppenfoto – wie froh lacht Marie Folta, und wie locker stützt sich Georg auf ihren Stuhl, und auch Heinrich Müller und seine Frau lächeln. Warum lächelt Heinz nicht, warum lächle ich so gezwungen? Was ist los? Es kann doch nicht wahr sein, die Foltas! Wir waren doch erst beisammen, beisammen in der hübschen Wohnung, saßen gemeinsam am gedeckten Tisch, und diese kleine schwarze Katze, sie schmeichelte so um meine Beine, die kleine schwarze Katze, die Foltas – sind tot. Die kleine schwarze Katze – wer wird sie nun füttern?

Ich warte auf Heinz, warte auf sein Kommen. Das gelbe Plakat – hat er es gelesen? Heinz, er ist bestürzt, er ist erregt, aber weiß mir nichts weiter zu sagen. Ein Irrtum sei es gewesen, ein Irrtum wie seinerzeit während der tschechischen Studentenunruhen, da auch einer der Studenten festgenommen, verhört und dann erschossen wurde, einer, der nie dabei gewesen. Als Fazit dann eine Entschuldigung bei dem Vater, einem Professor mit bekanntem Namen, ein diplomatischer Akt für ein vertanes Leben …

* * *

HEINZ HAT NUN WIEDER EINE POSITION, ist als Jurist in der größten Prager Krankenversicherungsanstalt, ist als Vorzeigedeutscher dort tätig, ist wieder rehabilitiert. Er hat sein eigenes Dienstzimmer und eine hübsche mollige Tschechin als Sekretärin, mit der er manchmal nach seiner Bürozeit den Graben entlangflaniert. Und da unser Leben nun wieder in Ordnung scheint, leben auch unsere Besuche bei Sonja in Prag oder in Olbramovice oder in Veselikov wieder auf.

In Veselikov verweilen – in einem fernen Lande scheint man zu sein, in einem, das fernab vom Kriege, fernab von grell schreienden Plakaten. Jene frühen Junitage dort, die einen umarmen mit dem so süßschweren Duft von welkendem Flieder und jenem aus den sich bereits öffnenden Knospen der Rosen. Rankende, zartrosa blühende nun auch um die Kapelle des heiligen Antonius gepflanzt. Der heilige Antonius – aus edelstem Holz ließ Sonja ein Abbild des von ihr so Verehrten formen und im Park von Veselikov aufstellen, damit sie, wenn sie dort weile, täglich vor ihm bete, dass er weiter ihr und all jener Glück, die in ihrem Hause, behüte. Zu ihm will auch ich jetzt schauen, zu ihm und zu all dem Blühen um ihn, jetzt, an diesem frühen, an diesem noch so unberührten taufrischen Morgen. Im Vorbeihuschen schalte ich schnell das Radio ein, das Sonja für ihre Gäste bereitgestellt, denn auch hier im Paradies möchte ich wissen, was in der Welt geschieht. Und so höre ich es, höre es akzentuiert und genau, vernehme, dass der Krieg zwischen dem Deutschen Reich und der Sowjetunion nun begonnen – und sehe um mich die Bilder, die sich in meiner Kindheit geformt, als Ernst uns von jenem Lande erzählte. Ein Land ohne Ende – reiten, reiten durch den Tag und durch die Nacht und wieder durch den Tag, wieder durch die Nacht und immer wieder und immer weiter. Beklemmend nun alles in mir, nicht einzustimmen vermag ich in die Begeisterung, die jetzt um mich: Endlich gegen die Bolschewiki, endlich gegen die jüdisch-bolschewistische Gefahr, endlich ganz Europa von dieser befreien!

Auch Sonja ist recht froh gestimmt, bereitet schneller und noch gründlicher die Verlobung ihrer Tochter Ika mit René, dem hübschen jungen Leutnant, vor, mit dem sich Tochter Georgine Ika bereits während ihres Abiturs, ihrer Matura am Deutschen Gymnasium in Prag, zusammengefunden. Immer neue Skizzen entwirft sie für die Einladung, und schließlich zaubert daraus ein Künstler ein kleines Meisterwerk. Auf der Deckseite, in der alten Technik des Kupferstichs, die Wappen beider Familien, die mit ihren Initialen sich zusammenfügen. Links das bürgerliche mit dem Kauffahrteischiff und seinen geblähten Segeln auf sturmgepeitschtem Wasser, rechts das adelige Wappen mit Helm, Schild und Schwertern. Macht findet sich zu Macht!

Sonja ist überglücklich, eines ihrer Ziele erfüllt sich: ein deutscher Schwiegersohn in einer gebührenden Position und mit einem guten alten Namen. Intim die Feier, intim den Zeiten entsprechend, die alle Konzentration für Krieg und Sieg fordern. Gäste sind die nächsten Angehörigen und einige Freunde des Hauses. Die Feier findet im Stadthaus statt, das, nahe dem Nationaltheater gelegen, äußerlich und innerlich Würde atmet. Die Räume sind gepflegt und geräumig und geeignet für ein fallweises Finden von Gesprächspartnern oder auch für ein Zurückziehen jener, die ermüdet. Im Saal, in der Galerie mit den böhmischen Meistern des 19. Jahrhunderts, ist für die Gesellschaft eine lange Tafel vorbereitet und gedeckt, für die Jugend Platz im Musikzimmer geschaffen. Die männlichen Verwandten des frisch Verlobten erscheinen in Uniform mit blitzenden Achselstücken, Kragenspiegeln und Orden, die Frauen zurückhaltender in dezenten Gewändern, aber doch mit einigem kostbaren Schmuck angetan. Drei Freunde von René – gleich ihm in Leutnantsuniform, doch alle noch ohne Orden. Ausgewählt auch all jene, die Sonja geladen, so ist der von ihr geschiedene Mann, der Vater der Braut, dabei, und auch ein befreundeter geistlicher Würdenträger, ein Tscheche von Rang und Namen, der sich einfühlsam zwischen die Uniformträger fügt und Gespräche mit ihnen sucht. Zahlreich sind die jungen Damen – die Schwester der Verlobten, die aparte siebzehnjährige Sonja, die etwas ältere mollige Cousine Eva und der Freundeskreis, zu dem neben all den Mädchen auch drei tschechische Burschen zählen. Voll Charme diese Burschen und voll Liebreiz der Mädchenreigen, der in duftiges Tüllgerüsch gehüllt. Doch nicht nur das, auch mit Überraschungen warten die Freunde auf: Sketche, gewürzt mit Prisen von Ironie, Gesellschaftsspiele mit verbundenen Augen, Partnersuche mit Küssen, Musik und Tanz. Cousine Eva Chvalovská singt mit ihrer angenehmen weichen Stimme einige Lieder von Schubert. Zum Gaudium aller imitiert dann der junge Verlobte den Filmstar dieser Zeit, imitiert Zarah Leander, diese so interessante Schwedin, imitiert Sentimentales und Frivoles mit jener tiefen, durchdringenden Stimme. Der junge Leutnant beendet aber seinen Auftritt mit einem Lied, das jetzt in aller Munde und das jetzt auch in einer tschechischen Übersetzung gesungen wird – es ist das Lied von der Lili Marleen. Es ist ein altes Gedicht, eines, das bereits während des Ersten Weltkrieges von Hans Leip geschrieben und 1938 von Norbert Schulz vertont wurde. Deutsche Soldaten fanden bei der Erstürmung des Senders Belgrad dort diese einzige deutschsprachige Schallplatte. Von da an und jeden Abend seitdem schweigen um 21.57 Uhr kurz die Waffen, und Lale Andersens rauchige Stimme ertönt: „Aus dem dunklen Raume, aus der Erde Rund, hebt sich wie im Traume dein geliebter Mund ...“ Und jetzt singt es der junge Leutnant, der nun auch wohl bald an einer der Kriegsfronten stehen wird, und alle, die hier, sie summen es verhalten mit: „Und sollte mir ein Leid gescheh'n, wer wird an der Laterne steh'n mit dir, Lili Marleen, s tebou, Lili Marleen.“

* * *

AUCH HEINZ WIRD SOLDAT. Sehr plötzlich kommt dies für mich, für ihn ist es wohl eine erwartete Freude. Zur Kriegsmarine hat er die Einberufung. Sehr wenige Tage noch bis zum Abschied. Bekannte kommen und sagen ihm Adieu. Auch Manja kommt. Sie ist eine tief Trauernde, denn ihr Freund ist tot. Zweiter Bürgermeister von Prag war er – das Los seiner Nation, er vermochte es nicht mehr zu ertragen, beendete selbst sein Leben. Manja, sie sucht nun Vergessen, möchte auch heraus aus ihrer bisherigen Umgebung, die voll Erinnerungen, möchte auch eine neue Wohnung, sucht eine solche, die weit weg von der jetzigen. Um eine weiß sie nun, eine da am Moldaukai, eine, die noch von einer jüdischen Familie besetzt, und damit kommt sie jetzt auch zu Heinz: „Heini, hilf mir, dass ich diese Wohnung bekomme! Heini, du hast Beziehungen, und die Juden, sie müssen so und so dort heraus!" Und so bedrängt Manja Heinz, dass er ihr helfe, dass er ihr diese Juden vertreibe ... Heinz, das nicht! Das darfst du nicht, das wäre Sünde! – Ich erinnere mich an die Begegnung mit jenem Mann, damals, vor noch nicht allzu langer Zeit, damals in der Mittagsstille auf der Karlsbrücke: Ein einziger Mann jetzt nur auf der Brücke, und dieser Mann trägt einen gelben Stern auf seiner Brust. Es ist ein Jude. Die Prager Juden – mit einem Davidstern müssen sie sich nun kennzeichnen, und es ist das erste Mal, dass ich einem so Gekennzeichneten begegne, und das zwingt mich hinzusehen. Es ist ein älterer Mann mit einem angenehmen Gesicht. Sein Haar bedeckt eine runde Mütze, ähnlich einer Baskenmütze, sein dunkelgrauer Anzug ist nicht neu, aber scheint eben aus der Reinigung geholt. Links, wo das Herz ist, nun aufgenäht dieser Stern. Und Heinz, mein Mann, er brüllt ihn an: „Saujud', runter vom Gehsteig, runter vom Gehsteig!"

Und zu diesem Bild jetzt noch Manja und ihre Bitte ... Heiliger Gott hilf, dass er es vergesse – so in aller Not mein Kindergebet. Zur kleinen Hure werde ich vier Nächte und vier Tage, zur kleinen Hure, um ihn von all dem abzulenken ... Mit ihm darüber sprechen? Zu feige bin ich, zu feige aus Angst ihn zu verlieren, zu feige aus Angst vor dieser Zeit. Denn diese Zeit – er liebt sie, denn diese Zeit – er lebt mit ihr, lebt in ihr ... Die Wohnung am Moldaukai – wem wird sie zugesprochen? Der Manja Chvalovská nicht. Weiter muss sie mit ihrem Leid in den alten gewohnten Räumen im Haus in der Anglická hausen.

Heinz ist nun in Belgien. Seine Feldpostnummer ist 12806 B. Beinahe jeden Tag, dass ich von ihm einen Brief bekomme, oft auch ein Feldpostpäckchen mit belgischen Zigaretten, die leicht nach Seegras schmecken. Ich rauche viel, glaube, wenn ich rauche, dass mir manches leichter, dieses und jenes. Und nun auch das Schicksal Sabines, mit dem ich jetzt konfrontiert werde. Sabine, die schöne Frau des Kriminalkommissars, die ich in Kolín kennen gelernt, die sich mit mir angefreundet, sie will Zuflucht bei mir. Ihr Geliebter, den auch ich vor einem reichlichen Jahr kennen gelernt, neben dem auch ich in der Deutschen Philharmonie Beethovens Fünfte gehört, jener strahlende junge Mann – er ist tot, ist abgeschossen worden während seines ersten Feindflugs gegen Russland. Die Trümmer des Flugzeugs, sie wurden gefunden, unkenntlich jene, die mit ihm geflogen. Nur er, der Geliebte, identifizierbar an seinem Talisman, an seinem indianischen Fingerring. Hans Hebestreit, ein Freund aus der Fliegerstaffel, werde ihr diesen Ring als Andenken überbringen, und zwar hier nach Prag, hier zu mir ...

Und Sabine, sie sitzt nun neben mir, Sabine, die Mann und Kind verlassen hat, weint und erzählt von ihrem toten Geliebten. Aber sie spricht auch von dem Freund, der ihr den Ring überbringen soll, den sie bereits gut zu kennen scheint, spricht von dessen Kühnheit, seinem Wissen, seinem guten Aussehen. Und nicht nur den Ring werde er ihr bringen, sondern ihr auch Trost, Mut, gangbare Wege für ihr weiteres Leben weisen. Sabine – und sie wolle ja auch weiterleben, auch wieder lieben, wieder gefeiert sein.

* * *

TROST UND MUT – AUCH ICH SUCHE SOLCHES, auch ich möchte einen Freund, der dies mir gebe. Sabine, schön bist du, vermagst auch geistvoll zu schwatzen, aber diesen Hans Hebestreit möchte ich, auch ich brauche einen Schutzmantel. Und wir beide – bestens vorbereitet wollen wir nun Hans Hebestreit empfangen, wollen schön und interessant sein. Im Modesalon probieren wir Hüte. „Ja, Sabine, kauf dir diesen Hut, todschick dieser Hut mit Halbschleier und Federbüschel! Dein Geld reicht nicht dafür? Ach was, ich borg es dir!“ Wie scheußlich ist doch dieser Hut … Nein, nicht so, anders werde ich spielen, anders will ich Hans Hebestreit gewinnen! Und ich kaufe mir vorerst eine dunkelblaue Baskenmütze, und die macht mich frei und kühn.

Hans Hebestreit kommt. Er ist groß, rank und schlank, ist sehr jung und zugleich sehr alt, ist frecher Student und weiser Gelehrter, liest Kant und Hegel, Rilkes Duineser Elegien und Heines Buch der Lieder. Wer liest heute noch Heine? Hans ist Bordfunker in einer Fliegerstaffel, und Reichsmarschall Göring ist sein Vorgesetzter. Von ihm hat er eine Auszeichnung erhalten, und die trägt er auf seiner Uniform. All das andere aber trägt er in sich. Und in all dem anderen, darin finden wir uns, finden uns in der Kunst, in der Literatur, im Grübeln über Gut und Böse, über Recht und Unrecht. Sehr nahe sind wir uns gekommen, sind uns nicht mehr fremd, sind uns so, als wären wir seit eh und je beisammen. Und doch sind's erst zehn Tage, seitdem wir uns kennen gelernt … Vierzehn Urlaubstage – zehn verflossen, noch vier Tage, vier Tage noch. Ein Jahr Sehnsucht – wie oft drängt es sich in solchen Zeiten in einen Tag …

Wir steigen den Petřín, den Laurenziberg, hinauf. Nebel, Abenddämmern, welkes Laub, das unter unseren Füßen raschelt. Welkes Laub, müdes Laub – Abschied, Einsamkeit! Ich dränge mich an Hans, kralle mich an seinen Arm, kralle mich an seinen grauen ledernen Mantel. Jetzt muss ich's ihm sagen, jetzt muss ich's tun, muss sie überspringen, diese anerzogene Moral, muss springen, muss sprechen: „Hans, ehe du wieder gehst, du sollst es wissen – ich liebe dich!“ Einige Blätter, die noch an den Fliederbüschen, pflücke ich, krümele sie in die Brusttasche seiner Uniform, damit kein Platz mehr dort sei für ein Rosenblatt einer anderen Frau.

Unsere Liebe – wir suchen eine Bleibe für sie und finden eine am Újezd in einem Gasthof in einem älteren Haus. Es ist ein Zimmer im Dachgeschoss mit einem Blick auf den Innenhof, der von offenen Veranden umzogen. Hier schlafen wir, lieben wir uns, lieben uns so, dass wir ein Kind möchten, ein Kind, in dem unsere Liebe weiterlebe. Einer in den anderen versunken – eins geworden … Wir sehen und hören nicht, was noch um uns, hören auch nicht den Dieb, der nebenan in den Vorraum eingedrungen und den ledernen Mantel stiehlt, jenen vornehmen grauen Mantel, den hier die vornehmen Deutschen tragen und der eigentlich Heinz gehört. Ich nahm ihn aus seinem Schrank und borgte ihn Hans, damit er hier nicht friere, hier in Prag, im Nebel, in Uniform … Der lederne Mantel – den Diebstahl werde ich wohl melden müssen und werde wohl auch einen anderen, einen neuen besorgen müssen. Aber nicht jetzt, jetzt noch nicht, nein!

Vier Tage sind es noch, vier Tage noch für uns! Und dann Abschied? Nein, auch dann noch kein Abschied, bleiben will ich bei ihm, bis zur letzten Minute bleiben, bei ihm sein bis zur letzten Minute, bis er nach Russland fliegt. Ich fahre mit in seinen Einsatzort, ich fahre mit bis Schwerin, erschwindle mir bei einer zuvorkommenden Ärztin einen Krankenschein für meinen Betrieb, erschwindle mir ein Attest für einige Stunden Liebe. Wir fahren nun gemeinsam, fahren über Leipzig, suchen dort in der Eckartstraße 2 für einige Stunden seine Mutter auf, die mich freundlich empfängt, reisen Hand in Hand bis zum Ziel. Und hier – welch ein Glück! Der Abflug, er verzögert sich, verzögert sich um drei volle Tage! Drei Tage – welch ein Geschenk, welch Kostbarkeit in Zeiten des Krieges. Drei Tage noch voll mit dem geliebten Leben, drei Tage weniger des Bangens. In den Nächten sprechen wir von unserem Kinde. Ein Mädchen solle es werden, ein Mädchen, und Barbara solle es heißen … Und nochmals der Abflug verschoben – das ist schon mehr als Glück, und es ist mir, als rufe mein Schicksal mir zu: Dein Fehltritt, bekunde ihn den Deinen, zeige der Familie den Mann, mit dem du ihn getan, zeige ihnen den Mann deiner großen Liebe …

Wir fahren in meine Heimatstadt, mieten für Hans aber vorerst ein Zimmer im Hotel Geling, denn die Familie zu informieren, diesen Weg möchte ich ganz allein gehen … „Mutter, es ist die Paralellität zu deinem einstigen Geschick, Mutter, und welch großes Glück wurde dir daraus! Mutter, liebe Mutter, versteh mich!“ Sie versteht mich, aber sie ist traurig, irgendein Bild habe ich in ihr zerstört. Auch Ernst und Papa versuchen sich in mich hineinzudenken. Höflich begrüßen sie Hans und führen mit ihm freundliche Gespräche, aber ein Gastzimmer bieten sie ihm noch nicht an, getrennt hier nun unsere Nächte. Aber die Tage, die bleiben uns, und wir fühlen mehr und mehr, dass wir zusammengehören, füreinander bestimmt seien. Hart der Abschied: „Hans, Liebster, bleib du mir erhalten! Gott beschütze dich!“ Und ich möchte, dass ich bald unser Kind in meinen Händen wiege.

Nun aber meldet Heinz sich an, kommt in meine Heimatstadt. Mein Fehltritt – ein anonymer Brief habe es ihm bekundet. Wie will er nun weiter, was will er hier? Sicher Rechenschaft über mein Tun. Bei seinen Eltern finde ich ihn nicht, in einem Hotel sei er abgestiegen. Im „Corso“ lese ich seinen Namen im Gästebuch. Im Zimmer, es ist ein Doppelzimmer, in dem einen Bett Heinz und in dem anderen Sabine. Ich stocke, doch dann ein Labsal, wie versöhnend das alles für meine Schuldgefühle! Welch eine friedliche Lösung! Aber es ist nicht so. Heinz will mich behalten, wolle mir alles verzeihen. Und unsere Ehe – wie glücklich sei er doch stets gewesen, er werde alles tun, damit sie erhalten bleibe!

Heinz fährt wieder ab, fährt zu seiner Marineeinheit, schreibt mir weiter Briefe, in denen er mich seine heilige Geliebte nennt und schickt auch wieder manches Päckchen mit Zigaretten, die nach Seegras schmecken …

* * *

Prag nun im Novembergrau. Grell leuchtend jeweils nur die neuen Plakate, und so auch jenes: „Deutschland befreit Europa vom jüdisch-bolschewistischen Terror!“ Auch der neu aufgebaute große Obelisk am Altstädter Ring ist mit diesen Losungen versehen. Der Obelisk – für das Winterhilfswerk ist er aufgebaut worden. Es ist bereits das zweite Kriegswinterhilfswerk. Der zweite Kriegswinter und diese Kälte im Osten – Spenden werden gebraucht. Unsere Männer, Väter, Brüder müssen dort im Osten ausharren, müssen dort kämpfen, müssen dort siegen, und nicht nur für Deutschland, sondern für ganz Europa. Und es wird auch gespendet, sehr viel wird gespendet, damit der Endsieg bald Wirklichkeit werde.

Auch in meiner neuen Dienststelle spricht man darüber. Ich bin nun Chefsekretärin in einem Elektrobetrieb im Inneren Prags. Ein Bekannter von Heinz, ein Parteigenosse und nun Besitzer dieses Unternehmens, er bot mir diese Anstellung. Meinen vorherigen Arbeitsplatz beim Polizeibataillon überließ ich Sabine. Auch das Zimmer bei Paní Marková räume ich, mache es frei für Sabine und die Besuche von Heinz, nehme aber die Freundschaft von Paní Marková mit in meine neue Unterkunft im Frauenwohnheim, einem recht modernen Bau, der noch von den Tschechen geschaffen, aber von den einmarschierenden Deutschen für eigene Belange requiriert worden ist. Die meisten der deutschen Frauen und Mädchen, die bei deutschen Behörden und Unternehmen angestellt, sie wohnen hier. Ein Zimmer, dazu ein Vorraum mit Kochgelegenheit sind nun mein Eigen. Ich richte mich ein, als ordne ich alles schon für zwei. Meine Kostbarkeiten, meine Kupferstiche, meine Antiquitäten, und dazu auch diese handflächenkleine Darstellung Prags aus dem frühen siebzehnten Jahrhundert, die ich bei dem Antiquar am Újezd erstanden, in jenem winkeligen Laden nahe dem Gasthaus, in dem ich mit Hans mich zusammengefunden. Doch wie weit ist er jetzt von mir, beinahe alles zum Traume geworden, wie das Kind, unser Kind, das ich gedacht jetzt in meinen Armen zu wiegen. Die Geschichte vom Kinde in der Krippe, die hat Hans mir nun zu Weihnachten geschickt, den Text in Antiqua geschrieben, die Bilder in Holz geschnitzt. Eine Ration seiner Fliegerschokolade hat er noch dazugepackt und alles dann in die Karte eingebunden, nach der er seine Einsätze geflogen. Hans, Liebster, Geliebter …

Meine Ehe mit Heinz – ich muss sie lösen, ich muss es erreichen, ich versuche dafür einen Anwalt zu finden, denn die Situation ist schwierig. Mein Gatte ist Soldat, erfüllt an der Front seine Pflicht für Führer und Reich, will sich trotz meines so genannten Fehltritts nicht von mir trennen. Ich wage es nun, gehe zu dem Verwandten von Sabines totem Geliebten, zu dem bewährten Anwalt Kiekebusch, dessen Name hier ja nun auch bekannt geworden ist, denn die Auflösung der tschechischen Hochschulen hat er recht rüstig betrieben. Dieser, nachdem ich ihn in meine Situation eingeführt, will mir nun behilflich sein. Beweise brauche er aber, Beweise, dass auch Heinz mich betrogen. Briefe? Ja, Briefe! Ein passionierter Briefeschreiber ist Heinz. Briefe bekomme ich von ihm – nach wie vor viele Briefe. Und sicher bekommt auch Sabine Briefe von ihm. Ein arges Spiel nun für mich, aber ich brauche diese Zeugen.

Ich gehe in meine ehemalige Behausung, sage, dass ich mir noch einige persönliche Dinge abholen wolle, frage dabei gesprächsweise Paní Marková, wo man Dinge hintue, die man für andere geheim halten wolle. „So etwas geben die Dienstmädchen stets in ihren Wäschepack!“, antwortet sie mir. Im Zimmer der große braun lackierte Schrank, und vorsichtig taste ich zwischen duftigen Dessous, ertaste Briefe, die ich suche, Briefe, die ich benötige, finde ein Bündel Briefe, die Heinz ihr geschrieben. Diese Briefe lasse ich kopieren, lege die Originale wieder sorgfältig an ihren ursprünglichen Ort. Die Kopien – ich lese sie … Es sind Briefe voll Poesie, es sind fantastische Briefe! Aber hin und wieder ist es mir, als habe ich solches bereits schon gelesen, und ich prüfe genauer, vergleiche. Es sind Briefe gleichen Inhalts, die er sowohl Sabine als auch mir gesendet, und nur die Anrede ist es, die er dann ausgewechselt. Sabine seine herrliche Geliebte, ich seine heilige Geliebte!

Ich sage Sabine, dass ich um die Briefe, die mein Mann ihr geschrieben, weiß, dass ich die Inhalte kenne und sie denen gleichen, die er mir auch geschrieben. Nur die Anrede, die Anrede, die sei verschieden, und ich lese ihr einige Stellen aus meinen und aus ihren Briefen vor. Wie ich zu ihren Briefen gekommen – sie fragt mich nicht.

Nun ist es so weit. Im Februar 1942 werde ich geschieden. Es ist, wie man so sagt, eine saubere Scheidung, ist eine friedliche ohne Zank, ohne Geschrei. Festgestellt wird mein ehewidriges Verhalten, dass ich mich mit einem Feldwebel der Luftwaffe duzte, küsste, ihm Briefe schrieb und dass Heinz ebenfalls mit einer Frau ehewidrige Beziehungen angeknüpft. Somit sei bei uns beiden eine so genannte schuldhaft schwere Eheverfehlung festgestellt, sodass die Wiederherstellung einer dem Wesen der Ehe entsprechenden Lebensgemeinschaft nicht mehr erwartet werden könne …

Beinahe sieben Jahre verheiratet gewesen, beinahe sieben Jahre ihm treu geblieben. Als Abschluss jetzt einen starken guten Kaffee, einen solchen nochmals gemeinsam getrunken, nochmals Träume vom Einst uns vorgespielt. Juliš – dieses Café am Wenzelsplatz ist immer noch im ersten Stock, aber der servierte kleine Braune nun nicht mehr so stark, doch nach wie vor ist dort ein liebenswürdiger Kellner, der uns stets frisches Wasser in die dabeistehenden Gläser füllt. Und auch die kleinen runden Tische sind geblieben und auch die Nebenräume, in denen damals Schwarzgeschäfte betrieben und Juwelen verhökert wurden. Wir trinken einen zweiten und dritten Kaffee und rauchen, rauchen viel, um nicht sprechen zu müssen, rauchen jene eigenartig schmeckenden Zigaretten aus Dänemark. Beim Auseinandergehen versichern wir uns einer Freundschaft hinweg über Länder und Zeiten und fühlen uns dabei als recht moderne Menschen.

Abgeschlossen nunmehr ein Stück Vergangenheit. Ein weiterer Schlusspunkt ist ein Schreiben vom Oberlandratsamt aus Kolín. Der das Schreiben Diktierende ist ein Beauftragter der Partei. Er dankt mir für meine Tätigkeit im Bund deutscher Mädchen, dankt mir so für etwas, was ich nie ausgeführt. Die den Brief Tippende, sie aber verschreibt sich, verwechselt „g“ mit „d“, und so gilt dieser Dank nicht der Ringführerin des BDM sondern einer Rindführerin – eine ungewollte Wahrheit, die mit einem amtlichen Stempel versehen ist. Von einigem, was mich bedrückt, bin ich nun befreit. Hans, Geliebter, komm bald zu mir! Wie warte ich auf dich! Frei bin ich, frei!

* * *

Und Hans – er kommt, zu Ostern kommt er, zu Ostern zu seinem Urlaub ... Und so stehe ich auf dem Perron vom Prager Wilsonbahnhof und warte, warte auf Hans. Es ist die Zeit der Abendzüge. Ich bin nicht die einzige Wartende, sondern viele Wartende neben mir, Wartende, von denen sich jeweils bei ankommenden Zügen einige lösen, sich nahe an die Bahnschienen drängen, um Erwartete noch einige Minuten früher in ihre Arme schließen zu können. Aber es sind nicht nur Wartende hier, es sind auch Wegfahrende, Abreisende, sind solche dabei, die es wollen, und solche, die es müssen. In all das Getümmel bin ich nun eingemeindet, Spannung und Hoffnung teile ich nun mit jenen, die um mich sind. Aber Mitternacht ist doch schon vorüber, und längst müsste er hier sein, und ich blicke mich um, und es sind nicht mehr die Gesichter von vorhin, sondern neu hinzugekommene Wartende, die nun neben mir. Die vorherigen haben wohl die von ihnen Erwarteten gefunden und sind mit ihnen gemeinsam heimgeeilt.

Und Angst frisst in mir, Angst, dass ein Unglück geschehen, ist es doch schon einige Tage her, dass ich nichts mehr von ihm hörte, nur damals jene Feldpostkarte, auf die er mir schrieb, dass er heute gegen 21 Uhr auf dem Hauptbahnhof eintreffe. Ist sein Kampfflugzeug abgestürzt? Ist er gefangen genommen? Ist er tot? Nur das nicht! Lass ihn leben, lieber Gott, leben! Weiter warte ich, und es sind stets andere Soldaten, die aus den Zügen steigen und sich mit anderen Wartenden vereinen. So stehe ich Stunde um Stunde bis in den frühen Morgen und stolpere dann auf die Straße, stolpere bis vor meine Tür. Und hier, hineingeklemmt in die Tür, ein Telegramm von ihm. Hier ist er, hier, wohnt im Deutschen Haus, wartet dort auf mich! Ins Ohr kneife ich mich – es ist kein Traum, er ist hier. Wie ist er wohl hergekommen? Doch jetzt nur hin zu ihm, hin in seine Arme! Aber wie sehe ich aus? Eine alte Hässliche mit Falten und zerwühltem Haar! So nicht, so darf er mich nicht sehen! Ich renne los, Richtung Graben, schaue dabei nach einem geöffneten Frisörgeschäft, finde eines, lasse mir eine Schönheitsmaske auflegen, lasse mir die Haare richten, alles in Eile, und renne weiter. Im Hotelzimmer dann – ja, er ist es, ja, er lebt! Immer wieder greife ich nach seinen Händen, immer wieder drücke ich sie, um sein Leben zu spüren … Auf einem anderen Bahnhof war er ausgestiegen, jenem, der nahe am Graben und von dem er gemeint, es sei der Hauptbahnhof, auf dem ich auf ihn warte. Aber nun ist ja alles wieder gut, denn wir haben uns gefunden und viele Stunden jetzt vor uns, Stunden, die nur uns gehören.

An seinem Bett sitze ich nun und streichle mit meinen Augen meinen Geliebten. Wie liebe ich diesen Mann, wie unendlich diese Liebe. Aber jenes Fremde – nach und nach spüre ich, dass etwas Fremdes zwischen uns. Sind es jene frisch überzogenen Kissen und Decken in dem noch leeren Bett neben ihm? Warum spricht er nicht: Leg dich doch endlich, so leg dich doch neben mich, damit auch ich dich spüre! Warum spricht er es nicht? Es wird mir bange um diese, um unsere Liebe. Alle meine Liebe, er braucht sie wohl nicht mehr. Und als er mir nun sagt: „Jetzt bist du ja frei, jetzt können wir heiraten", da weiß ich, dass es nur Floskeln sind, Floskeln, die er aus vergangenen alten Zeiten übernommen, als von einem Ehrenmann eben solches gefordert wurde, wenn er eine Ehe gebrochen. Wer nahm ihn mir, wer nahm ihm seine Liebe zu mir, wer, wer? Waren es die einsamen Stunden des Wartens auf mich auf diesem fremden Bahnhof, von dem er meinte, es wäre der richtige? War es dieses Verlassensein, während nebenan Wartende und Kommende sich finden, sich vereinen – war es dieses jämmerliche Alleinsein? Nein, es waren die Weiten Russlands, die mir meine Liebe genommen. Was erzählte doch auch Mutter bereits aus dem ersten Kriege? Sie erzählte davon, dass viele Soldaten aus den Weiten Russlands gekommen waren und nicht mehr zu lieben vermochten. Ausgelaugt von all dem Töten, von all den Toten und all der verbrannten Erde, die dort um sie …

Hans und ich, noch sitzen wir zusammen, sitzen nebeneinander, als gehörte der eine zu dem anderen. Es ist in einer der so anheimelnden Gaststuben auf der Kleinseite, in der man meint das Rauschen der Moldau zu hören. Halbdunkel der Raum, eine mattgelbe Wachskerze auf dem weiß gedeckten Tisch. Zur Tür herein kommt eine alte Frau, ein leuchtend buntes Tuch um den Kopf gewunden, in der Hand einen aus Weiden geflochtenen

Korb voll frisch erblühter Maiglöckchen. Ist sie der Frühling? Sie kommt zu uns, sie bietet uns ihre Blumen an. Viele, viele Sträuße kauft Hans, viele Sträuße schenkt er mir. Warum all dies noch, warum? Gern hätte ich dieses Leben gelebt, wie gern noch weitergelebt. Und es ist Frühling, aber Frühling und Abschied. Zu Hans sage ich: „Nimm den Abendzug, den erreichst du noch, fahr zu deiner Mutter. Sie wird sich freuen, wenn du über Ostern bei ihr bist!"

* * *

WAS ABER BLEIBT MIR, wo ist für mich ein Fluchtweg? Ostern – das liebliche Fest ist gekommen, und ich bin ohne Hoffnung, ohne Freude, fahre schließlich doch in die Heimat. In dem Eisenbahnwagen treffe ich den Zeitungsverleger aus Reichenberg. Er kommt aus Belgrad, er bietet mir dort eine Stelle in seinem neuen Betrieb an. Vielleicht ist dies eine Lösung? Und ich sage zu, sage am übernächsten Tag wieder ab, fahre zurück nach Prag. Diese Stadt – sie hält mich, hält mich mit all ihrer Schönheit, mit all ihrem Leid. Ich richte mich wieder in meine gegebene Umwelt ein, schwatze mit meinen Kollegen, versuche mit meinen Mitbewohnerinnen zu lächeln, versuche deren Geschick zu erkunden.

Gitta Marbach, Volksdeutsche aus Polen, früher hieß sie Brigida Malcok und verkaufte Zeitungen in der hölzernen Bretterbude ihrer Mutter vor dem Bahnhof in Oppeln. Germanisiert nun ihre Namen, der Zuname gewählt nach einem von ihr angeschwärmten Vorbild, nach dem so ähnlich klingenden Namen der Filmschauspielerin Leni Marenbach. Lachend erzählt sie, dass ihre Friseuse sie fragte, ob sie mit dieser verwandt sei. Gitta liebt ihren neuen Namen so, wie sie auch diese Zeit liebt, die sie aus grauer Öde geholt, zur Schönen und Begehrten gemacht. Eine selbstsichere Deutsche ist sie nun, eine, die sich bewusst, dass sie stets jemanden fände, der ein Stück mit ihr durchs Leben bummle. Ein älterer Polizeimajor war es, der sie heraus aus der Zeitungsbude mit nach dem Süden und dann nach Prag führte. Gitta, verführerisch lockend so vieles an ihr: Üppig ihre Formen, üppig und wohlproportioniert, dunkel ihre Stimme, dunkel und fordernd ihre Augen.

Gitta wirkt jetzt als Sekretärin im Büro des Generalvertreters eines berühmten Unternehmens mit ausländischem Namen. Ein äußerst attraktiver Mann ist es, an dessen Seite sie arbeitet, einer, wie man sich den reichen Amerikaner vorstellt, lässig und souverän, sonnengebräunt, in den besten Jahren, etwas angegraut das noch volle Haar. Sportlich wirkt er, und man meint, dass er gleich nach Büroschluss zum Golfplatz eile. Gitta – er nennt sie Tigress: „Tigress, bitte dies, Tigress, bitte das!" Gitta erzählt gern von ihm und auch von den anderen ihres Freundeskreises, besonders auch von dem Stabsarzt, der ihr so ein gutes Omen sei, um nicht schwanger zu werden – entsprechende Pillen halte er für sie immer bereit. Sie würde, falls ich in Not gerate, mir auch solche besorgen. Auch ihren Chef führt sie mir vor, lädt mich zu einem nachmittäglichen Besuch einer Bar am unteren Wenzelsplatz ein und nimmt noch eine weitere Bewohnerin mit. Es ist Ilse, jene Ilse Blunk, die Tochter jenes Parteivorsitzenden aus Südböhmen, den ich vor noch nicht allzu langer Zeit bei Sonja kennen gelernt, mit dem ich dort gemeinsam Silvester gefeiert habe. Ilse übt sich als Krankenschwester und ist äußerlich der Gegensatz zu Gitta, ist sehr zart und sehr blond, sehr weiß ihre Haut, ist eine eben erblühte Christrose, ist eine wohl noch unberührte Christrose. Aber ihre Augen, diese sehr hellen, sie haben einen eigenen Glanz, hungern nach Leben. Diese gierigen Augen, dem Mann, mit dem wir nun am Tisch sitzen, sie scheinen ihm zu gefallen. Auch Gitta spürt es, organisiert ein weiteres Zusammentreffen dieser beiden. Verlockt sie ein solches zu einem Vergleich mit ihren eigenen Werten? Gitta – Kumpel und Geliebte, beides ist sie für diesen Mann. „Tigress, bitte dies, Tigress, bitte das! Liebe Tigress, meine liebste Tigress!"

Der Star von all den Mädchen, die um mich, ist aber Astrid, Astrid Zimmermann aus Breslau, BdM-Führerin in gehobener Position. Astrid ist in sich geschlossen, ist ohne quälende Zweifel, ist verehrungswürdig. Ihr Äußeres schon sympathisch, weil es so allgemein, weil es so erreichbar für jeden, sie ist eine von uns. So ist sie nicht übermäßig groß, aber doch etwas mehr als mittelgroß, sie ist kräftig gebaut, aber gut in den Proportionen geblieben, wohlgeformt der Busen, die Hüften betont, stämmige Beine einer Sportlerin, durchtrainiert auch ihr Körper, mittelblond ihr Haar und lieblich der Mund, keck der Nasenstups, gesund der Teint des breitknochigen, etwas slawisch anmutenden Gesichts. Aber diese Rassenabweichung, sie fällt kaum auf, wird überstrahlt von ihrem leuchtenden, ehrlichen Augenspiel. Astrid glaubt an die deutschen Menschen, meint, dass alle gut seien. Nur richtig führen müsse man sie, mit all der eigenen Überzeugung sie auf Kraft und Ziele des Deutschtums hinweisen, ihren Stolz herausfordern. Bewusst wird mir bei solchen Aussagen, wie kläglich ich bei jeder Arbeit mit jungen Menschen gescheitert wäre, wenn aus meiner BdM-Führung etwas geworden wäre. Allzu lange aber will Astrid nicht mehr in Prag bleiben, strebt eine weitere Verantwortung an, will nach dem Osten, will dort die Nachrichtenhelferinnen betreuen, jene Tapferen, die so weit der Heimat, so nahe an der Kriegsfront ihren schweren Dienst tun. Etwas Leid täte ihr der Abschied von Prag, denn Freunde müsse sie dann verlassen. Gern erzählt sie von ihren Beziehungen zum Haus Ribbentrop. Nicht zu dem berühmten deutschen Außenminister, sondern zu dem geringeren Vetter, der in Prag aber auch einen bedeutenden Posten innehabe, ein harmonisches Familienleben führe und ein Waisenkind, einen Jungen, aufziehe. Jeden Abend sitze er mit diesem vor dem Radio, stelle den Soldatensender Belgrad ein und lausche mit ihm gemeinsam dem Lied von der Lili Marleen. Eine kleine Laterne stehe auf dem Apparat, die der Knabe jeweils anbrenne und nach den feierlichen Minuten wieder auslösche. Die Ribbentrops, welch sympathische Leute, welch gute

Freunde – Menschen auch wie du und ich! Astrid hofft, bei ihnen auch noch den großen, allgewaltigen Vetter, der so treffend die deutsche Außenpolitik lenkt, kennen zu lernen. Es wäre ein Höhepunkt ihres Lebens, diesem unbeugsamen Deutschen die Hand zu reichen. Einen ähnlich vorbildlichen Mann möchte Astrid auch für ihr Leben. Und wohl die meisten Mädchen, die hier wohnen, suchen nach einem Mann. Aber die Männer sind rar geworden, und je länger der Krieg dauert, umso weniger der Männer.

Katharina, die Krankenschwester, nutzt ihre Möglichkeiten im Lazarett und hat sich wieder mit einem Verwundeten liiert. Doch ihr Liebster – bald ist er geheilt, bald soll er wieder an die Front entlassen werden, und Katharina möchte ihn weiter an sich binden. Schüchtern bittet sie mich, ob ich ihr helfen könne und ein Aktfoto von ihr knipse. Auf dem Balkon im obersten Stockwerk seien wir vor allen Blicken geschützt, dort wolle sie sich ausziehen. Ja, dort habe sie den Mut dazu, Katharina, sie ist keine Christrose wie ihre Kollegin Ilse, sondern eine voll erblühte Tuberose mit all ihrem Duft und all ihrer Pracht. Welch berauschende Aktfotografien!

* * *

So sind nun einige weitere Bilder in meinem neuen Leben, so auch die meiner neuen Arbeitsstelle, jenes Elektrobetriebes, in dem ich nun als Chefsekretärin eingestellt. Ein tschechischer Betrieb war es vordem, einer, der in deutsche Hände überging, in die des Ingenieurs Rumler, der ein guter Nationalsozialist und Parteivorsitzender dieses Viertels in der Stadtmitte. Als Betriebsinhaber wirkt er oft noch recht unbeholfen, als wolle er sich dafür entschuldigen, dass er nun der Besitzer sei. Rumlers Frau ist eine gebürtige Tschechin, und auch er beherrscht diese Sprache, bemüht sich aber, in seinem Betrieb nur deutsche Anweisungen zu geben. Hier bin ich nun die weitere Deutsche, die jetzt neben ihm ist, und bangend stelle ich mir die Frage, wie man mich als solche wohl nehme. Doch meine Bedenken – sie verfliegen, denn die angestellten Männer, die hier um mich, sie nehmen mich an.

Bulvas, der Älteste, ein Alleskönner und so etwas wie ein Bürovorstand, er sieht aus wie ein grauhaariger ungarischer Magnat, ist sehr schlank und hochgewachsen, scharf geschnitten sein Profil, sprühend seine sehr dunklen Augen. Stets begrüßt er mich mit österreichisch-ungarischem Charme, mit „Küss die Hand, gnä' Frau, küss die Hand!" und beherrscht recht gut dieses sich anschmiegende österreichische Deutsch. Auch seine Hilfe bietet er mir an, und diese nicht nur innerhalb des Betriebes, sondern auch in seiner Familie. Seine Frau, die eine wunderbare Dame sei, könne aus allerlei Resten mir noch wunderbare modische Dinge zaubern. Und Frau Bulda, die ebenfalls einer ungarischen Gräfin gleicht, sie empfängt mich liebenswürdig, bietet mir Mokka mit Sahne samt einem Stück Gugelhupf an und näht mir aus Resten auch ein Kleid, und dieses so fantastisch, wie ich es mir vorgestellt.

Neben Bulvas und mit ähnlich lautendem Namen der Buchhalter Bulda. Bulda, er ist bedeutend jünger als Bulvas, etwa anderthalb Jahrzehnte jünger und auch einen Kopf kleiner als jener. Mittelblond und genau gescheitelt sind seine Haare und täglich frisch seine Rasur, herausfordernd sein Blick, diese Augen, die über die schmal in Metall gefassten Brillengläser schauen. Alles scheint er einschätzen zu wollen, all das, was um ihn: Rechnungen, Kassenbücher, Menschen, und so auch mich und so auch die gesamte Zeit. Auch über die scheint er Buch zu führen. Sein Deutsch ist nicht so flüssig wie das von Bulda, es ist kein Prager-, kein österreichisches Deutsch, doch er müht sich mit mir in meiner Sprache zu reden, nennt mich gnädige Frau.

Doležal ist der Jüngste, ist der Verbindungsmann zwischen Büro und der Elektrofabrik, die etwas abseits von hier. Doležal scheint mehr noch frischer, frechnasiger Junge und bewährter Mittelstürmer seines Fußballklubs als eine bewährte technische Fachkraft, und da er noch so jungenhaft, verleitet es mich, ihn nur „Miláčko, Liebling Doležal!“ zu rufen. Und er freut sich darüber, und er grüßt mich nun auch mit „Servus“, einem der wenigen deutschen Worte, die ihm bekannt sind.

Ich bin gern mit diesen dreien zusammen, es ist ein Finden an einem gemeinsamen Arbeitsplatz, an dem keiner dem anderen schaden möchte. In meinen Beziehungen sind sie mir näher als der Leiter des Ganzen, als der deutsche Ingenieur Rumler. Beinahe ist es so, wie einst auf den Schulbänken, wo man sich gefunden, ohne zu fragen, aus welchem Elternhaus dieser oder jener sei, wo man heimlich miteinander geschwatzt und das Frühstücksbrot miteinander getauscht oder geteilt hat. So ähnlich sind die Gefühle wohl jetzt zwischen uns, und so besonders an manchem Wochenanfang, wenn einer der Tschechen übers Wochenende zu einer Hamsterfahrt auf dem Lande gewesen und uns Daheimgebliebenen nun seine Mitbringsel verteilt, so vom heimlich hausgeschlachteten Schwein und sogar manches Stück, das schon geräuchert, und dazu dann noch die eine und die andere Leber- und Bratwurst. Öfters bekomme ich auch einige Kolatschen, diese so köstlichen kleinen Hefekuchen, die mit echtem böhmischen Powidl, diesem so süßen Pflaumenmus, gefüllt sind. Um die Zigaretten, um diese so seltene Mangelware, bekümmere ich mich. Nun bin ich auch nicht mehr nur auf Feldpostpäckchen mit dänischen Zigaretten angewiesen, sondern habe hier eine Einkaufsstelle, die mir Ilse Blunk, diese zarte Krankenschwester, vermittelt. Es sind die Zigarettenreste aus dem Palais des Reichsprotektors, die jeweils die Reinigungskräfte einsammeln und an vertrauenswürdige deutsche Bürger verhökern. Da ich mich auf Ilse Blunk berufen konnte, bin ich nun auch in diese Kundenschar eingereiht worden, kann sie nun auch für meinen Bedarf und jenen meiner tschechischen Kollegen käuflich erwerben. Wir rauchen sie und philosophieren manchmal über jene, die sie vorher vor uns angezündet, denn die Länge der Kippe lässt jeweils darauf schließen, ob einer sie geruhsam geraucht oder nur in Hast einige Züge an ihr getan.

Das Reichsprotektorat – der jetzige Reichsprotektor ist Reinhard Heydrich, er ist es seit einem knappen dreiviertel Jahr, seit September 1941. Während dieser Zeit unterschreibt er mehr Todesurteile, als insgesamt die zwei Jahre vordem unterschrieben wurden. Dieser Mann wird gehasst und gefürchtet, und er wird gerichtet. Aus England fliegen tschechische Fallschirmspringer ein, um ihn zu töten. Und tödlich verletzen ihn diese beiden, die auf ihn angesetzt, verletzen ihn während seiner Fahrt zum täglichen Henkerdienst. Die Attentäter können entfliehen, aber am Tatort verbleiben ein Fahrrad, ein Mantel und eine Aktentasche. Grell beleuchtet nun all das ausgestellt im großen Schaufenster vom Baťahaus, in diesem großen Gebäude des tschechoslowakischen Schuhkönigs aus Zlín, dem unten am Wenzelsplatz. Grell auch all die Plakate, die eine Belohnung von zehn Millionen Kronen demjenigen versprechen, der Hinweise auf die Attentäter zu geben vermag. An die siebenhundert Hinweise kommen, und die knappe Hälfte davon von tschechischer Seite. Die Angst, die unter ihnen umgeht, die Angst und diese Gerüchte! So solle nach diesen, falls die Täter nicht gefunden, jeder zehnte Tscheche erschossen werden. Aus einem von einem Fabrikanten aus Kladno aufgefangenen Brief an eine Arbeiterin wird herausgelesen, dass diese Frau einen Fremden beherbergt habe. Diese Frau, sie wohnt in Lidice, und dieses Dorf wird nun von tschechischer Polizei und SS-Angehörigen der Leitstelle Prag durchgekämmt. Es wird nichts gefunden und dies auch nach Berlin berichtet. Die Berliner Zentrale aber funkt zurück: Vernichten! Und so wird Lidice dem Erdboden gleichgemacht, die Männer werden erschossen, die Frauen in Konzentrationslager gesperrt, die Kinder verschleppt …

All das wird bekannt, und so stehe auch ich neben anderen vor dem hell erleuchteten Schaufenster des Baťahauses, sehe die bereits etwas abgegriffene Aktentasche, den Mantel und das Fahrrad. Auch an jenem Vormittag komme ich am Zderas vorbei, möchte von hier mit der Straßenbahn weiter. Aber abgesperrt ist hier alles und bewacht, denn vor mir in der Kirche zum Cyrill und Method, da sind die Attentäter, hier in die heilige Kirche sind sie geflüchtet und haben sich verschanzt. Im Gewölbe seien sie, so höre ich aus Gesprächen von einigen, die um mich stehen. Sie sind uns so nahe, einige Schritte von uns nur entfernt. Diese Todesangst dieser Menschen – Herrgott hilf ihnen doch, hilf ihnen irgendwie! Ich rette mich so in meinen Kinderglauben und weiß doch, dass es keinerlei Hilfe gibt …

Sprechen möchte ich mit jemandem über all das, sprechen. Aber mit wem könnte ich so etwas besprechen? Mit Angela, meiner einstigen Vertrauten? Doch jetzt, würde sie mich noch jetzt verstehen können? Sie ist Tschechin, eine nationale Tschechin, und hält da überhaupt noch eine Brücke zu mir, einer Deutschen? Und Bulvas, Bulda und Doležal? Sie bemühen sich weiter, gut zu mir zu sein. Aber jene Spannung, sie ist eben da, und ein Schweigen legt sich über all das, was sich jetzt um uns getan. Aber diesen Zusammenhalt mit ihnen – festhalten, behalten will ich ihn. Und all meine restlichen Zigaretten biete ich an, um weiter mit ihnen in der Runde zu sitzen, und es ist mir dabei, als wolle ich mich von etwas loskaufen. Aber einmal, da sprechen auch sie von dem Anschlag, sagen mir auch, dass einer, der um die Attentäter wusste, sie verraten hat, einer, der auch mit ihnen in England zusammen gewesen ist. Er soll sie aber verraten haben, um anderen Bedrohten das Leben zu retten.

Ein Leben, was ist ein Leben in dieser Zeit? Mein Leben: Ein Kind möchte ich hinein in mein Leben haben, ein Kind, um sein Leben so zu richten, dass es richtiger, unbeschwerter als das meine werde, möchte einen Halt in seinem Leben finden …

* * *

SOMMER IST ES NUN und schwülheiß dieser Tag zum Juniende. Sabine, sie kommt zu mir, sie drückt mich, küsst mich und spricht: „Mitkommen musst du heute! Einen Neuen haben wir im Bataillon, einen jungen Hauptmann. Mein Typ ist er nicht gerade, er scheint noch ziemlich unbedarft, schaut aber recht gut aus. Den musst du kennen lernen! Geh mit, komm schon, du musst mal raus!“ Ich sage nein, gehe aber dann doch und komme verspätet zur Veranstaltung, die getragen vom System der „Kraft durch Freude“. Brigitte Horney, die Große, die Berühmte des deutschen Films, sie ist noch geblieben, sitzt auf der Bühnentreppe und flirtet mit einem Landser. Alt ist sie geworden, und von Schminke zernarbt ist ihr Gesicht – und dieser junge Hübsche, wie himmelt er sie an … Und ich, ich lerne nun jenen Neuen kennen. Strecken muss ich mich, hochschauen, denn er ist groß und passt wohl noch gerade durch meine Zimmertür. Er ist schlank, gut gebaut, faltenlos noch die klassischen Maße seines Gesichts, undurchsichtig seine hellen Augen, undurchsichtig wie bei Katzen. Katzenaugen – ich mag sie. Und dieser Mann, er gefällt mir. Gemeinsam dann der Heimweg, und voller Sterne diese Sommernacht. Viele Bänke sind an den Straßen zu Prags Vororten hin, viele Bänke – und wir nutzen jede, um uns zu küssen. Und Hinweg wird Rückweg und Rückweg wird Hinweg.

Der Hauptmann, ich nenne ihn Eike, er kommt aus Russland, kommt von jener Front, wo Tod und Leben sich die Hände reichen. Doch leben will er jetzt, nur leben und küssen. Und auch ich will küssen, auch ich hungere nach Liebe – und hungere nach einem Kind. Ein Kind – wäre dieser Mann ein Vater für mein Kind? Noch genauer betrachte ich ihn mir, blättere auch im Buch seines Lebens und meine ja. Und aus uns wird ein Kind. Aber er will kein Kind, wehrt sich gegen den Embryo, wehrt sich gegen eine Ehe. Und leben wir doch bereits seit Wochen in einer ganz wunderbaren Ehe! Macht es der Krieg, dieses Nichtwissen um ein Wiedersehen, dieses Abschiednehmen auf Befehl, das Sterben auf Befehl? Ist Soldatensein leichter ohne Rückdenkenmüssen an Bindungen, die so tief sind? So denn – ohne

Bindung! Doch das Kind in mir, das halte ich fest, ganz fest. Kein Sprung über Stock und Stein, kein Ritt auf wilden Pferden vermag es mir zu nehmen. Aber nicht nur das Kind allein will ich in mein Leben fügen, auch den Vater dieses Kindes will ich behalten, denn mehr und mehr wächst meine Liebe zu ihm, wird ähnlich stark wie zu dem Kinde, das ich von ihm in mir nun trage. Jetzt im Paradiesgärtlein sitzen, jetzt in Arkadien sein! Wer gibt uns ein Paradies? Und sei es nur für kurze Zeit, nur so, dass wir drei einmal im Paradies gewesen …

Für unsere Urlaubszeit suchen wir nun dieses Paradies. Am Wörther See solle es sein. Lockend rufen der See und seine Ufer. Weit weg von dort scheint jeder Krieg, weit weg in irgendwelchen Fernen. Keine Uniformen hier zu sehen, keine grell schreienden Plakate, keinerlei Zeitungen der SA oder der SS, kein „Stürmer" und kein „Schwarzes Korps", sondern nur die „Frankfurter Allgemeine" und der „Börsenkurier". Alles, was hier um uns, es tut sich friedlich und heiter, so jenes liebliche Wellengekräusel mit den freundlich blinkenden Segeln, einladend geschmückte Häuser am Ufer und zufrieden lächelnde Menschen, denen wir hier begegnen. Ja, hier verweilen, hier eine Bettstatt suchen, und sei es in einem Stall. Doch es gibt hier für uns keine Bleibe, alles bereits ausgebucht und vom Börsenkurier vergeben. Dieses Paradies – wir haben nun hineingeschaut, wissen nun, dass es ein solches gibt, und müssen dann wieder weiterziehen und wieder weitersuchen …

Einige Kilometer von hier der Klopainer See, ein kleiner See, der in die Stille träumt. Schilfumsäumtes Wellenrauschen bietet er uns für unsere Liebe und eine wundervolle Einsamkeit, die nur uns gehört. In der kleinen Gastwirtschaft sind wir die Einzigen, und so schlagen wir hier unsere Zelte auf und, beschienen von der Sonne der Tage und den Sternen der Nächte, matschen wir hier unsere Illusionen aus Wasser und Sand. Um uns viele hohe Berge, gleichsam ein uns beschützendes Gebirge – aber wie verlockend doch diese Höhen! Hoch zu ihnen möchte ich, hoch hinauf bis dorthin, wo sie den Himmel berühren. Mein Mann aber, er sagt: „Du darfst es nicht, es geht nicht, dort oben ist Partisanengebiet, dort wartet der Tod!" Wie nahe, nur eine Halbtagswanderung, und schon Krieg und Tod, wie nahe! Arkadien – keines gibt es hier für uns, Arkadien – nur Traum, nur Sehnsucht …

So fahren wir wieder ein Stück zurück, fahren bis Klagenfurt, sind dort nahe dem Wörther See, sind an der Schwelle von einem Paradies. In dieser so hubschen und bunten alten Stadt finden wir ein freundliches Quartier bei einer Fleischermeisterfamilie, die uns auch Mahlzeiten ohne Markenabgabe bietet, denn meine Marken sind noch nicht eingetroffen, und die Vorräte, die Eikes fürsorgliche Ordonnanz, jener Herr Nemec, der privat Herrenschneider in Wien, für uns eingepackt hatte, sie sind verschimmelt am Klopainer See. Aber hier diese Familie versorgt uns bestens, und der halbwüchsige Sohn der Familie steckt uns noch dies und jenes zusätzlich zu. Eikes Hauptmannsuniform und besonders diese helle weiße Extrauniform samt seinem Eisernen Kreuz erster Klasse hat es ihnen angetan, erinnert wohl auch fern noch an die kaiserlich-königlichen Zeiten. Sie geben sich aber auch als gute deutsche Patrioten und möchten von Eike immer mehr von diesen Kämpfen gegen die bolschewistische Gefahr hören. Bei unserem Abschied nach knapp zwei Wochen gibt uns der Sohn des Hauses noch einen Umschlag mit sorgfältig geschriebenen Buchstaben: „Für Herrn Hauptmann und seine Frau", und dieser Umschlag ist angefüllt mit vielen Abschnitten von Lebensmittelkarten, die der Sohn wohl heimlich aus dem elterlichen Fundus in der Gaststätte entnommen. Der Sohn, viel Sympathie bringt er uns entgegen, und auch den von uns geäußerten Wunsch nach einem jungen Schäferhund erfüllt er. Ein sehr junges und noch wolliges Tier hat er uns besorgt. Wir nennen es Ajax und nehmen es mit nach Prag.

Das hunderttürmige Prag ist nun wieder um uns, und mit der Stadt all die Erlebnisse, die uns an sie binden. Und auch Eike, auch er hat Erlebnisse hier gesammelt, und so auch eines knapp vor unserer Reise zum Wörther See. Ein diplomatischer Akt war's, der aber recht menschlich endete. Eike, er defilierte mit seinem Bataillon vor dem altehrwürdigen tschechischen Staatspräsidenten Hacha zu dessen Geburtstag oben auf dem Hradschin. Nach Beendigung des Staatsaktes drückte der Staatspräsident Eike die Hand und sagte in tadellosem Deutsch: „Was für ein junger und hübscher Hauptmann!" Ich stand von all dem einige Schritte entfernt, hatte mich unter die anwesenden Gäste gemengt und zugesehen. Waren diese verbindenden Gesten zwischen beiden gleich einem Symbol des Einandernäherkommens? Doch Eike ist skeptisch, denn nach wie vor an Straßen, an Plätzen diese furchtbaren Plakate mit den lebendigen Namen jener zu Erschießenden. Der Gedanke an all das und die erschreckende Vorstellung, einmal kommandieren zu müssen: „Schießt, erschießt doch diese Wehrlosen!", wird ihm zum Angsttraum. Soldatsein ist zwar sein Beruf, doch nicht sein Wunschtraum. Ein Studium der Jurisprudenz oder der Journalistik hatte er antreten wollen. Den Eltern aber fehlte das Geld für sein Studium. In jener Zeit suchte aber die Polizei der Weimarer Republik Nachwuchs und bot ihm Qualifizierung. Das folgende Dritte Reich übernahm die Fähigsten der Ausgebildeten in die Reihen der Schutzstaffel des Führers. Als der Krieg gegen Russland begann, wurde Eike mit seinem Bataillon in die Wehrmacht integriert. Partisanenkampf ist dort für ihn zum neuen Hauptwort geworden. Partisanenkampf, jener heimlich-unheimliche Kampf von Mann zu Mann. Er holte sich dabei das Eiserne Kreuz 1. Klasse und einen Erholungsurlaub nach Prag, verbunden mit der Aufgabe, während dieser Zeit seine Kampferfahrungen niederzuschreiben. Ich lese diese Seiten, und es würgt und schüttelt mich. Ich lese aber auch etwas von ihm, was er einst geschrieben, als er noch recht jung gewesen. Es ist ein Aufsatz über Lessings „Nathan der Weise". Welche Welten liegen zwischen diesen beiden Schriften! Letztere, gleich einem Talisman schleppt er dieses schon etwas zerknitterte Heft mit sich herum. In einer

Nacht sagt er mir nun, was ich bereits heimlich zitternd erwartet, er sagt mir, dass er sich wieder an die Front gemeldet habe. Doch er, er kommt jetzt nicht an die Front, er wird nach Warschau versetzt, nach Warschau, in das blutende Herz Polens. Für dort muss er nun seinen Koffer packen. Auch Ajax, den Schäferhund aus Kärnten, den nimmt er mit und nimmt auch mein Versprechen mit, sehr bald zu ihm zu kommen. Jene Aktfotos, die Heinz einst von mir im Park von Veselikov aufgenommen, drücke ich ihm noch zum Abschied in die Hand …

* * *

Kalt ist der Herbst, kalt und voll Nebel. Und auch die Bäume und Sträucher am Petřín sind wieder kahl. Ihr welkes Laub – es raschelt wieder unter meinen Füßen. Aber ich trage ein Kind jetzt in mir, ein Kind, wie ich es schon vor einem Jahr mir gewünscht. Nur ist der Vater ein anderer geworden als der, den ich vor einem Jahre meinte. Mit dem Kind in mir fahre ich nun zu diesem seinem Vater, fahre durch graue polnische Ebenen bis in die mir fremde große Stadt. Warschau – eine Stadt voller Trauer und Betender. Sie knien in den Kirchen, zünden zu Füßen der Heiligen vor den Altären Kerzen an und legen Bittschriften daneben. In einer der Kirchen ruht auch das Herz von Chopin, es ist auf einem Altar hinter einem gläsernen Schutz aufgebaut und so für die Betenden zu schauen: Chopin ist hier zu einem Heiligen seiner Nation geworden.

Und die deutsche Macht, die sieht und spürt man hier überall, und sie repräsentiert nun neben der früheren deutschen Macht, der jener Kaufleute, jener Welser, die hier auf dem großen Markt ihre Handelshäuser bauten und deren Grabmale nebenan in der riesenhaften Kirche zu bestaunen sind. Einige neue deutsche Handelshäuser wachsen nun bereits dazwischen, darunter ein Ladengeschäft mit allerlei Andenken und auch hölzernen Herzen, in die Sprüche eingeschnitzt sind wie jener: „Wenn dem Esel zu wohl wird, geht er aufs Eis tanzen." Irgendwie reizt mich dieses kitschige Stück und ich kaufe es mir.

Mit dem Hund laufe ich bis in die Vororte der Stadt, laufe zwischen kleinen, verkümmerten Hütten und über abgeerntete Kohlfelder, auf denen noch einige Strünke geblieben. Alles möchte ich hier sehen, alles, auch das, was so schwer ist auszusprechen: das Getto – auch das … Ich kann mir nicht vorstellen, was das ist, ein Getto. Für die Prager Juden soll eines in Theresienstadt, also nicht allzu weit von Prag, geschaffen worden sein. Aber über all das, wer getraut sich schon zu sprechen? Alle scheinen es zu wissen, dass den Juden etwas angetan wird, etwas Böses, etwas, was unaussprechbar – etwa, dass man Juden zusammentreibt und wie Vieh transportiere ins Irgendwo. Keiner, der darüber flüstert, scheint zu wissen wohin, aber mehr und mehr meint man, dass Transporte in Richtung Polen, Richtung Warschau gingen.

Und hier ist ein Getto – dies weiß ich nun, und ich werde hineinblicken, Zeitzeuge vor mir selbst sein über das, was ich sehen werde, was ich gesehen und gehört habe.

Ein Offizier, genannt der Getto-Offizier, führt mich hin. Grau und zerbröckelnd alles. Straßenbahnschienen, auf denen keine Bahn mehr fährt. Entlang der toten Schienen – tote Häuser. Vor einem ein Haufen Bücher, auch kostbare mit Goldschrift und in Leder gebunden. Warum diese Bücher auf der Straße? Will sie keiner mehr lesen? Ist keiner mehr da, um sie zu lesen? Ich frage den Offizier: „Wo sind die Menschen?“ – „Die Juden sind jetzt unterwegs“, sagt er nur, geht weiter mit mir, führt mich in ein Haus, ins Parterre dieses Hauses. Hier ist eine Gaststube eingerichtet, eine kärgliche Gaststube, in die wir nun eintreten. Eine junge Jüdin steht hinter der Theke. Sie schenkt uns Tee ein, sie tut es mechanisch, mechanisch gleich einem Apparat, der auf so etwas eingestellt ist. Ihr Blick geht über uns hinweg, wir sind für sie nicht existent, über uns hinaus schaut sie zu der etwas geöffneten Tür. Jüdische Hilfspolizisten stehen dort, ranke junge Burschen, gekleidet in etwas Dunkles. Ist's blau oder schwarz? Ist's eine Uniform? Gleich einer Uniform scheint es mir, einer Uniform mit einer gelben Nummer auf der Brust. Beide haben einen Prügelstock umgehängt. Wozu diesen Stock? Für die Ordnung seien sie hier verantwortlich, so sagt mir der Offizier. Wir gehen nun an ihnen vorbei. Sie stehen stramm, er spricht mit ihnen, gibt sich jovial. Dann weiter, ein Stück weiter, wir gehen wieder dem Tor in der Mauer zu, begegnen von draußen zurückkehrenden Arbeitskolonnen. Im Gleichschritt marschieren sie, zu beiden Seiten bewacht von deutschen Polizisten in freundlich-grünen Uniformen, aber grau sind die marschierenden Männer, so grau wie die Mauer, die hier alles umschließt. „Was geschieht weiter mit den Juden hier im Getto und all den anderen, die nach Polen kommen?“ Nur mit den Achseln zuckt der Offizier: „Ich weiß es nicht!“

Einige Juden arbeiten in der Dienststelle des Polizeibataillons, sind dort für schriftliche Arbeiten eingesetzt. In ihren weißen Kitteln gleichen sie einem Ärzteteam. Ärzte sind auch unter ihnen und Juristen und andere Wissenschaftler. Eike begegnet ihnen mit Achtung, und sie zeigen ihm, wie wohltuend das für sie ist, basteln ihm aus Lederstreifen kleine Geschenke und flechten ihm für seinen Geburtstag eine kunstvolle Reitgerte für sein Pferd. Eike spricht auch mit ihnen über meine Schwangerschaft, holt sich Rat wegen einer Abtreibung. Sie wären auch da behilflich, brauchten nur die notwendigen Instrumente. Lieber Gott, wie mag es in diesen Menschen aussehen, dass sie sich zu solchen gefahrvollen Freundesdiensten hergeben würden, um vielleicht ein Stück Brot mehr zu bekommen oder noch einige Sicherheit in einem behördlichen Dienstzimmer. Zu jeder Hilfeleistung wären sie bereit, zu jeder …

Das Los der Juden, in das ich nun geblickt – abgesperrt, eingesperrt, dazu noch ferne Gerüchte, dass es hier in Polen und auch nahe Warschau

Vernichtungslager gäbe, wohin Juden transportiert und wo sie getötet würden. Und all das in meiner Zeit! Aber was soll ich tun? Angst habe ich, etwas zu tun, immer diese verzehrende Angst: Sie spucken dich an, sie rasieren dir die Haare ab, sie sperren dich ein. Und ich fürchte mich so vor Hunger und vor Kälte. Ich will nicht frieren, ich will nicht sterben – ich will leben! Im Getto, jener jungen Frau, die uns den Tee einschenkte, jener Jüdin, ich hätte ihr sagen müssen: Bitte nehmen Sie hier mein Vesperbrot und meine Geldbörse, bitte nehmen Sie dies. Geld ist in der Geldbörse, kaufen Sie dafür, was Sie dafür bekommen, versuchen Sie Brot zu kaufen. Und bitte verstehen Sie mich: Ich habe Angst …

Auch eine polnische Frau lerne ich kennen. Eines Abends geht Eike mit mir zu ihr, die ihm bereits eine Bekannte. Heimlich im Dunklen unser Gang. Vergrämt ist diese Frau, voll Trauer das schöne Gesicht. Ihren Mann, einen höheren Beamten, haben sie abgeholt, abgeholt und eingesperrt. Angst ist in der Frau, Sorge und Furcht, dass ihr Mann nie wiederkäme. Aber Verwandte habe er, deutsche Verwandte, einen deutschen Cousin, der ein höherer Angestellter bei Mercedes-Benz sei. Helfen könne doch ein solcher, helfen würde doch ein solcher, schreiben müsste man ihm, dass er helfe. Ob Eike den Brief, mit seinem Namen versehen, absenden würde, absenden, damit er seinen Empfänger erreiche …

Das Los der Polen – sie dürfen keinen Deutschen ansprechen, keinem Deutschen schreiben. Zu Untermenschen sind sie gestempelt, ohne Recht sind sie und ohne Eigentum, müssen bei herandämmerndem Dunkel von Straßen und Plätzen verschwinden …

Solches erlebe nun auch ich, werde als Polin eingestuft. Eike und seine Kameraden laden mich zu einer abendlichen Theateraufführung ein, zu Lehárs Operette „Land des Lächelns". Ich gehe einige Schritte voraus, denke mich in die bevorstehende Aufführung hinein, summe so vor mich hin: „Immer nur lächeln, immer vergnügt …", und meine Arme werden nach rückwärts gerissen und festgehalten. Eine Polin glaubte man in mir zu ergreifen. Ein Hilfspolizist ist es, der mich festgenommen hat, einer der polnischen Hilfspolizisten, die noch in ihrer alten dunkelblauen Uniform, aber nun für das Deutsche Reich ihre Dienste tun.

Wie furchtbar doch all das hier – trotzdem aber, ich werde hierher übersiedeln, will hier neben meinem Mann, will hier neben Eike leben, werde hier unser Kind gebären. Und das Kleine, er wird es dann auch lieben, wird es huscheln und küssen, denn es ist ja auch das seine. So sichere ich mir für die Zeit noch eine Anstellung in einem der deutschen Unternehmen, schreibe Prüfungsdiktate, zeige meine Talente zu selbständigen Tätigkeiten. Der Abschied – er ist nun ohne Tränen, ist überstrahlt von Vorfreude auf ein baldiges dauerhaftes Zusammensein.

Die Rückfahrt nach Prag – nun wieder durch die grauen Niederungen mit den spärlichen Dörfern, aber in meinem Abteil ist jetzt ein Oberstleutnant, mit dem ich mich unterhalte, und unsere Gespräche, sie führen uns enger zusammen. Es ist eine Zeit, in der man spürt, mit wem man über manches ehrlich sprechen kann oder mit wem man schweigen muss oder höchstens das Wetter loben oder tadeln darf. Der Offizier kommt von der Front und fährt in den Urlaub zu den Seinen, die im südlichen Deutschland wohnen. Ich erzähle diesem Mann etwas von Warschau und auch vom Getto. Möchte von ihm, der an höherer Stelle, wissen, was mit den Juden geschieht. Er versichert mir, dass jetzt die Gräuel aufhören werden, denn aus guter Quelle habe er erfahren, dass die Juden jetzt um Lublin angesiedelt würden. Aber was geschah vordem mit ihnen? Darüber schweigt auch er …

* * *

IN PRAG, bald ist es schon früher Morgen, erwarten mich Sabine und Heinz, holen mich aus dem Gedränge der Aussteigenden, führen mich zu einem Kaffee in eine nahe Bar. Welch Gegensatz zu Warschau, nicht diese stumpfe Trauer, die dort aus allen Ritzen quillt. Locker hier das Treiben, elegant gekleidet die Menschen, die um mich und die mich an jene erinnern, die ich am Wörther See sah. Einen von ihnen bringt Sabine auch an unseren Tisch. Es ist ein blasierter Dreißigjähriger mit einer roten, frisch erblühten Nelke im Knopfloch des Sakkos, der uns jetzt freundlich-herablassend begrüßt. Er ist einer der Nachfahren jenes bedeutenden böhmischen Adelsgeschlechts der Thuns, die einst in Tetschen auf einem Fels oberhalb der Elbe ihr Schloss erbauten, für dessen Kapelle Caspar David Friedrich später sein berühmtes Altarbild „Das Kreuz im Gebirge" schuf. Große Taten, die sich mit diesem Namen verbinden, aber jener Spross, mit dem wir nun an einem Tisch sitzen, er scheint ein Nichtstuer zu sein, einer, der vom Glanz seiner Vorfahren profitiert und zehrt. Uns lädt er noch zu einem Frühtrunk in seine Wohnung ein, um uns dort einige Erbstücke aus seiner Familie zu zeigen, so auch ein berühmtes hölzernes Kruzifix aus dem dreizehnten Jahrhundert mit einem schmerzvollen Christus am Kreuz. Dieses Kruzifix hat er über seinem breiten französischen Bett befestigt, in dem er nun mit Sabine schlafen wird. Und so verabschieden wir uns rasch. Heinz trägt mir mein Gepäck noch bis vor die Tür vom Frauenwohnheim. Wir wechseln aber kaum noch ein Wort. Was hätten wir uns auch schon sagen sollen?

Und nun packe ich mein Umzugsgut für Warschau, nehme vorerst all die kostbaren Antiquitäten, die ich hier vor nicht allzu langer Zeit aufgestellt und aufgehangen, nehme sie von Wänden, aus Regalen und sichere sie in einer Kiste zwischen Wäschepacken, warte dann nur noch auf Eikes Nachricht, dass ich sofort zu ihm komme, dass in der Filtrowna 64 im Warschauer Polizeiquartier für uns beide noch ein weiteres Zimmer neben dem bereits gegebenen bereitgestellt sei. Die Tage vergehen und werden zu einer Woche und noch zu einer weiteren.

Ich warte und beginne zu zagen, bange mit bangenden Fragen zu dieser bangenden Zeit: Was ist geschehen, wo ist er? Ist er nun zum Fronteinsatz delegiert, steht er vielleicht vor Stalingrad? Eike, melde dich, spüren musst du doch, wie ich warte, Eike, schreibe, schreibe eine Feldpostkarte, schreibe, dass du noch in Warschau bist … Endlich, ja, endlich – ein Brief, ein Brief aus Polen! Aber diese Schrift, nicht die seine, eine fremde Schrift! Wer schreibt mir? Was ist geschehen? Die Telefonistin des Bataillons ist es, die mir schreibt: „Der Hauptmann ist verhaftet. Der Hauptmann wurde wegen verbotenen Verkehrs mit Polen und Juden verhaftet und steht jetzt vor einem Gericht, einem SS- und Polizeigericht. Sein Besitz wurde eingezogen, und auch den Hund haben sie mitgenommen. Aber auch die Polin wurde verhaftet." Ich lese, lese es immer wieder, aber es bleibt, jedes Wort, jeder Satz – alles bleibt. Es ist kein Traum – ich kann es anfassen, das Papier, ich kann es zerknüllen. Ich zerknülle den Umschlag. Lieber Gott, was ist geschehen? Lieber Gott, hilf, hilf!

Zum Tode verurteilt – verurteilt zum Tode durch Erschießen! Bewegt sich das Kind? Wird es eine Frühgeburt? Will es auch nicht mehr leben? Was soll es auch schon, was soll es denn? Hinaus laufe ich, weg von dem Haus, nur weg von hier, laufe bis zur Moldau, gehe an ihr Ufer, gehe ganz nahe heran, dorthin, wo das Wasser über den Erdboden schwappt, laufe das Ufer entlang, laufe wieder zurück, laufe an dem Ufer auf und ab und denke: Soll ich ins Wasser? Soll ich nicht? Soll ich? Soll ich nicht? Ich kehre schließlich um …

* * *

Und es ist jetzt die Zeit um Weihnachten. Auf ein und dem anderen Platz ist ein Weihnachtsbaum aufgestellt worden, und auch einige Lichter sind an ihm angezündet. Ich gehe vorbei an den Bäumen und weiß noch nicht, wohin ich zum Weihnachtsfest gehen soll. In meine Heimat? Mich ängstigen jedoch die dortigen Moralvorstellungen, die bestimmen, dass eine meines Standes, eine, die aus dieser großen, geachteten Familie, nie ein Kind gebären dürfe, ehe sie nicht den ehelichen Segen der Heiligen Kirche erhalten habe. Meine Figur – ich betrachte sie, presse meinen Leib in eine Art Korsage, ziehe eine Art Kaftan darüber, so ein sehr locker fallendes Gewand, das mir Frau Bulvas aus einem Rest von fein gemustertem dunkelblauen Friedensstoff in Eile noch nähte.

Im Zugabteil, welch ein Zufall, treffe ich Edeltraud, eine ehemalige Mitschülerin, mit der ich einige Zeit enger befreundet gewesen. Sie ist immer noch diese hübsche Blonde von damals, aber wohl nicht mehr so unbedarft wie seinerzeit. Recht elegant ist sie gekleidet, unauffällig geschminkt ihr Gesicht und die Haare nach letztem Schick zu Locken gedreht. In Prag sei sie gewesen, um Weihnachtseinkäufe zu machen, und diese könne man eben nur in der Hauptstadt tätigen, denn hier sei noch Geschmack und Auswahl gegeben – im Gegensatz zu den Dürftigkeiten in der Provinz. So manches aber bekäme sie auch aus Frankreich, aus Paris, ihr Gatte schicke ihr recht gern manch Päckchen, ihr Gatte, er sei Feldwebel und als solcher nun in Frankreich. „Ich habe einen sehr guten Mann!“, sagt sie. „Weihnachten hat er Urlaub und kommt dann bepackt wie der heilige Nikolaus zu mir!“ Arrogant zucke ich mit meinen Schultern und antworte: „Mein Mann ist Hauptmann, er ist nun an der Ostfront – und wie liebt er mich, wie gern wäre er jetzt bei mir, aber er hat keinen Urlaub bekommen. Die Ostfront braucht jetzt jeden bewährten Soldaten ...“ Edeltraud betrachtet mich prüfend. Durchschaut sie meine Lügen? Vergleicht sie meine Kleidung mit der ihren? Prüft sie meine Figur? Meinen Bauch? Merkt sie etwas?

Zu Hause dann, vor meiner Familie, halte ich mich sehr gerade, schwatze von den zu vielen Kartoffeln, die ich jetzt esse, die aber leider sehr ansetzen, denn hin und wieder, so scheint es mir, ruht Mutters Blick taxierend auf meinem Bauch. Fragen aber stellt sie noch keine. Wie sollte ich auch all das erklären, mein Suchen nach Ausweg und nun ein Kind, ein Kind ohne Vater. Mein Leben, es läuft so anders als das ihre. Gemeinsam ist uns jetzt wohl nur, dass unser beider Leben eingebettet ist in denselben Krieg. Verschieden aber auch im Hinblick auf diesen mancher unserer Gedanken, manches unserer Gefühle. Bedingungslos die Treue der Eltern zum Führer, zu Großdeutschland. Sie glauben an die Volksgemeinschaft, sie eilen, wenn sie gerufen werden, sie helfen, wo man ihre Hilfe beansprucht, helfen bedingungslos. Sie sind überzeugt von der Ehrlichkeit all dieser neuen deutschen Ideen und wollen ohne Makel sein. Ihr schwerster Entschluss – ihr Austritt aus der Kirche. Die römisch-katholische Kirche, die ihr Leben, das Leben all ihrer Vorfahren bestimmt hatte, sie verließen sie, um auch so ihre Ehrlichkeit, ihren Glauben an das Reich und ihren Führer zu bekunden. Und diesen Glauben und all seine Härte gegen sich selbst, sie nehmen es auf sich. Wie hart doch diese Umwelt, wie hart doch dieses Kriegsgeschehen! Die deutschen Soldaten, Hunderte, Tausende, eine ganz Armee – eingekesselt vor Stalingrad. Dagegengestellt aber nun der Glaube, der feste Glaube, dass sich diese deutschen Soldaten befreien, dass diese deutschen Soldaten befreit werden, denn der Führer, er verlässt keinen Einzigen seiner Soldaten ...

Weihnachten 1942 zu Hause, in der Heimat. Und wie so üblich für mich in diesen Tagen, pendle ich auf Skiern meinen Wallfahrtsweg an die Sprachgrenze, nach Schumburg-Gistei, gedenke dort jenes angeheirateten Vorfahren, jenes nordböhmischen Fausts und seiner Taten, knie an seinem Grab und in der von ihm gestifteten Wallfahrtskirche, überlege, wie zusammengerafft mein Leben in den letzten vier Jahren, wie zusammengerafft auch das Geschehen um mich gewesen: 1938 das Sudetenland in das Deutsche Reich eingemeindet, 1939 die Tschechei liquidiert und Polen deutsches Protektorat geworden, 1940 dann der Beginn des großen Krieges, und ein Jahr später nun auch Krieg mit dem riesigen russischen Reich, mit der Sowjetunion, und jetzt dieses Stalingrad ... Wie nun weiter? Mit all dem lebe ich nun, und daneben trage ich mein eigenes Leid ...

Meinen Kummer – diesen nehme ich nun wieder mit zurück nach Prag und frage so weiter, frage und weiß, dass ich keine Antwort erhalte: „Eike, wo bist du? Eike, lebst du noch? Eike, wo soll ich dich suchen?" Aber keinem, der um mich, sei es hier oder dort, keinem, der auf mich und meinen sich wölbenden Bauch schaut, vermag ich zu sagen, dass der Vater meines Kindes einer sei, der nun vor einem deutschen Militärgericht stehe wegen verbotenen Verkehrs mit Juden und Polen, dass ich aber diesen Mann sehr geliebt habe, ihn weiterlieben werde.

* * *

ALLE, die hier in Prag um mich, sie mühen sich sichtlich, mich aus all meiner Not, aus all meinem Bangen zu reißen, obgleich sie doch deren Ursachen nicht kennen. Die Tschechen, mit denen ich im Büro zusammenarbeite, sie bringen mir noch einige größere Happen von ihren sonntäglichen Hamsterfahrten aufs Land mit. Sabine versucht, mich in den einen oder anderen ihrer Freundeskreise einzubeziehen, so auch jetzt in jenen skurrilen des bulgarischen Gesandten mit dem klangvollen Namen Tschernootschki, zu deutsch Schwarzäuglein, in dessen fürstlicher Wohnung wechselseitige erotische Spiele probiert und geübt würden – ich könne als Gast dabei zusehen. Und auch Gitta, sie führt mich in ihr derzeitiges Dasein, lädt mich in eine Villa am Barrandov ein. Barrandov, die Prager Filmstadt, und der neue Freund – ein deutscher Filmgewaltiger, der hier wohl einiges einkassieren wolle, vorerst aber einen Film nach einer Vorlage von Gerhart Hauptmann drehe. Gitta, sie spielt in diesem Film die Rolle eines sehr jungen Mädchens im Matrosenkleid. Gitta fühlt sich sichtlich wohl in ihrer neuen Umgebung, mimt gekonnt die Dame dieses eleganten Hauses und Gattin jenes Gentleman, zeigt mir den Rassehund, einen edlen Afghanen, und sagt: „Das ist unser Kind!" Die freundliche Einladung, einige Tage noch hier zu bleiben, lehne ich aber dann doch ab, denn was könne es mir helfen, in anderes Glück und anderen Glanz hineinzuschauen ...

Astrid, auch sie, diese BDM-Führerin, bemüht sich auf ihre Art um mich. Sie bringt mir manche Frucht, die sie bei ihren illustren Freunden heimlich von der Obstschale nimmt. Köstliche Früchte, südliche Früchte, solche, die man einstens auch in den Delikatessläden hier sah. „Obst braucht eine Schwangere! Viel Obst macht schöne Kinder!", sagt sie dazu, und: „Nimm und iss, solange ich noch da bin!" Bald wird sie Prag verlassen, aber nicht nur ihre idealen Ideen rufen sie nach dem Osten, dorthin will sie nicht nur, um helfend und schützend für die Nachrichtenhelferinnen da zu sein, es ist auch ihre Flucht aus der Goldenen Stadt. Einen Mann hatte sie nun hier gefunden, einen solchen, wie sie sich gewünscht, einen gut aussehenden, einen von der Waffen-SS, einen gebildeten Mann mit literarischem und künstlerischem Interesse. Doch bei einem Bummel auf dem Národní, auf der Hauptstraße, packt er sie, trägt sie vom Gehsteig der einen auf den Gehsteig der anderen Seite, lächelnd trägt er sie und spricht: „So tragen wir auch die zu Erschießenden auf ihren Stellplatz, wenn sie sich nicht von selbst hinbewegen!“ Für Astrid ist dies ein Schlag, es ist für sie das Aus. An was für einen schäbigen Handlanger hatte sie sich verloren – nur weg jetzt von hier, fort auch von Prag! Aber einen Liebesdienst will sie mir vorher noch tun, mir weiter auf Zeit ihre Freundschaft beweisen, sorgenfrei wolle sie mich als Gebärende wissen. Einen Platz in einem Mütterheim ordere sie jetzt noch für mich, ein wunderschönes Heim in Niederösterreich habe sie ausgesucht.

Diese Heime, „Lebensborn“ genannt, sind eine Einrichtung der SS und für die Gebärenden arischen Blutes geschaffen worden. Bedingung für die Aufnahme sind neben der Zugehörigkeit der Väter zur Schutzstaffel das Vorhandensein lupenreiner Ahnenpässe der Mütter, dazu Nacktfotos als Bestätigung ihrer dem arischen Status entsprechenden Maße sowie eine ärztliche Bescheinigung des derzeitigen Gesundheitszustandes. Falls es sich um außereheliche Geburten handle, so könnten die dort geborenen Kinder, falls man es wünsche, weiter in dem Heim verbleiben und würden von dort an arisch einwandfreie Eltern vermittelt, an solche, denen ein Kindersegen nicht vergönnt sei. Nun ja, denke ich, für manches Kind wohl nützlich, aber nie und nimmer für das meine. Mein Kind, mein so gewolltes Kind – nur bei mir und bei keinem anderen solle es groß werden, nur bei mir aufwachsen! Zwei Wochen vor der Geburt bereits dort die Entspannungstherapie, und nachher acht Wochen Erholung, acht Wochen gemeinsam mit dem Kinde. Alles wie Ferien vom Ich, keine der täglichen kleinen und großen Lasten, kein Anstellen um die bereits recht kärglichen Lebensmittelrationen, keine ängstlichen Blicke beim abendlichen Verdunkeln der Fenster. Einmal wieder verwöhnt werden, träumen und in Büchern blättern, aufs erste Grün von Wiesen und Bäumen warten und damit auf das Kind, das Mitte April, zur Zeit der bunten Frühlingsblumen, auf die Welt kommen soll. So gebe ich Astrid meine Unterlagen, eine Kopie meines Ahnenpasses, eine ärztliche Bescheinigung und zwei meiner Aktfotos aus dem Park von Veselikov, und auch von Eike lege ich eines bei, das ich von ihm am Ufer des Klopainer Sees aufgenommen hatte. Wie alles weitergehe, wenn das Kind dann geboren, das weiß ich noch nicht, aber eines ist wohl sicher: Weiterhin verbergen werde ich's vor meiner Familie, nicht deren Ehre und Moral damit belasten. Mit dem Kleinen werde ich in Prag bleiben, der Stadt meiner Liebe, in der auch jene Freunde von mir weilen. Diese, sicher werden sie mir weiterhelfen, so helfen, wie sie es bis jetzt getan.

* * *

Ilse, die Krankenschwester, Ilse, die Christrose, sie bringt mir nun noch einen schützenden Gefährten für diese letzten und oft so schwierigen Wochen vor einer Geburt. Charly – wie kommt die Christrose zu diesem Mann? Charly, der mit dem Jahrhundert geboren, aber noch Jüngling geblieben. Wie anziehend sein Mund, wie lockend sein Lächeln! Charly, ein Charmeur, eine Novelle Stefan Zweigs, ein Stück vergangenes Österreich! Er ist einer mit einem alten Namen, ist ein Greifuner. Künstler, Maler wollte er einst werden, aber die Familie wollte einen Krieger, einen Offizier, und diese Karriere endete, ehe sie begonnen, mit dem Ende des Ersten Weltkrieges. Karl Greifuner nannte sich nun Charly und verdingte sich als Eintänzer, später dann solider als Reklamegestalter und schließlich als Bürogehilfe. Die Orte seines Tuns waren Wien und Prag, und in beiden waren ihm sowohl die Tage als auch die Nächte bekannt. Er heiratete ein Mädchen, als dieses meinte, es sei von ihm schwanger geworden. Charly – als Grafiker, als Zeichner ist er nun hoch gestiegen, ist angestellt beim Reichsprotektor für Böhmen und Mähren, hat sein eigenes Büro, arbeitet hinter verschlossenen Türen an einer „Geheimen Reichssache". Charly erarbeitet aus vorgegebenem Material grafische Skizzen, Pläne für den Einsatz der Soldaten, tüftelt Vorgaben möglichst genau zusammen, gestaltet eine Grafik für Krieger. Der Krieg ist für ihn ein Vabanquespiel, und dabei zu sein lieber, als Unterlagen dafür zu zeichnen, denn nichtig erscheint ihm sein Leben, nichtig und vertan. Und als habe er einen Freund in mir, so bespricht er solches mit mir. Aber mehr noch, er versucht mir mein eigenes Leid zu erleichtern: Er gestaltet mit mir gemeinsam künstlerische Wandkacheln, die derzeit zur Mode geworden, sitzt mit mir gemeinsam in der Loge, hört mit mir weise Worte Schillers oder die sündhafte Stimme der Zarah Leander. Und nun auch dieses dunkle Prag, das er mir zeigt, wenn er mich in Lasterhöhlen und Schieberkneipen führt, in denen der Schwarzhandel blüht und an deren Außentüren und Fenstern grellfarbene Plakate geklebt sind mit der Aufschrift: „Verboten für Angehörige der Deutschen Wehrmacht!" In einem gewissen Rhythmus zeigen sich in diesen Stätten die Kontrollen, die aber vorher von einem Spion angekündigt werden, und so sind die Räume und die Tische dann sauber gefegt und stets nur einige solide Biertrinker und harmlose Kartenspieler für die Kontrollierenden geblieben. Aus einem solchen Laden stammt wohl auch jenes Geschenk, mit dem Charly mich überrascht und beglückt – dieser wunderbare moderne Kinderwagen, denn im öffentlichen Handel ist jetzt keiner käuflich zu erwerben …

Aber auch sein tägliches Quartier möchte ich sehen. Es ist ein irres Verlangen, aber die Heimlichkeit der „Geheimen Reichssache" – sie lockt, sie interessiert mich. Und so schleust er mich nach einer unserer nächtlichen Exkursionen, geschickt durch seine Gespräche die Torwache ablenkend, an dieser vorbei und hinein in das Haus, hinein bis in den geheimnisvollen Raum. Lang und schmal ist dieser Raum, wirkt nüchtern und leer – kein Geheimnis irgendwo zu ahnen. Alles scheint hier harmlos und sauber, der Schreibtisch und all die anderen Tische peinlichst aufgeräumt. Charly braut uns nun einen Kaffee, denn wir sind etwas müde geworden von der langen Nacht. Wir trinken den Kaffee und schlafen dabei in die Stühle gelehnt ein, schlafen, bis wir von dem morgendlichen Durchgang der Wache aufgerüttelt werden, aufgerüttelt und sichergestellt. Sehr unangenehm nun all die Vernehmungen, und mein Retter aus ihnen ist Rumler, mein Chef, Rumler, dieser vorbildliche Ingenieur und Parteigenosse. Er bürgt nun für mich, erlöst mich, holt mich hier heraus. Charly, ich kann ihm noch zublinzeln: „Dank dir für alles!" Karl Greifuner, er wird nun an die Front kommandiert, sofort und unbürokratisch kommt er hin, kommt so zu seinem Vabanquespiel …

Ilse, Ilse Blunk, die Vermittlerin zwischen ihm und mir, ich schrecke auf, und sie sitzt an meinem Bett, und es ist doch noch Nacht! Ihre Hand an meinem Hals – will sie mich töten, mich erwürgen? Die Hand – ich zerre sie weg. „Deine Hand, was soll das? Ja, ich weiß es, Charly ist nun nicht mehr hier, musste uns verlassen. Glaub mir, deine Liebe, er wollte sie nicht! Weder mit dir noch mit mir wollte er schlafen. Verdorben sei er für alle normale Liebe, so sagte er mir, verdorben. Nur mit einer Hure, einer extravaganten, da könne er so, wie er es wolle. Dass du dich vor ihm auszogst, dass er deine kümmerliche Unterwäsche sah und die Hosen mit den eingenähten Zwickeln – warum tatest du das? Einen Kameraden suchte er, eine andere Liebe wollte er, suchte er … Dieser Gefreite in deinem Lazarett, von dem du mir erzähltest, dieser Sohn eines Erbhofbauern, dieser einzige künftige Erbe von diesem Gut – warum nicht dieser? Vielleicht braucht er mit seiner Verwundung nun nicht mehr an die Front. Erbhof und Kinder – das wäre doch etwas für dich! Ilse Barbe-Blunk, wie gut das doch klänge …"

* * *

Und das Leben um sie und um mich, es pulsiert weiter, pulsiert im genormten Takt, so, als wäre kein Stalingrad gewesen, keine Hunderttausende von Toten, keine Gefangenen, die nun auch ihrem Tod entgegengehen, die wohl alle hungers sterben werden … Und all meine Fragen – wie sind sie doch nichtig! Was zählt schon meine Liebe, was zählt all mein Bangen? Bald naht der Frühling, bald kommt das Kind! Schon schneefrei die Straßen in Prag und prall die Knospen der Forsythien in den Gärten … Eike, wo bist du, Eike, wo? Und da ein Brief, ein Brief von ihm! Eike – er lebt, Eike – er ist frei, freigesprochen durch höhere Offiziere, die für ihn bürgten. Aber die Polin, die Polin müsse er heiraten. Zur Volksdeutschen sei sie deklariert worden, sei nun eine Deutsche geworden … Diese Polin – wer ist diese Polin? Ist es diese ältere Frau, deren Mann verhaftet worden war und deren Brief Eike an den deutschen Verwandten des Mannes schicken sollte? Nein, diese schon Ältere, diese so Zermürbte, nein, diese nicht. Aber wer ist nun diese Polin, wer? Aber Eike, er lebt, er lebt und ist frei – Kind, hörst du's, er lebt, dein Vater, er lebt! …

Aber was ist los, was ist mit dem Kinde? Will das Kind schon heraus? Es rutscht so hin und her, und es sind doch noch reichlich zwei Wochen Zeit! Und mein Platz in dieser Villa im Grünen? Wie komme ich hin, ich muss hin, das Kind drängt, schnell muss ich hin! Die Ärztin sagt: „Mein Sohn würde es tun, aber er ist nicht hier!" In der großen Stadt – kein freies Bett mehr für eine Gebärende. Zu viele Lazarette aus Krankenhäusern geworden, zu viel der Verwundeten überall … Paní Marková, die mir jetzt zur Mutter geworden, sie sucht und sucht in allen Teilen Prags und findet schließlich ein eben frei gewordenes Bett in einer Klinik in der Neustadt, und dort sehr nahe dem Karlsplatz.

Dabei ist es Abend geworden, und in den Häusern sind bereits alle Fenster verdunkelt, keine Straßenlaternen, die leuchten, und finster so die gesamte Stadt, so finster und totenstill, als wären die feindlichen Flieger bereits am Horizont und all die Menschen hier hätten sich versteckt, seien in Keller und Höhlen gekrochen. Aber die Straßenbahn, sie fährt noch, und in die steigt nun Paní Marková mit mir ein. Neben ihr sitze ich nun und drücke mich an sie. Die Schmerzen – immer stärker werden sie, sie zerschneiden mich. Mein Leib – sie zerreißen meinen Leib! Kommt denn keiner, der uns helfe? Aber es ist keiner außer uns und dem Schaffner in dieser Straßenbahn, und bis jetzt keiner noch, der zusteigen gewollt. Wo sind all die anderen Menschen? Endlich kommt einer, ein sehr junger, einer in Wehrmachtsuniform. Dieser Soldat setzt sich nun neben mich, setzt sich an die noch freie Bankseite. Und er nimmt meine Hand, hält sie, drückt sie fest, wenn die Wehen mich überkommen. In seine Hand kralle ich mich nun, in diese und in jene der Paní Marková.

„Haben Sie keine Angst", sagt der Fremde, „ich bleibe bei Ihnen, bis das Kind da ist!" Zwei Menschen sind nun neben mir, zwei Menschen, die mit mir warten, die mir für diese Zeit zur Mutter und zum Bruder geworden sind. Der junge Soldat, er wartet auch noch weiter mit mir, sitzt in einem Vorzimmer der Klinik, wartet bis in die Morgenfrühe, wartet, bis das Kind geboren ist. Das Kind kommt, und es rutscht so leicht aus mir heraus, als gleite es auf einem Schlitten einen Schneehang hinab. Ein kleines Mädchen ist's, eine kleine liebe Elke. „Lieber Gott, ich danke dir!" Und auch der Soldat kommt zu dem Kinde, und er sagt mir, dass seine Mutter, als er geboren wurde, auch so allein gewesen sei, und er streichelt mir Wangen und Hände. Nun, da er gehen muss, seine Urlaubszeit, die sei ja zu Ende, ziehe ich ihm die Zeichen des Kreuzes auf Gesicht und Brust und sage zu ihm: „Komm wieder, komm gesund wieder!" Im nächsten Urlaub, so verspricht er, wolle er uns, das Kind und mich, besuchen …

Stunden danach, als es Tag geworden, kommen all die anderen Freunde, überraschen mich mit all dem, was sie auf dem Schwarzmarkt aufgetrieben:

Mullwindeln, wollene Jäckchen und Häubchen, Strampelhöschen und Konfekt. Liebling Doležal steckt mir einige Zigaretten zu und flüstert: „Für den Notfall!" Ein prunkendes Blumengewinde überbringt mir Paní Marková im Auftrag von Heinz.

Nun bin ich Mutter und meine Brüste werden prall, füllen sich mit Milch. Das Kind an meiner Brust – erregend und beruhigend zugleich. Wie gut diese Stunden, alles andere weggeschwemmt, nur dieses Glück, nur diese Einheit da. Auch die schiefen Blicke meiner Bettnachbarin gleiten an mir ab, denn unklar ist ihr, wer von all den mich Besuchenden zu meiner Familie gehöre, wo und wer der Vater sei. Zu gern möchte die Frau das enträtseln.

Elkerle, mein kleines Elkerle – spürst du, wie ich dich liebe? Schaffen wollen wir's zusammen, dieses Leben, an einem guten Leben gemeinsam bauen ... Ein Hieb in alle Wünsche, in alle meine Pläne: Das Frauenwohnheim wird aufgelöst, sehr plötzlich aufgelöst, sehr rasch muss es geräumt sein. Der Krieg – die Verwundeten ... Das Frauenwohnheim wird Lazarett. Wohin nun, wo unterkriechen? Diese Wohnungsnot in der Stadt – die Freunde überlegen, bleiben aber ratlos gleich mir. Und auch das seinerzeitige Angebot von Gitta ist wankend geworden gleich jener ihrer Ehe auf Zeit. Ihr Filmmagnat suche bereits eine andere Frau, sie einen anderen Mann. Aus dieser bröckelnden Gemeinsamkeit – nur den Afghanen, diesen so interessanten Windhund, den Gitta mir vor nicht allzu langer Zeit als ihr Kind präsentierte, den wolle sie mitnehmen ...

* * *

MEIN LEBEN – oft erregend, oft packend, oft gleich einem Traum, und das so, dass ich mir ins Ohr zwicke, um zu spüren, ob ich denn wach sei oder noch schlafe. Und so auch jetzt – aber es ist Ernst, der jetzt an meinem Bett steht, das sind seine Hände, die jetzt schüchtern-zärtlich meine Hände streicheln, und dieses Lächeln, es ist sein Lächeln, ist eines, das voller Güte. Und es ist auch seine Sprache, sein Tonfall: „Komm doch zu uns, komm doch mit diesem kleinen Wurm nach Hause. Keiner wird dich fragen, wer der Vater deines Kindes sei, keiner übel über dich reden. Dein Kind, dieses unser Enkelkind, wir wollen es adoptieren, und so solle es als das unsere gelten." Ja, es ist Ernst, der nun neben mir sitzt und solches spricht. Aber woher weiß er von meinem Kinde und von mir? Verheimlichen wollte ich doch alles und heimlich mir hier mit meinem Kinde ein gemeinsames Leben bauen. Geschickt hoffte ich alles dafür getan zu haben, als ich diesen Brief an die Eltern schrieb, dass ich mich nun einige Zeit dienstlich in Österreich aufhalte und hier in Prag unerreichbar sei. Aber gerade diese Zeilen bewirkten, dass die Eltern nun genauer wissen wollten, was ich in Österreich tue, und so telefonierten sie mit dem Elektrobetrieb Rumler in Prag und erfuhren alles. Und nun wollen sie helfen, wollen mich in einen Schleier der Reinheit hüllen, denn ein lediges Kind ist für die Familie und die Nachbarn ein Skandal – und daher ihre Gedanken einer Adoption. Nein, nicht all das – das Kind, es ist meines, ist ganz mein eigenes Kind. Verlockend aber das Angebot, in der Heimat eine Bleibe zu finden, jetzt, wo ich keine in Prag zu finden vermag, und dort mich mit dem Kinde in den Frühling zu werfen, einen sonnenbeschienenen Platz im Grünen zu suchen, um ihm dort meine Brust zu reichen. Ja, wir kommen …

Hastend ordne ich alles, was ich hier noch ordnen muss, laufe aus der Klinik und von dem Kinde weg, um es zu tun. Die Zeit, sie sitzt mir im Nacken; leer, sofort ausgeräumt müssen die Zimmer im Frauenwohnheim sein, denn vor ihren Türen warten bereits Transporte mit verwundeten Soldaten. Doch meine Umzugskisten, sie stehen bereit, genau noch so wie damals vor Weihnachten, als ich sie für meine Übersiedlung nach Warschau gepackt hatte. So ändere ich jetzt nur die Beschriftung und die Beförderungspapiere. Einige Dinge, die noch nicht verpackt, weil mir zu schwer für mein Handgepäck, stelle ich bei Paní Marková unter. Rasch nun noch all meine Abmeldungen, und ebenso rasch auch all meine Abschiedsküsse – und immer zwischendurch dem Kinde die Brust gereicht. Zwölf Tage alt ist mein Kind, als ich mit ihm Prag nun verlasse.

Der Nachmittagszug, mit dem wir fahren, er ist gedrängt voll, und missbilligend treffen mich manche Blicke, als ich mit Kind, Kinderwagen und Rucksack einen Platz suche und mit einiger Gewalt mich schließlich in eine Ecke dränge. Nichts spüre ich von der so oft gerühmten Hilfsbereitschaft, mürrisch und müde, so scheinen mir jetzt alle, die um mich sitzen oder stehen. Und das Kind, es beginnt jetzt auch noch zu greinen. Wie durchdringend diese weinerlichen Töne. Die Menschen um mich, sie schauen zur mir und dem Kinde, sie husten, sie räuspern sich und sie tuscheln. Was soll ich tun, damit die Kleine schweigt? Ich wiege sie in meinen Armen, wiege sie hin und her, hülle sie noch in meine wollene Jacke, damit Wärme sie beruhige. Aber weder dies noch das, keines nutzt. Ist sie krank? Schrecken und Hilflosigkeit nun in mir. Merkt denn keiner, wie ich leide? Warum fragt keiner, ob er mir helfen könne? Sehr allein fühle ich mich unter diesen vielen Menschen. Was könnte ich noch tun? Verschämt entblöße ich meine Brust, reiche sie dem Kinde. Es ist zufrieden, lutscht sich in den Schlaf.

Jetzt noch das Umsteigen, das Umsteigen in die Straßenbahn. Ein Gedränge und Geschiebe, als gäbe es Sonderrationen an Schinken und Speck. Kind, Wagen und ich werden zur Seite geschoben, gleichsam am Straßenrand abgestellt. Alles denkt nur an die Straßenbahn und drängt sich dorthin. Und es ist die einzige Bahn, die heute noch fährt. Aber das Kind und ich – wie soll es nun weitergehen, wenn wir nicht mitgenommen werden? Sollen wir bis morgen früh hier stehen bleiben, sollen wir hier erfrieren? Und wie kalt ist es doch jetzt schon. „Das Kind erfriert, das Kind, es stirbt!" Meine Angst, sie schreit es und sie brüllt weiter: „Platz, mein Kind erfriert, Platz!

Platz!“ und erzwingt so einen Pfad bis zum Straßenbahneinstieg. Ein Mann hievt uns nun auf die Plattform, drückt uns in die eine Ecke noch mit hinein. Beim Ausstieg in der Stadtmitte erwarten uns die Eltern. Außer den aus der Bahn Aussteigenden sind sie hier die einzigen Menschen. Hier, wo stets der Verkehr rollte, in diesen Abendstunden viele den Boulevard entlangflanierten oder eine der hier so zahlreichen Gaststätten und Kaffeehäuser aufsuchten. Hier nun nur Totenstille und das Dunkel der Nacht. Kein Lichtschein, der aus einem der Häuser dringt, nur Finsternis um uns und die Angst vor einem feindlichen Luftangriff, vor Zerstörung und Tod. Recht mechanisch tapsen wir weiter, tapsen die Straßenbahnschienen entlang, die uns im Dunkel zum Wegweiser geworden. Und weiter tapsen wir, immer weiter, und so bis hin zu dem kleinen Haus, das uns mit freundlicher Wärme empfängt.

Der Morgen dann mit einem lachenden blauen Himmel und lockendem Grün von Wiesen und Wäldern, und glücklich auch die Menschen, die jetzt um uns, jene, die nun gekommen, um das kleine Kind zu bestaunen: Papa, der nun zum Großpapa geworden, und die Großeltern, die nun Urgroßeltern sind. Wie nahe ist bei ihnen jetzt Lachen und Weinen, jenes Weinen vor Freude, denn ist es doch der erste Spross, der die Familie weiterführen solle. Und es fragt auch noch keiner nach dem Vater der Kleinen, rührt auch keiner noch an das Gerücht, das sich hier inzwischen verbreitet, ein Gerücht, das besagt, dass ich dieses Kind noch von meinem mir einst rechtlich angetrauten Manne empfangen habe, das zwar bereits nach der Scheidung während eines seiner Urlaube ... Sei es, wie es sei – welch treffliche Fäden muss dieser oder diese gesponnen haben, um meine Moral für den Hausgebrauch wiederherzustellen.

* * *

Wie gut und friedlich doch alles hier – keine so grell schreienden Plakate, nur das goldige Gelb des Löwenzahns und das strahlende Weiß der Margeriten. Aber dann doch, auch hier in diesem Vorstadtwinkel, der so eingeht in die Natur, auch hier lebt das Grauen, und auch hier ist es überall. Heimlicher, undurchsichtiger, versteckter lauscht und flüstert es hier, exakt aber und somit sichtbar und hörbar bleibt der Deutsche Gruß, damit keiner meine, die Ehrerbietung vor Führer und Reich sei geringer geworden, und solches dem zuständigen Blockleiter melde. Dieses Misstrauen, es geht um, und so manches Gespräch wird nur im heimlichen Winkel geführt und mit dem gegebenen Ehrenwort, es keinem weiterzuerzählen.

So höre ich auch von einer Bekannten deren Urlaubserlebnisse, Erlebnisse, die sie vergessen möchte und wenigstens mit jemandem teilen müsse: Während ihres Urlaubs habe sie ihren Gatten in Polen besucht, der dorthin nicht als Soldat, sondern als Zivilist, als Verwalter, als Inspektor kommandiert worden sei. Ihr Gatte, den ich nicht kenne, der aber ein sehr gebildeter und feinsinniger Mann sei, einer, der sich sogar Rilkes Kornett in roten Samt einbinden und eine feste Einsteckhülle für dieses Büchlein anfertigen ließ, damit er es überallhin mitnehmen und sich an der reinen Schönheit von Worten und Sätzen entspannen könne. In Polen wohne er nun in einer mittleren Stadt in einem recht stattlichen Hause. Daneben aber, von einer hohen Mauer umgeben, befinde sich ein größerer Hof. Und in dieses Gemäuer werden nun Juden getrieben und dann wieder abgeholt, und es kommen wieder andere neue Transporte. An manchen Tagen, wenn es dunkelt, singen sie ihre heiligen Lieder, singen sie die ganze Nacht. Und dieses Singen, es zerreiße einem das Herz. Aber keiner, auch nicht ihr Gatte, könne ihr sagen, woher diese Juden gekommen und wohin sie dann weitergetrieben würden. Aber ich solle es auch niemandem weitersagen, solle ihr mein Wort geben, dass ich mit keinem darüber spreche, denn über solches dürfe man nicht sprechen, da müsse man schweigen, um nicht selbst hinter Gitter zu kommen …

Ebenso heimlich auch all die Gespräche um diesen kleinen Jungen, der aus der Nachbarschaft abtransportiert wurde. Ein lediges Kind, das bei seiner Großmutter aufwuchs. Die Mutter hatte ihn zu ihr gebracht, als sie einen SA-Führer ehelichte. Nunmehr ein fünfjähriges Kind, ein gut aussehendes Kind, ein sehr zärtliches Kind, ein kleiner lieber Junge, dem keiner seine Behinderung anmerkte. Im großen Garten, in dem bis hinein in den Winter stets neue Blumen erblühen, zupfte er mit seiner Großmutter das Unkraut von den Wegen, er saß neben ihr, wenn sie an ihrer Heimarbeit pusselte, Teile zusammenschraubte, die für Kriegsmaterial bestimmt waren und in die nahe Elektrofabrik geliefert wurden. Ein und das andere Mal war ich bei dieser Großmutter und ihrem Enkel, um mir Pflanzen für unseren Garten zu erbitten. Das Kind und die Großmutter – welche Liebe zwischen beiden! Wie zärtlich strich der Junge der Großmutter die Haare aus der Stirn, wie lehnte er seine Wange an die ihre, wie zart streichelte er ihre verarbeiteten Hände. Ein spätes Glück war es für die alte Frau, ein Glück, das ihr Leben hielt, denn ihr Mann war ein sehr harter, war ein böser Mann. Und wohl nie dachte die Großmutter, dass man ihr den Enkel nehmen könne, denn sonst hätte sie ihn besser noch behütet, hätte sich mit ihm verkrochen, dass keiner sie fände, keiner von denen, die aus diesem großen Lieferwagen gestiegen, diese braun gekleideten Männer, die in ihr Haus eingedrungen, um den Jungen abzuholen und aufzuladen, damit er getötet werde. Dieser Junge, er war notiert in diesen Listen vom „unwerten Leben". Und alles unwerte Leben, es wurde vernichtet, musste vernichtet werden. Das großdeutsche Reich, nur reinrassige Schönheit wolle es züchten. Und auch dieses flüstert man hier …

Ich treffe die Großmutter dieses Jungen. Sie heißt auch Pfeiffer, trägt ebenfalls den Namen meiner ruhmreichen Vorfahren großmütterlicherseits, stammt aber wohl aus einer anderen Ahnenreihe. Diese Frau, ich spreche sie an. Sie antwortet mir aber nicht, diese Frau ist stumm geworden. Werte –

Unwerte, Begriffe, die nun eingehen in den Sprachgebrauch, eingehen in das Kriegsgeschehen, untergehen in ihm.

* * *

DER KRIEG – Tausende, Hunderttausende Tote! Wert aber nur die Tausenden, Hunderttausenden lebenden Soldaten, wert das Leben des Führers, wert der „totale Krieg". Der totale Krieg, er wurde proklamiert und er wurde angenommen, begeistert angenommen all das, was Goebbels lauthals verkündet: „Wollt ihr den totalen Krieg?" Und die versammelte Menge, sie brüllt zurück: „Ja, wir wollen den totalen Krieg! Ja, ja!" Und so sind für die Heimatfront nun die täglichen sechzehn Stunden Arbeitszeit in all den Betrieben legitim. Und an der Kriegsfront, da bereiten sich die Soldaten für den Endsieg vor, ungeachtet dessen, dass die Alliierten bereits in Sizilien gelandet und dass der italienische Bundesgenosse bereits kapitulierte. Auch das hört man im Radio, auch das zeigt die jeweilige Wochenschau im Kino. Aber all das überstrahlen unsere tapferen Krieger, diese an der Font und jene in der Heimat. Und die Front, sie bekommt Verstärkung. Arische Burschen aus den von Deutschen besetzten Gebieten, sie wollen sich einreihen, wollen mitsiegen. In SS-Bataillonen finden sich nun Nordländer, Niederländer, Franzosen zusammen und marschieren mit dem deutschen Heer im gleichen Schritt. Und in den deutschen Fabriken, da schuften Kriegsgefangene und Zwangsarbeiter für den deutschen Endsieg …

Einen von ihnen, den lerne ich kennen. Es ist ein französischer Kriegsgefangener, der in der nahen Fabrik front. Wir begegnen uns, wir gehen aufeinander zu. Seine Aufmerksamkeit gilt jedoch weniger mir, sondern mehr dem Kinderwagen, er betrachtet mein Kind und spricht, ja er spricht deutsch, ein tadelloses Deutsch, und sagt: „Ihr Kind, was haben Sie für ein schönes Kind! Zu Hause habe ich auch so ein kleines Mädchen. Es sieht so aus wie Ihr Kind, ganz genau so sieht es aus! Hier, sehen Sie doch bitte, hier diese Fotografie, das ist mein Kind! Mein Kind, es sieht genau so aus wie das Ihre! Schauen Sie bitte! Drei Jahre ist es schon her, drei Jahre habe ich mein Kind nicht mehr gesehen, vor drei Jahren sah ich es das letzte Mal!"

Dem Franzosen, ihm möchte ich wieder begegnen, ich wähle Wege, die mich und mein Kind in die Nähe jener Fabrik führen, in der er arbeitet. Aber ich treffe ihn nicht und hätte doch so gern mehr von ihm und seiner Familie, mehr aus seinem Leben gewusst. Hin und wieder aber treffe ich einige von den russischen Frauen, die als Zwangsarbeiterinnen in der gleichen Fabrik arbeiten, in dieser Fabrik, die einstens jüdischer Besitz gewesen. Diese russischen Frauen hausen in hölzernen Hütten, in einem Barackenlager, das auf einer ehemaligen Abfallhalde nahe der Fabrik aufgebaut und durch einen Zaun von der Umwelt abgeschirmt wurde. Dieses Lager, es wird von einer deutschen Frau, die die Uniform des Reichsarbeitsdienstes trägt und von einem deutschen Schäferhund begleitet wird, ständig bewacht. Einige Ausgehzeiten sind aber den russischen Frauen gewährleistet. Sie tragen als Kennzeichen weiße Armbinden, Arbeitsschürzen und Kopftücher, und ihre Gesichter, sie sind vom Leide geprägt. Heimlich bitten sie um Brotabschnitte von den Lebensmittelkarten und wollen dafür von ihren Karten die Abschnitte für Zucker geben. Hunger haben sie, Hunger. Manch eine von ihnen blickt auch in den Kinderwagen, und in ihrem holprigen Deutsch sagen auch sie zu mir: „Ein schönes Kind, ein sehr schönes Kind!" Und die eine oder andere ergänzt: „Zu Hause mein Kind; weiß ich aber nicht, was aus ihm nun geworden."

Meine Gespräche mit den Frauen – meine Eltern bedrückt es, sie fürchten um mich, dass mich jemand anzeige, ins Gefängnis bringe. Ja, diese Plakate hier, jene, die mir, als ich herkam, nicht einmal auffielen, da sie nicht so grell waren wie jene in Prag, diese Plakate, die besagen: „Der Feind hört mit!" Diese Angst, diese stille Angst, die hier umgeht, die flüstert, dass der Feind nicht nur an der Kriegsfront zu suchen sei …

* * *

HERBST IST ES NUN GEWORDEN. Vor einem Jahr um diese Zeit weilte ich mit dem Kinde im Bauch bei seinem Vater in Warschau. Nun trage ich das Kind in meinen Armen, und ich denke an die Zeit, da ich dort gewesen. Eike, einen Brief von ihm bekomme ich nun, einen, den er in Lublin, seiner neuen Dienststelle, aufgegeben. Eike, er wolle mich nun besuchen, nur müsse er jemanden mitbringen, und ich solle zwei Zimmer in einem Hotel auf seinen Namen bestellen. Er kommt also nicht allein – und ich rätsle: Wer ist dieser Jemand, der mit ihm? Ist es ein Kamerad oder ist es die Polin, die nun wohl bereits seine Frau geworden? Und so, noch in all diesem Zwiespalt, stehe ich dann auf dem Bahnsteig und warte, warte lange, denn allzu früh kam ich hierher. Und so laufe ich nun im Nebel und Nieselregen den Bahnsteig auf und ab und zähle dabei die vielen Schritte, die ich gelaufen. Noch bin ich die einzig Wartende, und nur zögernd füllt sich der Bahnsteig. Endlich rollt der Zug heran. Gleichsam Schemen im Nebelgrau die nun Aussteigenden. Ihn aber, ihn erkenne ich sofort, ihn, den großen Schlanken, ihn hole ich mir heraus, renne zu ihm, klammere mich an ihn und stammle: „Gut, dass du lebst, gut, dass du da bist!" Hand in Hand gehen wir nun, drücken fest unsere Hande aufeinander, gehen, wie wir als liebend Paar bereits einstens gegangen. Nichts, was zwischen uns wäre, nichts, was uns trennte. Schritte, die hinter mir, ich überhöre sie, fremde Schritte nur. Vor dem Hoteleingang, zu dem ich ihn vorerst führe, schließe ich meine Augen und öffne sie dann erst wieder, da ich seine Hand in der meinen spüre. Und so die Hände ineinander gedrückt gehen wir nun weiter, gehen die Straßenbahnschienen entlang, die ich zuletzt im April mit meinen Eltern und seinen und meinem Kinde gegangen. Wie damals, die gleiche Dunkelheit des Krieges, sie ist nun um uns, und in diese hinein Eikes stockende Worte, die mir seine Geschichte erzählen:

Zwei Polinnen, von denen die eine Marianne geheißen, drängten sich häufig Hilfe erhoffend in das Wohnhaus der deutschen Polizei, um sich dort so manche schwer zu verstehende Verordnung der deutschen Besatzung erklären zu lassen. Greifbar geworden mir nun auch jenes Schattenbild während meines einstigen Dortseins: Diese beiden Mädchen waren es wohl, die sich aber bei meinem Kommen in die dunkle Ecke im Untergeschoss verdrückten, damit ich sie nicht erkenne. Und Eike, er will nun eines der Mädchen retten, bastelt sich ein Dokument zurecht, das bescheinigt, dass Marianne seine Dolmetscherin sei, und besorgt sich einen verlässlichen Kübelfahrer. Marianne, sie ist bereits in einen Transport von Fremdarbeitern nach Deutschland eingegliedert, aus dem Eike sie nun herausholt. Ein Husarenstück – es schien gelungen, doch der Kübelfahrer, im angetrunkenen Zustand prahlt er damit. Eike, er wird nun verhaftet, verhaftet wegen verbotenen Verkehrs mit Juden und Polen. Keiner der Juden, die einst auf seiner Dienststelle gewirkt, keiner von ihnen ist mehr greifbar, und das polnische Mädchen, es sagt nun aus, dass sie sich stets als Deutsche gefühlt und so auf eine Verbindung mit dem Hauptmann gehofft habe. Höhere Offiziere letztlich sind es, die Eike retten. Eike kommt frei mit dem Auftrag, Marianne, die inzwischen als Volksdeutsche aktenkundig geworden ist, zu ehelichen. Heiraten, ja, dies sei jetzt der Urlaub, den er dafür bekommen habe, dies sei sein Heiratsurlaub …

Jetzt allein sein, irgendwo allein sein – doch drücke ich mich noch enger an ihn, kralle meine Finger in seine rechte Hand, als wolle ich ihn nie von mir lassen. Wie zwei hilflose Kinder gehen wir weiter, gehen immer weiter die Schienen entlang. Ausgeliefert sind wir, ausgeliefert dieser Zeit, ausgeliefert ihren Geboten, ihren Gesetzen, und wir wollen leben, weiterleben, überleben. Ja, beide wollen wir leben. Er wird die Polin heiraten – und für uns beide bleibt nur der Abschied. Wir sind am Ende des Schienenstrangs, sind an der Endstation der Straßenbahn. Ich frage ihn, ob er jetzt noch ein Stück weitergehen wolle, ein Stück weiter, um sich sein Kind anzusehen. Er schüttelt den Kopf und geht zurück. Schritt für Schritt geht er zurück, geht wieder die Gleise entlang, geht ohne sich umzudrehen. Ich blicke ihm noch nach, bis sein Schatten eins geworden ist mit all der Dunkelheit …

* * *

IM KLEINEN HAUS WARTEN DIE ELTERN. Alles ist festlich gesäubert und zum Empfang vorbereitet. Der Tisch ist gedeckt, das Meißner Porzellan mit den zartblauen Mohnblumen steht bereit. Das Kind ist noch munter und trägt sein schönstes rosa Jäckchen. Mutter fragt nicht, sie sieht es mir an, streicht mir übers Haar, wie sie es bei mir als kleines Mädchen tat, wenn ich die Knie blutig geschlagen.

Mutter, wie übervoll dein Herz, wie übervoll deine Liebe! Mutter, sag, wie erträgst du diese Zeit, die oft Schweigen über manche Liebe fordert? Ist deine Treue zum Führer so bedingungslos, ist das Bild, das du über ihn geformt, so unantastbar? – Und Mutter erfüllt weiter für ihn getreulich ihre Pflicht, springt überall ein, wo es nötig ist. Eine Nachbarin, die das Mutterkreuz trägt und wieder ein Kind erwartet – Mutter umsorgt die vier Kleinen, die bereits da sind. Jene Zeiten, da sie sich ans Klavier setzte, spielte und Ernst sie auf der Geige begleitete – jene Zeiten sind jetzt nur noch Erinnerung und Sehnsucht. Die Pflicht geht ihr über alles, die Pflicht gegenüber der Volksgemeinschaft und ihre Pflichten dem Kinde und mir gegenüber, wobei sie meint, dem Kinde einen fehlenden Elternteil ersetzen zu müssen. Die kleine Elke, sie strahlt, wenn die Großmutter sie wäscht, sie windelt oder sich ein Weilchen an ihr Bettchen setzt, um ihr ein Lied zu singen, eines, das bereits die Urahne Antonia ihr vorgesungen …

Papa ist nonchalanter, Papa ist wendiger. Erscheint es ihm von Nutzen, steckt er sein Parteiabzeichen auf die dementsprechende Kleidung. Nach wie vor führt er gern Gespräche über dies, über jenes. Sehr fehlen ihm dabei die Aufführungen im Stadttheater, die stets zu Diskussionen verlockten. Doch der lang andauernde Krieg – das Theater, dieser Mittelpunkt der Gesellschaft, es musste geschlossen werden. All die dort Tätigen – zu kriegswichtigen Arbeiten wurden sie beordert. Als Treffpunkte, wenn auch nach außen hin verdunkelt, sind aber die Gaststätten, die Bars, die Cafés immer noch geblieben. Papa, er ist gesellig, Papa, er führt gern Gespräche und wählt sich dafür vielerlei Partner. Papa, er ist klug und gibt sich keinerlei Blöße, er spricht durchaus gern auch mit hochrangigen Offizieren, gibt sich dabei als Fachmann, obzwar er es stets verstanden hatte, sich vorm Tragen einer Uniform zu drücken. Sozusagen als Stammtisch ist ihm nach wie vor auch noch das Volksbad in der Langen Gasse geblieben. Dieses Dampfbad war stets eine Sammelstelle für ihn und seine Heimarbeiter, die er bereits vor längerer Zeit für diese gesundheitsfördernde Schwitzerei gewonnen hatte. Waren es vor den Kriegszeiten vorwiegend politische Gespräche, so sind es jetzt, da man nie weiß, wo der Feind mithöre, unverfängliche Themen, so eine gesunde Lebensweise, die auch in diesen Zeiten durchführbar sei, oder der Vegetarismus und seine Vorzüge zu Kriegszeiten, wobei häufig darüber debattiert wurde, aus welchen wild wachsenden Pflanzen man sich vorzügliche vitaminhaltige und auch sättigende Speisen zubereiten konne, um so auch unter den jetzigen erschwerten Bedingungen das Wohlbefinden und die eigene Vitalität zu steigern.

Auch mit Paní Schusterová, einer Tschechin, die hier geblieben und in der unmittelbaren Nachbarschaft wohnt, unterhält er sich gern auf diese Art. Er weiß die Frau zu schätzen, denn sie sorgt zuverlässig für die Sauberkeit seiner Wohnung, seiner Wäsche, seiner gesamten Kleidung, damit er jederzeit als gepflegter, vornehmer Herr zu erscheinen vermag. Papa spricht auch zu ihr von seiner deutschen Treue, die international für ihn sei und die er in Notzeiten auch den Freunden, gleich welcher Sprache, halte. Paní Schusterová ist eine, die ihn nicht verrät, ist eine, die sich über solche Gespräche freut, denn sie ist eine einsame Frau und Papa in stiller Liebe ergeben. Papas Leben – es scheint farbig wie eh. Papa, er nimmt die Zeit als etwas, das er nicht zu verändern vermag, und sucht sich so darin seine Lichter, sucht sich so seine Freiheiten.

* * *

Die Grossfamilie mütterlicherseits, in all ihrer Ehrlichkeit dem Führer Adolf Hitler ergeben, ehrt in ihm den Befreier aus ihrer einstigen nationalen Bedrängnis. So prangt auf Großvaters Jackett stets sichtbar das Parteiabzeichen. Bei besonderen Anlässen, so bei Geburtstagen, schmückt sich auch Großmutter gern mit dem Mutterkreuz, jener Auszeichnung, die der Führer Müttern, die wenigstens vier Kinder geboren, verliehen hat und die dann die jeweiligen Ortsleiter der NSDAP diesen geehrten Müttern feierlich überreichen. Die Sympathie für den Führer – durch ein privates Erlebnis hat sie sich aber noch weiter gesteigert, und dieses Erlebnis hat ihnen den Führer recht nahe gebracht: Auf Seiten von Großmutters Bruder Alfred ist da eine angeheiratete Verwandte, eine berühmte Sängerin und Wagnerinterpretin von Weltruf. Maria Müller, so ihr Name, ist somit auch eine der Großen bei den jährlichen Wagnerfestspielen in Bayreuth, jenem künstlerischen Ereignis, bei dem der Wagnerverehrer Hitler als Gast stets anwesend ist. Nach den Aufführungen an der festlichen Tafel sitzt Maria Müller nahe neben ihm. Und er, der Führer des großdeutschen Reiches, bietet Maria Müller mit eigener Hand als Kostprobe ein Stück seiner Apfelspeise, die eigens für ihn zubereitet wurde. Diese so menschliche Geste – sie wird gern und oft in der Verwandtschaft erzählt. Und Großmutter, sie lächelt dabei, lächelt Erinnerung, da sie als kleines Mädchen den Erzherzog, diesen hohen Gast, bei seinem Besuch in Gablonz an der Ehrenpforte vor der großväterlichen Fabrik in Brandl mit einem Hofknicks und einem Körbchen Orangen begrüßte. Orangen, diese damalige Seltenheit, eigens für diese Begrüßung aus Italien geholt. Und der Erzherzog hob Minel hoch zu sich und herzte und küsste sie, ebenso wie nun Adolf Hitler, der Führer, gern manches Kind zu sich hochhebt und es küsst. Wie doch so manches sich wiederholt …

Und so wiederholt sich auch jener Kriegsspuk von einst, jener erste große europäische Krieg im zwanzigsten Jahrhundert, zu dem Österreich und Deutschland herausgefordert. Und das Bild jenes gewesenen Kriegs, es schiebt sich bei ihnen nun in jenes des jetzigen Krieges. Bei den Großeltern ist es nicht so sehr der Schmerz über das Vermögen, das sie durch Zeichnen von Kriegsanleihen im vergangenen Krieg verloren, sondern der unüberwindbare Schmerz über den Kriegstod ihres einzigen Sohnes. Nie wieder Krieg! Und nun doch wieder Krieg, und von den drei Söhnen, die der Familiengilde noch geblieben, der eine bereits im Irgendwo verscharrt! Es ist der Sohn von Großmutters verwitweter Schwester Marie Dobrovolny, ein junger, erfolgreicher Arzt, der in Dresden seine Praxis aufgebaut und dort auch eine ihm passende Frau gefunden hatte. Als Regimentsarzt in das Kriegsgeschehen eingebunden, bemühte er sich dann Tag und Nacht um die Verwundeten, und noch mehr bemühte er sich um sie, als das Regiment vor Stalingrad eingesetzt wurde. Stalingrad – der Kessel, das Grab … Dieses Regiment, es versinkt gleich all den anderen Regimentern im Blut, in Kälte, im Tod. Gleich einem Wunder, vielleicht mit einem der seltenen Flugzeuge, die hier noch gelandet, gelangt noch eine Nachricht über Karl Dobrovolny an seine Familie. Ein Kriegskamerad, der diese rasch noch geschrieben: „Noch hier in den brennenden Ruinen und in den notdürftigen Baracken pflegte der junge Arzt des Regiments die Kranken. Er versorgte die Typhuskranken, die vom Hungertyphus Befallenen, und verhungerte selbst dabei." – Ein Zettel, mit Bleistift beschrieben, er wird in der Verwandtschaft herumgereicht und gelesen, so wie jene Todesanzeige, die noch auf aus friedlichen Zeiten vorhandenem Büttenpapier gedruckt ist und mit dem üblichen Vermerk „In stolzer Trauer" und der Aufzählung der Trauernden endet. Neben diesen papierenen Zeugen blieb nur noch ein kleiner Sohn, der auch Dobrovolny heißt. Dobrovolny – ins Deutsche übersetzt heißt es gutwillig …

Vier Jungen waren es einst, die in diese Generation jenes Familienteils hineingeboren. Zwei davon von Kriegen hingerafft, einer, Josi Preißler, Erbe einer großen Feintuchfabrik, zwischen den Kriegen als Student in Prag an Typhus gestorben, und so ist nur Erwin, der Sohn von Großmutters Bruder Alfred, geblieben. Erwin, er ist ein Kind voller Träume und Poesie. „Ich war einmal ein Bauer …", erzählt er seiner jüngeren Cousine. Später macht er dann seine Träume um die drahtlose Übertragung wahr und studiert schließlich solches an der Technischen Universität in Dresden, als Schüler von Professor Barkhausen, dem Erfinder der Elektronenröhre. Erwin Rösler – seine Promotion schreibt er dann über die Ausbreitung elektromagnetischer Wellen. Einen guten Namen holt er sich bei Siemens und Schuckert, bei Standard-Elektrik-Lorenz und auch bei dem führenden Filmunternehmen Ufa. Der so bekannt Gewordene – die Reichsluftfahrt holt ihn in ihr Ministerium. Erwin, dieser interessante schlanke Mann mit dem leicht ironischen Lächeln, er trägt nun eine gut sitzende blaugraue Uniform mit Silbertressen, Dolch und Dienstpistole, ist Stabsoffizier der Luftwaffe. Erwin, er ist nun einer der Geheimnisträger im Kriegsgeschehen, im Kriegsapparat und wird als solcher im Sommer 1943 zu einer Zusammenkunft der Fachkollegen nach München delegiert. Er referiert hier über die ihm vorgegebenen Fragen und wird anschließend des Geheimnisverrates beschuldigt. Ein Spitzel, der auf ihn angesetzt war, bezichtigt ihn solchermaßen. Warum ist jener Spitzel auf ihn wohl angesetzt worden? Verbürgte Erwin vielleicht zu wenig Sicherheit, da er sich nie um eine Mitgliedschaft in der NSDAP, dieser allumfassenden Partei des Führers, beworben hatte? Und nicht nur des Geheimnisverrates wird Erwin beschuldigt, sondern auch noch des Verbrechens, zu Angehörigen der „Roten Kapelle“ Verbindung gesucht zu haben.

* * *

Die „Rote Kapelle“ – jene Widerstandsgruppe gegen das Hitler-Regime, in der auch ein Kollege Erwins aus dem Luftfahrtministerium, der Oberleutnant Harro Schulze-Boysen, tätig gewesen. Dieser und weitere neunzig Angehörige der „Roten Kapelle“ aber wurden bereits im Herbst 1942 ergriffen, fünfzig von ihnen bis zum März 1943 vom Reichskriegsgericht zum Tode verurteilt und bis August 1943 im Gefängnis Berlin-Plötzensee hingerichtet. Ein Kind, im November 1942 im Frauengefängnis als Sohn der verurteilten Hilde und Hans Coppi geboren, es bleibt als lebender Zeuge jener Barbarei.

Doktor Erwin Rösler, er wird nun im Sommer 1943 suspendiert und degradiert, er ist nun seines Offiziersranges enthoben, und es droht ihm, der nun nicht mehr in Uniform, ein Prozess vor dem Reichskriegsgericht, jener Macht über Leben und Tod. Aber da ihm noch kein Termin für einen Prozessbeginn mitgeteilt worden ist, verlässt er vorläufig die Hauptstadt, fährt in seine Heimat Gablonz, wo auch seine Frau und seine beiden Söhne Peter und Jörgl weilen. Idl, seine Frau, selbst eine Soldatentochter, Tochter eines Generals, hüllt ihn in ihre Liebe, gibt ihm Zuversicht und Mut. Seine beiden Söhne Peter und Georg sind glücklich, einen Spielkameraden, einen Freund, ihren Vater um sich zu haben. Und so bietet sich all den Nachbarn ein Bild lauteren Glücks. Erwin, in manchen Stunden aber wird er wieder zum Träumer seiner Kindheit, und er dichtet und komponiert ein Weihnachtslied:

> Wir hoffen und ersehnen, dass Nacht und Tod vergeht
> und dass aus Blut und Tränen ein neuer Tag entsteht,
> ein Tag voll warmer Sonne, voll Blumenduft und Glanz,
> voll Frieden, Glück und Wonne, drum winden wir den Kranz.

Bei Sommerbeginn dann der Prozess wegen des Geheimnisverrats vor dem Reichskriegsgericht in Berlin. Keiner der Zeugen der damaligen Zusammenkunft in München kann den Verrat bestätigen. Und eine Verbindung zur „Roten Kapelle“? Keiner von jenen, der diese hätte bezeugen können, ist noch am Leben …

Widerstand – welch uriges Wort unserer Sprache, voller geballter Stärke und Kraft. All unsere Kraft wider den Feind – so zwingt man uns zu denken, zu reden. Und an dieses, unser gegenwärtiges Sein stößt, ja rüttelt nun der

Begriff Widerstandsgruppe, und so die der „Roten Kapelle“ und jene der Geschwister Scholl. Wider den Krieg, wider all jene, die einen solchen angezettelt, wider jene, die uns beherrschen – so die Rufe derer, die sich in diesem Widerstand zusammengefunden. Aber was wusste man schon von deren Idealen? In den Medien wurden sie als Volksverräter gebrandmarkt, von der Justiz zum Tode verurteilt. So wurden auch, nachdem die meisten Mitglieder der „Roten Kapelle“ bereits hingerichtet waren, die Geschwister Scholl und ihr Anhang im Februar 1943 in München umgebracht …

Ein reichliches Jahr später, am 20. Juli 1944: Ein warmer und sonniger Tag, und mitten hinein ein Dröhnen aus den Lautsprechern, ein Dröhnen und Aufhorchen. Ist's endlich eine Sondermeldung von einem siegreichen Vorgehen unserer Truppen? Ist es vielleicht sogar irgendetwas über diese geheimnisvolle Wunderwaffe, an der so heimlich gebaut werde? Nein, nicht dieses, nicht jenes – das Unglaubliche ist's, es ist ein Attentat auf unseren Führer Adolf Hitler. Direkt im Führerhauptquartier ist es geschehen, direkt im Herzstück allen Geschehens. Der Täter – ein Offizier, ein adeliger Offizier, Oberst Claus Graf Schenk von Stauffenberg. Aber aus dem Radio dann weiter und noch lauter und noch schreiender: Der Führer, er lebt, der Führer hat überlebt. Die Bombe, die der Täter entzündete, sie hat ihn nur leicht verletzt. Ein Gottesurteil, das die Allmacht nun gesprochen, ein Gottesurteil: Weiter solle er leben, der Führer, weiter für sein Volk da sein und all seine Soldaten zum Endsieg führen. Sieg Heil, Sieg Heil! Und der Führer, seine eigene Stimme, sie tönt auch aus dem Radio, diese fordernde, energische Sprache, dieses Siegesbewusstsein! All seine Suggestion, sie umfängt die nun aufatmenden Massen. Und des Führers Fotografie, sie ist nach dem Attentat in allen Zeitungen zu betrachten. Und in der Wochenschau ist er zu sehen und zu hören. Seine Haltung ist wie stets stolz und aufrecht, und der eine Arm, den der Attentäter verletzte, kantig abgewinkelt und hochgebunden. Und weiter nun kann die Öffentlichkeit verfolgen, wie es jenen ergeht, die ihn töten gewollt. Zeitungen und Wochenschau berichten ausführlich davon. Der Schauprozess vor dem Obersten Gericht, vor dem Volksgerichtshof, er wird gefilmt, und jeder, der will, kann sowohl die Angeklagten miterleben als auch den Obersten Richter namens Freisler, der mit seiner durchdringenden Stimme erzittern lässt und der ein Todesurteil nach dem anderen hinein in den Saal und in alle Weiten brüllt. Todesurteil um Todesurteil verkündet er, über zweihundert an der Zahl …

Einer ist noch nicht dabei, einer ist noch auf der Flucht. Es ist der letzte dieses Kreises des Widerstandes, es ist Goerdeler, Leipzigs ehemaliger Oberbürgermeister. An allen Ecken das Fahndungsplakat. Er, dargestellt auf diesem Plakat als bereits älterer Mann mit ernstem Aussehen und etwas gelichtetem Haarwuchs. Nachrichten, Radio und Zeitungen besagen, dass er wohl gen Osten geflohen sei, der russischen Front zu. Und sicher gibt es jetzt manchen, der heimlich dafür betet, dass diesem Manne die Flucht gelinge. Recht nahe der Front ist der Gejagte, als zwei Nachrichtenhelferinnen ihn stellen. Zwei junge Frauen, die ihn nun dem Henker ausliefern. Wissen diese Mädchen überhaupt, was sie jetzt tun? Warum verschließen sie nicht ihre Augen? Ist es die eigene Lebensangst, dass die eine die andere verraten könne, dass diese Kameradin die Augen geschlossen halte und so ihre deutsche Pflicht für Führer und Reich missachte? Und der ältere Mann, der hoffte zu entkommen, er wird nun auch verurteilt und aufgehängt. In der Bevölkerung aber ist kaum eine Resonanz zu spüren, eine, die im Sinne der Toten des Widerstandes gemeint. Dem Regime ist es insgesamt stets gelungen, die Masse der Bevölkerung einzubinden, zu lenken, und dabei scheute es sich nicht, Ängste in den Menschen zu erwecken. Vielleicht war es ja auch jene ureigenste Lebensangst, die stets zur Pflicht für den Führer und seine Herrschaft gemahnt …

Angst – sie ist in uns, sie ist um uns herum und wird immer stärker. Näher und näher rücken die Kriegsfronten, und nicht nur die sowjetischen. So marschieren die Alliierten bereits in Frankreich ein, und die anglo-amerikanische Luftwaffe zerbombt Städte und Industrien bis weit hinein ins Hinterland. Doch nun – dieses Märchen von der Wunderwaffe, es erfüllt sich, es wird wahr! Die Wunderwaffe, sie kommt, und selbst Skeptiker glauben es nun. Die Versuche – wie sind sie doch gelungen, jene V 1, jene Bomben, die als Raketen gegen England fliegen und am vorgegebenen Ort explodieren. Doch dies sei ja erst die Vorstufe, an noch stärkeren Wunderwaffen werde jetzt getüftelt und diese in sicheren Räumen unter der Erde gebaut. Und diese Wunderwaffen – bald seien sie einsatzfähig und vermögen alles zu vernichten, alles …

* * *

IM SOMMER, IM AUGUST 1943, erscheint auch die Heiratsanzeige von Ika, der Tochter Sonjas. Nicht mehr eine solche kostbare, mit Wappen verzierte, wie die anlässlich der Verlobung, nein, diesmal nur einfach und schlicht auf weißem Bütten die Namen und der Tag der Trauung. Der Name des Bräutigams – nun auch ein anderer geworden. Statt des hübschen jungen Leutnants von einst nun ein gestandener Arzt aus Brünn. Ein Arzt mit eigener Praxis in der Glacis 49 – so ist es aus dem Absender zu ersehen. Nun ein Arzt und nun ein Tscheche, und dies zwei knappe Jahre nach der seinerzeitigen Verlobung, die doch voll Liebe und Licht gewesen. Was hat sich in der Zwischenzeit da wohl zugetragen? Dieser fröhliche junge Leutnant, ist er auf dem Felde der Ehre verblieben oder scheint es zur Zeit bereits ratsamer, sich als Sympathisantin der Deutschen einen gesicherten tschechischen Mediziner als Ehegatten zu suchen? Ist dies alles auch eine der neuen Taktiken von Mutter Sonja? Mich beschäftigt diese Frage, ich stelle sie auch meiner ehemaligen Schwiegermutter, der ich in meiner Heimatstadt zufällig begegne. Diese weiß auch keine Antwort, erzählt aber, dass auch Sonja zur Hochzeit gewesen sei, dafür Urlaub aus ihrer Lagerhaft bekommen habe. Sonja in Haft, in einem Konzentrationslager! Sonja, bei all ihren Verbindungen – warum wohl wurde sie festgenommen, wer mag sie angezeigt haben, oder ist es eine eigene neue Taktik? In Ravensbrück, in diesem Konzentrationslager für Frauen, ist sie wohl, und dort sind auch einige der Frauen und Kinder jener Widerständler vom 20. Juli, irgendwelche Extrabaracken wurden für sie gebaut und ihnen auch mehr Freiheiten als den anderen Häftlingen gewährt. Vielleicht ist Sonja auch in dieser Nachbarschaft untergebracht worden. Sonja, sie ist wohl auch ein besonderer Häftling, hat gegen ihr Ehrenwort Urlaub für eine Tschechenhochzeit erhalten.

Auch Sabine Fuchs, die geschiedene Frau eines Kriminalkommissars, sie will nun einen Tschechen ehelichen, und sehr ernst sei ihr diese Bindung, denn sie erwarte bereits ein Kind von jenem Manne, einem redlichen, respektablen Kaufmann namens Havel aus der Havlička nahe dem Altstädter Ring in der Hauptstadt Prag. Sabine, sie liebt diesen Mann, aber eine Eheschließung zwischen Deutschen und Tschechen – sie ist doch recht schwierig. Dieser künftige Gatte einer Deutschen, dieser respektable tschechische Bürger, er müsse nicht nur seinen Ariernachweis erbringen, sondern er müsse sich auch einer wissenschaftlichen Untersuchung stellen, die dann bestätigen könne, dass alle Proportionen seines Körpers den Schönheitsmaßen eines Ariers entsprächen. Für ihn, diesen geachteten Bürger, sei dies aber eine entwürdigende Prozedur, und so überlegen die beiden Liebenden, mit ihrer Eheschließung vielleicht doch bis nach dem Kriegsende zu warten. Sabine, dieses Kriegsende, das du benötigst, um einen Ariernachweis für den Vater deines künftigen Kindes zu bekommen, es ist auch dein Ende, denn auch du bist eine Deutsche! Nur die Wunderwaffe, nur sie vermag es vielleicht noch, die Wende des Krieges herbeizuführen, vermag uns Deutsche noch zu retten …

* * *

UND DER WINTER 1944 KOMMT, und die Deutschen Ostpreußens fliehen vor den nahenden Russen. Sie und ihre Trecks bleiben im Schnee und im Schlamm stecken, und ein Schiff, die „Wilhelm Gustloff", die einst als Kraft-durch-Freude-Schiff für erholsame Fahrten projektiert, versinkt nun, mit Fliehenden voll beladen, überladen, von einem sowjetischen U-Boot torpediert, im Wasser, im unendlichen Meer. Im Kino, in der jeweiligen Wochenschau, sehen wir all diese Fliehenden, sehen Tote, sehen Verstümmelte, Vergewaltigte. Die Rache der Russen, sie wird uns vorgeführt, wird uns gezeigt in all ihrer Härte, in all ihrem Hass – diese Rache, die den Widerstand in uns und um uns stärkt. Daneben aber auch die Angst und diese furchtbaren Gedanken, das eigene Leben und das der Seinen zu beenden, um nicht lebendig in die Hände der Russen zu fallen …

Zwei aus Ostpreußen Geflohene, Frau von Pelchozin und ihre Tochter, verirren sich bis zu uns, bis zu Papa. Seine Anschrift hatten sie von irgendjemandem. Papa stellt ihnen das Kontor seines Gürtlereibetriebes samt Aufklappsofa zur Verfügung. Menschen sind auf der Flucht, Tausende deutscher Menschen!

Und auch Astrid kommt zu uns, auch sie ist eine Fliehende. Astrid, jene BDM-Führerin, die vor nicht allzu langer Zeit, kurz vor der Geburt meines Kindes, aus Prag weggegangen, um sich um die Nachrichtenhelferinnen an der Front und deren Sorgen zu kümmern. Und nun ist sie hier bei mir und hat nichts anderes mehr als das, was sie auf ihrem Leibe trägt. Aber warum flieht sie zu mir? Warum nicht zu ihren Eltern nach Breslau? Will sie ihren Jammer dort nicht zeigen, oder marschiert der Russe bereits gegen diese Stadt? Aber Astrid will weder hier noch dort verweilen. Weiter will sie, immer weiter, nur weiter. Aber erst einmal schlafen, schlafen ... Um Kleidung bittet sie noch, um warme Kleidung. Die Uniform, die lässt sie hier. Guter, strapazierfähiger Stoff, meint sie dazu. Aber dann nur weiter. Und wohin sie wolle, das wisse sie noch nicht. Nur weg von hier, nur um dieses Weggehen weiß sie ...

Als wäre das kleine Haus ein Auffang – auch jener kommt vorbei, jener Heimatschutzmann, den Heinz 1938 im Herbst als einen der Befreier, als einen Gast mit zu uns gebracht. Auch er ist auf der Flucht, und an seiner Seite noch ein Mann in gleicher Uniform. Beide bitten sie um Unterschlupf. Für ein Abendbrot und eine Nacht suchen sie eine Bleibe. Beide spielen mit dem Kind, versuchen ihm erste Schritte beizubringen, und der eine, der einst mit Heinz hierher gekommen, er meint, es sei dessen Kind, und ist schockiert, wird abweisend kühl, da ich ihm sage, dass der Vater des Kindes ein anderer sei. Zum Abschied aber versichern uns beide, verbürgen es mit ihrem Ehrenwort: „Die Wunderwaffe kommt, sie ist einsatzbereit, ist hundertmal stärker als die V 1 und die V 2 zusammengenommen. Der Führer gab sein Wort, der Führer hält sein Wort, wie auch wir alle ihm die Treue halten ..." Und so scheint es auch hier im Lande. Der Volkssturm marschiert, und auch die Sechzehnjährigen, die jetzt zur Wehrmacht eingezogen werden, sie singen und marschieren für den Sieg. Und all diejenigen, die noch in den Fabriken, sie arbeiten unermüdlich sechzehn Stunden täglich für den Sieg. Nie, dass es eine Arbeitsverweigerung gäbe, nie eine Meuterei, weder hier an der Heimatfront noch an der Front des Krieges.

Nach wie vor, die deutsche Angst diktiert, sie diktiert verlässlich, nach wie vor, es läuft alles weiter, und auch nach wie vor, es beobachtet dabei einer den anderen, es berichtet einer über den anderen. Und solches, es trifft auch Marie, die Schwester von Ernst, die einige Kilometer von hier entfernt in einem kleinen Dorf bei Tetschen an der Elbe wohnt. Ein kleines Dorf, und einen seiner Bewohner, einen SA-Führer, holt sich der Krieg. Und in einem der darauf folgenden Dorfgespräche meint nun Marie: „Gut, dass dieser Hurenbock endlich tot ist!" Marie, sie wird abgeführt, kann die Betreuung ihrer

Hühner nur noch schnell der Nachbarin anvertrauen und wird eingesperrt in jene berüchtigte Haftanstalt in Leitmeritz. Von dort bittet sie ihren Bruder Ernst um Hilfe, bittet um seinen Besuch. Ernst, er ersucht um Sprecherlaubnis, und als ihm die rasch gewährt wird, begrüßt ihn seine Schwester wider Erwarten recht gelöst. Mit anderen Häftlingen arbeite sie auswärts in einer Fabrik, und das gefalle ihr recht gut, aber noch mehr dieses Vertrauen, das man ihr nun entgegengebracht, dieser ehrenvolle Auftrag, den sie empfangen: Als Spitzel werde sie ausgebildet und solle auf den Führer feierlich vereidigt werden, und das bereits zu seinem kommenden Geburtstag im April!

So kreist all dies weiter, weiter trotz all der Wirrnis an den Fronten, so findet auch manches Mal noch ein Feldpostbrief seinen Empfänger. Und darunter ist auch ein Brief an mich, einer von Karl Greifuner, einer von Charly. Hineingelegt in den Umschlag mit dem Aufdruck Feldpost ein wohl aus einem Notizblock herausgetrennter Zettel, bekritzelt mit sich windenden Leibern und verstümmelten Bäumen. Nackt sind die Menschen, nackt diese Männer und Frauen, kahl diese Bäume, die Galgen gleichen. Am Rande des Zettels, von Charly geschrieben, die Worte: „Halte durch, behüte das Kind, küsse es von mir auf seine Stirn!“ Charly – er ist nun an der vordersten Front, sein Wunsch, er erfüllt sich nun …

Im Kino sehe ich die Wochenschau, sehe die singenden Sechzehnjährigen mit den Panzerfäusten in den Händen, sehe auch die Sechzigjährigen mit Panzerfäusten, jene Alten, die sich im Volkssturm gefunden und die nun gleich den Jungen die Heimat schützen und behüten werden. Und dabei jetzt auch Mädchen und Frauen mit blitzenden Augen und guten Mutes, die nun die Gräben für den Nahkampf ausheben. Und wohl allen gleich das Hoffen, dass endlich die Wunderwaffe in Erscheinung trete. Denn die Kriegsfront scheint nahe, und auch Prag ist bereits Frontstadt.

Gitta schreibt mir von dort, schreibt, dass sie jetzt Telefonistin in einem SA-Bataillon sei, und zwar in jenem, welches, falls es so weit käme und falls es denn befohlen würde, als letztes Prag verlasse. Und mit der ihr eigenen Ironie fährt sie fort: Recht stramme und kräftige Burschen seien in diesem Bataillon vereint, und sicher würden sie auch bis zuletzt ihre Unschuld behüten und mit ihrem eigenen Blut verteidigen. Eine Fotografie legt Gitta diesem Schreiben noch bei, eine, die all ihre sündhafte Schönheit zeigt und ihre träumenden Augen. Und es ist, als würde sie sich mit diesem Foto verabschieden wollen. Der Abschied von Gitta? Ja, der Abschied … Ich schaue nochmals auf das Foto, ich lese nochmals ihren Brief, und ich möchte weinen. Aber ich kann nicht weinen. Das Weinen, es fällt mir immer so schwer. Gitta, liebe Gitta!

Und die Wunderwaffe? Zu des Führers Geburtstag solle sie zum Einsatz kommen, so flüstert man sich zu, und dass es das große Geschenk für das gesamte deutsche Volk werde. Und dann, am zwanzigsten April: Wie fröhlich flattern die roten Fahnen mit dem schwarzen großen Hakenkreuz im weißen

Kreis im sachten Frühlingswind. Aber kein Salut, kein Dröhnen gestarteter großer Raketen ist zu hören. Nichts. Nur die flatternden Fahnen und der Wind. In den Kinos wird ein neuer Film vorgeführt, einer über Kolberg, jene Heldensage von den damals in dieser Festung Eingeschlossenen und deren heldenhaftem Ende im Kampf gegen Napoleon. Und uns ist es, als seien wir alle mit eingemauert, dass aber die Festung Deutsches Reich heiße. Zehn Tage nach Hitlers Geburtstag erschießt sich der Mann im Führerbunker in Berlin. Nun ist es da, das Ende …

Nein, noch immer kein Ende! Noch ist da der Rundfunk, der geblieben und aus dem noch immer unsere Sprache dröhnt. Nahe dem Ortseingang, an der Straßenecke – ich dränge mich zu den dort Stehenden, dränge mich mit ihnen immer enger, so, als wolle einer den anderen stützen, damit der andere, gleich ihm, alles höre. Und es ist Konrad Henlein, der nun zu uns spricht. Er wiederholt sein damaliges Bekenntnis zum Münchner Abkommen, und es wird zu einem Flehen an all jene Staaten, die es seinerzeit unterschrieben: England, Frankreich, USA – erinnert euch doch, erinnert euch, dass wir nur unsere Freiheit wollten, nie einen Krieg, nur unser Recht auf die Heimat! Seine Worte – ein Hoffnungsschimmer, ein Rettungsanker? Seine Worte – man klammert sich noch an sie und weiß doch, dass man mit ihnen untergehen wird …

Der Krieg geht seinem Ende zu, aber die Bomben fallen weiter, fallen unentwegt vom nächtlichen Himmel auf Häuser, Menschen und Tiere. Auch wir sind auf dem steten Sprung in den Keller, haben als weiteren Schutz noch die Sickergrube im Garten hergerichtet, um dorthinein zu flüchten, wenn das Haus in Flammen aufgehen sollte. Die Bomben fallen weiter, und bald wird der Russe kommen, um uns alle zu vernichten. Der Tod, er wird zu uns ins Haus kommen, und die Rache der Russen, die wird furchtbar sein. Wenn sie vor unserer Tür stehen, bevor sie diese Tür eintreten, müssen wir selbst unser Leben beenden. Ernst wird uns alle und auch sich erschießen. Erst das Kind, dann mich, dann Mutter und schließlich sich selbst … Aber leben, leben möchte ich, weiterleben mit dem Kinde, wie hänge ich an dem Leben! Ich will nicht sterben! Verkriechen werde ich mich mit dem Kind, irgendwohin verkriechen wie ein Tier …

* * *

UND PLÖTZLICH IST ALLES SO ANDERS, und es ist kein Traum, es ist wirklich, es ist wahr: Das Kind und ich werden evakuiert, und all die anderen kleinen Kinder hier und ihre Mütter auch, wir werden in Eisenbahnen geladen, werden dorthin gefahren, wohin keine Russen einmarschieren werden, werden in die Gegend von Töplitz gebracht, dorthin, wo das Einzugsgebiet der Alliierten ist. Das Notwendigste nur packen wir und fahren dorthin. Und in Töplitz ist Onkel Wilhelm, Papas Bruder, der Architekt, wie wird der sich freuen, und dort sind auch seine Frau, die Tante Hermine, und ihr Sohn, der Student. Mein Kind, meine Elke, sie kennen sie doch noch nicht! Wie schön, dass wir nun dorthin fahren. Onkel Wilhelm, Tante Hermine, Cousin Heinz, wir kommen zu euch! Wir werden evakuiert, wir sind gerettet! Und als wir zu dem Stellplatz eilen, ist der Krieg beendet, beendet jetzt, da wir evakuiert, da wir vor ihm gerettet werden sollten. Friede ist nun, es ist Frieden! Es ist der 9. Mai 1945 …

Weiße Fahnen hängen aus den Fenstern, weiße Fahnen, die unsere Ergebenheit zeigen, weiße Fahnen, die eigentlich weiße Bettlaken sind. Fahnen und Stille nun um uns – eine Totenstille ist's. Und plötzlich – keine Stille mehr, Motorengeräusche, Kampfflugzeuge, die uns umkreisen, die sich auf unsere Häuser stürzen. Der Feind, der Russe, er kommt, das Töten beginnt! In den toten Winkel des Raumes – Ernst drängt uns hinein, und weiter hallen die Schüsse um unser Haus. Doch es sind deutsche Flieger, die auf uns schießen, Deutsche auf Deutsche! Ernst erkennt die Hoheitszeichen. Es sind Stukas, Sturzkampfflugzeuge, die von dem kaum zehn Kilometer entfernten Flugplatz Reichenberg hierher fliegen, um eine ihrer letzten Pflichten zu erfüllen, und so nun ihr Einsatz, dieser Einsatz gegen uns und unsere weißen Fahnen. Wir, die wir hier, sind nicht mehr wert zu leben – dies war ihnen wohl als Leitsatz mitgegeben worden. Aber nun haben sie ihre Munition verschossen, und sie fliegen zurück …

Eine halbe Stunde von uns entfernt marschiert ein Trupp Soldaten – müde, abgekämpft marschieren sie in die Gefangenschaft. Es ist ein Teil der Schörner'schen Armee, die aus dem Riesengebirge kommt. Gleich einer stumpfen Masse rollen sie an der neuen katholischen Kirche vorbei und an der überlebensgroßen Plastik des Rüdiger von Bechelaren, der sinnend in sein Gebet versunken, und so sind sie sehr nahe jenem verwilderten Friedhof, in dem ich vor knapp sieben Jahren mit meinen Kommilitonen gesessen, als wir die Nachricht vom Einmarsch der das Sudetenland befreienden reichsdeutschen Truppen erhielten. Und jetzt, nahe diesem Ort, erschießt sich einer von ihnen, einer in jener Soldatenuniform. Ein anderer aus der Truppe wirft einem vorbeigehenden Mädchen einen Fuchspelz zu, ein kostbares Stück, das wohl für seine Liebste als Mitbringsel für seinen nächsten Fronturlaub bestimmt war …

Und es ist eigenartig – wir sehen all das, wir leben also weiter! Unser Leben, es verlauft jetzt wie unter einer großen gläsernen Käseglocke, die man über uns gestülpt hat, und so bewegen wir uns automatisch in einer gegebenen Enge, bewegen uns, ohne weiterzudenken, weiterzufragen. Um sich selbst, da weiß man, man weiß es und spürt es, dass man noch da sei, aber man weiß nicht, wie es beim Nachbarn, bei all den anderen stehe und ob er und die anderen auch noch da seien.

ENDE DES ERSTEN BUCHES

1. Auflage 2006

Chopinstraße 11a, 04103 Leipzig
Internet: www.dingsda-verlag.com

Herausgeber und Lektor: Peter Slama
Typografie und Umschlaggestaltung: Klaus Nitsch
Schrift: Garamond
Druck und Binden: Ueberreuter
ISBN 3-928498-03-7